Building a Special Library of Philosophy and Social Sciences with Chinese Characteristics

CASS Library Development During the 13th Five-Year Plan Period (2016-2020)

建设中国特色哲学社会科学专业图书馆

中国社会科学院图书馆“十三五”建设实践

王岚　赵慧　赵以安 等 著

社会科学文献出版社
SOCIAL SCIENCES ACADEMIC PRESS (CHINA)

序　言

今年是中国共产党成立 100 周年。2021 年 7 月 1 日，习近平总书记在庆祝中国共产党成立 100 周年大会上发表重要讲话，全面回顾我们党百年奋斗的光辉历程，展望中华民族伟大复兴的光明前景，为新征程上党和国家各项事业发展明确了前进方向。图书馆与中国共产党的光辉历程密切相关，既是马克思列宁主义在中国传播的重要发源地，又是李大钊、毛泽东等老一辈革命家成长的摇篮。一百年来，图书馆事业在中国共产党的正确领导下，学科理论与实践探索不断发展，取得积极成果。在建党百年之际，全国图书馆界深入学习习近平总书记在庆祝中国共产党成立 100 周年大会上的重要讲话，紧扣业务发展实践，努力开创图书馆事业发展的新局面。

中国社会科学院图书馆的历史，最早可追溯到成立于 1957 年的中国科学院哲学社会科学学部的情报研究室，其后历经情报研究所、文献情报中心、图书馆等机构调整与变革，已由最初的反映国外哲学社会科学研究动态为主的情报研究机构和以对内服务科研为主的专业图书馆，发展成今天的“立足中国社会科学院，面向全国、面向世界”提供公益性文献信息服务的国家级哲学社会科学专业图书馆。作为中国社会科学院下属单位，中国社会科学院图书馆始终坚定不移地与党中央的路线方针政策、与中国社会科学院党组的战略决策保持高度一致，紧密配合国家哲学社会科学事业发展的需要，锐意改革，发展创新。

“十三五”期间，中国社会科学院图书馆全面贯彻习近平新时代中国特色社会主义思想，深入学习领会习近平总书记在哲学社会科学工作座谈会上的重要讲话和三次致中国社会科学院贺信精神，深入学习领会习近平总书记给国家图书馆老专家回信精神，深入学习领会习近平总书记关于古籍工作、网络强国战略、网络安全、国际传播能力建设等方面的重要论述，紧紧围绕中国社会科学院发展大局，以谢伏瞻院长提出的“建设国内顶尖、世界一流的专业图书馆”，高翔副院长提出的“将图书馆建设成为学术交流中心、学派发展中心、理论观点的生发地”的要求为目标，在院党组的正确领导下，全面加强党的建设，全面加强管理，全面推进图书馆建设，建成国家哲学社会科学文献中心、习近平新时代中国特色社会主义思想文库和数据库，完成馆舍改造，加强特色馆藏资源建设和数字资源建设，提升网络安全和信息化建设保障能力，图书馆的吸引力不断增强。中央政治局常委王沪宁、国务院副总理孙春兰、全国政协副主席梁振英、时任国务院副总理刘延东等多位党和国家领导人莅临视察并给予肯定。

今年也是“十四五”的开局之年。《中共中央关于制定国民经济和社会发展第十四个五年规划和二〇三五年远景目标的建议》提出“全面繁荣哲学社会科学事业”“繁荣发展文化事业和文化产业，提高国家文化软实力”等目标要求，为“十四五”时期中国社会科学院图书馆的发展提出总的指导方向。当前，如何更好地推动图书馆在“十四五”时期的发展建设，成为中国社会科学院图书馆面临的重要课题。

本书由中国社会科学院重点学科建设“文献信息资源建设与服务保障”项目主持人中国社会科学院图书馆党委书记、馆长王岚组织策划，学科组成员共同参与，旨在系统总结“十三五”时期中国社会科学院图书馆的发展建设情况，为中国社会科学院图书馆及同行业图书馆“十四五”时期乃至更远一段时间的发展建设提供参考。

全书共分为六篇、十九章。

第一篇是概述，包括第一章。对中国社会科学院图书馆的基本职能和“十三五”期间建设成绩进行整体描述。

第二篇是图书馆管理，包括第二章至第四章。从党建和人才培养、行政保障、信息化项目管理等方面进行阐述。

第三篇是馆藏资源建设与读者服务，包括第五章至第九章。从数字资源建设与服务、纸本资源建设与服务、图书馆智库与信息分析服务、图书馆空间服务等方面进行阐述。

第四篇是网络安全与信息化建设及服务保障，包括第十章和第十一章。从中国社会科学院网络安全、信息化建设以及网站平台建设等方面进行阐述。

第五篇是传播平台建设，包括第十二章至第十七章。从习近平新时代中国特色社会主义思想文库、国家哲学社会科学文献中心、中国社会科学院古籍管理与利用、中国社会科学院学者文库、《文献与数据学报》建设等方面进行阐述。

第六篇是国情调研基地建设，包括第十八章和第十九章，主要介绍了宁夏调研和永泰调研的基本情况。

本书的组织策划和结构设计由王岚负责，终稿由王岚修改审定。

参与本书撰稿的人员如下：第一章（王岚、赵以安），第二章（赵慧、孙洁琼），第三章（王岚、王清君、石志民、丛文、王俊平），第四章（杨东娴），第五章（包凌、李凤杰、齐鹏），第六章（甘大明、郭哲敏、傅静博、王影），第七章（王玉巧、王霞、宋卫红、白洁、于爱玉），第八章（李栋、曹姚、蒋雁喃、乔丽晖、王岚），第九章（王岚、赵以安），第十章（何涛、范宇、李泽程），第十一章（江霞、赵语嫣、王圣），第十二章（王岚、赵以安），第十三章（张杰、陈涛、赵慧、王岚），第十四章（王岚、赵以安），第十五章（刘振喜、杨华、魏进、孙汝昕、王建国、张菁菁），第十六章（张杰、刘关娟、王小丹、王岚），第十七章（王岚、张大伟、孔青青），第十八章（张大伟、杨齐、张州、王建国、刘怡飞、任全娥），第十九章（何涛、甘大明、孙洁琼、包凌、唐辉、张清菊）。

王岚、赵慧、赵以安、孔青青、周霞负责本书的统稿和编校工作，孙龙慧参与了文字校对工作。

最后，感谢中国社会科学院科研局对课题研究的支持，感谢中国社会科学院图书馆党委的指导，感谢课题组所有人员的共同努力。感谢社会科学文献出版社梁艳玲副社长，数字出版分社胡涛、江山对本书编辑出版工作的辛勤付出。由于作者水平有限，本书还有很多不足和局限性，恳请广大业内同行和读者批评指正。

王 岚

2021 年 10 月

目　录

第四篇 网络安全与信息化建设及服务保障

第五篇　传播平台建设

第一篇

概　述

第一章
努力建设“国内顶尖、世界一流”的专业图书馆

中国社会科学院图书馆作为中国社会科学院直属的哲学社会科学专业图书馆，始终坚定不移地与党中央的路线方针政策保持高度一致，与党中央和中国社会科学院党组的战略决策同频共振，紧密配合我国哲学社会科学事业发展的需要，锐意改革，不断创新，在文献资源建设、图书馆服务创新、信息化设施建设与网络安全保障等方面都取得了新发展。

特别是党的十八大以来，在中国社会科学院党组的正确领导下，中国社会科学院图书馆认真学习贯彻习近平新时代中国特色社会主义思想，深刻领会习近平总书记在哲学社会科学工作座谈会上的重要讲话和三次致中国社会科学院贺信精神，坚持新时代要有新作为，服务能力不断提升。随着国家哲学社会科学文献中心的上线运行以及习近平新时代中国特色社会主义思想文库在中国社会科学院率先建成，中国社会科学院图书馆已从最初的反映国外哲学社会科学研究动态为主的情报研究机构和以对内服务科研为主的专业图书馆，发展成今天的“立足中国社会科学院、面向全国、面向世界”提供公益性信息服务的国家级哲学社会科学专业图书馆。

第一节　中国社会科学院图书馆的基本职能

2013 年中国社会科学院信息化体制机制改革以后，中国社会科学院图书馆合并了原来的调查与数据信息中心、计算机网络中心，业务范围大幅拓

展。经过不断发展调整，目前基本职能主要包括以下几个方面：

作为哲学社会科学专业图书馆，为中国社会科学院的中国特色哲学社会科学学科体系、学术体系和话语体系建设，以及新型智库建设提供文献信息资源服务。

努力成为全国的哲学社会科学信息中心，承担建设国家哲学社会科学文献中心的重要任务，面向社会提供公益性学术信息服务，面向世界传播中国优秀学术成果。

努力成为我国重要的习近平新时代中国特色社会主义思想宣传和服务阵地，建设习近平新时代中国特色社会主义思想文库和数据库。

作为中国社会科学院网络安全和信息化建设的重要责任单位，承担网络、机房、邮件系统、网站平台等信息化基础设施建设和运维职责，保障全院的网络安全。

此外，不断加强图书情报专业学科建设和相关研究，编辑出版学术期刊《文献与数据学报》，努力成为研究型图书馆。

第二节 “十三五”时期的主要进展*

“十三五”期间，中国社会科学院图书馆以习近平新时代中国特色社会主义思想为指导，深入贯彻落实习近平总书记在哲学社会科学工作座谈会上的重要讲话和三次致中国社会科学院贺信精神，紧紧围绕中国社会科学院发展大局，在院党组的正确领导下，全面加强党的建设，全面加强管理，全面加强业务建设，服务水平不断提高，承担并完成了多项重点任务，科研人员满意度不断提升，中央政治局常委王沪宁、国务院副总理孙春兰、全国政协副主席梁振英、时任国务院副总理刘延东等多位党和国家领导人莅临视察并给予充分肯定。

* 本节部分内容来自文章《高质量发展 高水平服务——中国社会科学院图书馆“十四五”发展思考》，刊载于《文献与数据学报》2021 年第 1 期。

一 全面从严治党，持续不懈加强党的建设

贯彻全面从严治党要求，认真履行主体责任，紧紧围绕学习贯彻习近平新时代中国特色社会主义思想和党的十九大及十九届二中、三中、四中、五中全会精神，持续深入地学习贯彻习近平总书记在哲学社会科学工作座谈会上的重要讲话和三次致中国社会科学院贺信精神，创新形式，不断加强思想建设、组织建设、作风建设和制度建设，增强“四个意识”，坚定“四个自信”，做到“两个维护”，为各项工作的创新发展提供了坚强的政治保障和组织保障。完成党委换届、成立纪委，完成党支部调整和换届，认真开展“两学一做”“不忘初心、牢记使命”教育活动，开展党支部书记现场述职、知识竞赛等特色党建活动，推进基层党组织标准化规范化建设，党建水平迈上新台阶，充分发挥了党建引领作用。

二 全面加强管理，强化制度建设和人才队伍建设

落实管理强院要求，加强制度建设，形成“先批后办”“先验后收”“四个一”“四项要求”等管理要求，制定《中国社会科学院图书馆管理规定汇编》，工作规范化程度明显提升。成立项目与资产管理处，加强项目管理和资产管理；成立专门采购小组，加强采购集中统一管理；落实全院图书采购代理制，优化图书和数字资源采购机制，实行“研究所提需求、图书馆查重评估、人文公司代理采购”的模式；推进信息化运维合同整合，缩减数量，提高效率。优化部门设置，加大人才引进力度，为适应发展需要，先后两次调整部门设置，并配备合适人员，完善聘用人员管理，聚焦主责主业，明确岗位责任，狠抓执行和落实。高度重视安全工作，防火、防汛、防盗、保障系统和网络安全，连续三年获得全院安全工作先进单位。

三 建成国家哲学社会科学文献中心，取得显著社会效益

2016 年底，国家哲学社会科学文献中心正式上线，面向社会提供公益服务，促进了中文哲学社会科学学术期刊的开放获取，走在了世界前列，成为

世界范围内学术期刊开放获取典型案例。上线以来，数据量不断增长，截至2021年11月上线数据超过2000万篇，其中中文期刊2149种、论文1175万多篇，外文开放获取期刊12000多种、论文900多万篇，古籍7700多册、图像60多万拍。系统功能不断完善，开发了手机APP、微信小程序，实现PC、手机和平板电脑等各类终端覆盖，极大地方便了用户使用。宣传推广有效开展，积极开展线上线下宣传，定期发布用户关注度报告，受到好评；参加中国图书馆学会年会、中国数字出版博览会，获得多个奖项；充分用好“两微一端”，探索学术期刊的媒体融合传播。与北美东亚图书馆协会、欧洲汉学图书馆员协会建立合作，北美178家东亚图书馆、欧洲126家汉学研究图书馆成为机构用户，基本覆盖了北美、欧洲重要的中国问题研究机构，弥补了北美、欧洲的东亚和汉学图书馆中文资源的不足，促进了我国学术成果的海外传播。服务范围不断拓展，不仅服务了国内主要的社科院、高校、党校和政府机关，而且走进了联合国总部图书馆、欧盟理事会图书馆、美国图书馆协会等国际组织和哥伦比亚大学、剑桥大学、欧洲学院等知名高校，用户覆盖190多个国家和地区，访问量超过9亿次，下载量超过5800万篇。

四　建成习近平新时代中国特色社会主义思想文库，促进思想宣传

在国内率先建成习近平新时代中国特色社会主义思想文库，系统收藏习近平总书记的专著、文章、讲话等，以及相关研究阐释成果，超过1.8万件。先后接待国内外170多批2000多人次的机构和学者参观，成为习近平新时代中国特色社会主义思想宣传阵地。完成文库数字化，建成习近平新时代中国特色社会主义思想文库数据库。2019年，习近平新时代中国特色社会主义思想文库（专题书库和数据库）被评为“中国社会科学院创新工程重大科研成果”。

五　完成中国社会科学院古籍清理核实，推进古籍数字化

牵头组织并完成全院古籍清理核实，摸清11万余种106万多册古籍，1.3万余种13万多册善本古籍的基本情况，为后续管理保护和开发利用打下基础。同时，启动了全院古籍数字化工作。

六　完善中国社会科学院网络安全和信息化基础设施建设，保障科研用网

改造扩大机房面积，加强机房管理，为全院 700 多台信息化设备提供了安全可靠的环境。实现全院网络升级改造、线路优化、带宽扩容、邮件系统安全加固、卫星电视系统更新，确保了全院用网。完成中国社会科学网平台升级，提供及时可靠技术支持，确保了网站的正常运行。完善网络安全机制，加强网络安全宣传，加强对全院各单位的技术指导和支持，促进中国社会科学院网络安全和信息化基础设施建设水平不断提高。

七　全面提升文献信息资源服务水平，支撑科研创新

通过强化管理、优化机制、努力创新，实现服务全免费、被动变主动、环境更舒适、采购更合理、资源更丰富、使用更高效，让科研人员更满意。引进和整合各类数据库 279 个，覆盖人文社会科学各学科领域，拓展资源服务手段，升级远程访问系统，建立新媒体服务平台，数字资源使用量逐年增长。2018~2020 年，数字资源全文下载篇次从 616 万增长到 1036 万，增长近 68%。完成阅览室和书库升级改造，重点建设古籍收藏中心、学位论文收藏中心、方志收藏中心等特色资源中心，建成中国社会科学院学者文库，空间更加宽敞，环境更加宜人，配有自助复印、自助扫描等设备，提供无线上网，所有设施和服务全免费。完成馆藏民国书、报、刊和古旧外文书的普查登记。2016~2020 年，新增中外文图书 23 万册，接待到馆读者近 6 万人次。探索开展智库服务、舆情监测与分析服务、创办学术期刊《文献与数据学报》，为学科化服务、知识服务打下基础。加强对全院各馆的协调指导，推进全院纸本图书的通借通还，促进全院资源共建共享。

八　全力为中国社会科学院新成立机构做好服务

积极落实中国社会科学院党组要求，为新成立的中国历史研究院、中国社会科学院大学和中国非洲研究院做好全方位服务。为三家机构扩展网络带

宽，保障网络使用；帮助中国社会科学院大学建立独立网络出口，融入中国教育和科研计算机网。为中国社会科学院大学图书馆、中国非洲研究院图书馆增加采购经费，帮助快速扩充和完善馆藏。为中国历史研究院网站和数据库建设提供技术和数据支持。为中国社会科学院大学学生使用数据库提供远程访问支持，提供便捷的图书借还服务。

通过坚持不懈的努力，“十三五”时期中国社会科学院图书馆的各项工作展现了良好的发展势头，为“十四五”时期的发展奠定了坚实基础。“十四五”期间，无论是国家的发展，还是中国社会科学院的发展，都对中国社会科学院图书馆提出了更高的要求。中国社会科学院图书馆将以习近平新时代中国特色社会主义思想为指导，贯彻新发展理念，落实国家和中国社会科学院“十四五”发展规划，提高政治站位，提升服务意识，完善治理能力，持续创新服务，为中国特色哲学社会科学“三大体系”建设提供坚实的文献信息服务和信息化服务支撑。

第二篇

图书馆管理

第二章
发挥党建引领和人才保障作用，做好图书馆党建与人才队伍建设

作为哲学社会科学专业图书馆，中国社会科学院图书馆始终坚持以习近平新时代中国特色社会主义思想为指导，紧紧围绕中国特色哲学社会科学“三大体系”建设，始终坚持以党建统揽全局，以筑牢支部堡垒和培养党员先锋为抓手，通过抓政治理论学习提高思想素养、抓作风建设提升服务意识、抓制度建设规范工作程序，多管齐下集中发力，逐步培养了一支“政治素养好、业务能力高、服务意识强”的人才队伍，不断提高文献资源建设和服务保障水平，全力推进新时代图书馆高质量发展，为中国社会科学院乃至我国哲学社会科学的繁荣发展做出了积极贡献。

第一节　加强思想引领，切实提高政治素养

思想是行动的先导，党建引领首先要突出政治引领。提高人才队伍的政治素养是发挥好中国社会科学院图书馆职能的前提和基础，只有用习近平新时代中国特色社会主义思想武装头脑，强化全心全意为人民服务的宗旨意识，才能正确履行好自己的职责。

图书馆党委始终把思想政治教育工作放在首位，不断完善思想政治工作方式方法，深入学习贯彻习近平新时代中国特色社会主义思想，及时组织传

达、学习贯彻党中央、社科院党组的有关精神，切实提升人才队伍的政治素养，奠定做好各项工作的思想基础并提供政治保障。

一是注重建立长效学习机制。坚持将政治理论学习融入思想政治教育，结合“两学一做”学习教育、“不忘初心、牢记使命”主题教育、党史学习教育等，开展多层次、多形式的学习活动。图书馆党委班子坚持以上率下、先学一步、学深一层，各党支部积极跟进、组织支部党员深入学习。结合工作实际，开展形式多样、内容丰富、主题突出的教育实践活动，既丰富了学习形式，又增强了学习效果，加强了党性教育，坚定了理想信念，全面提升了广大党员干部职工的政治思想素养，为更好地为科研服务奠定了坚实的思想基础。

二是把深入学习贯彻习近平新时代中国特色社会主义思想作为搞好各项工作的前提和基础，始终把深入学习贯彻习近平新时代中国特色社会主义思想作为推动党的建设和部门建设的根本抓手，要求全体党员干部及时跟进学习习近平总书记最新指示批示精神，武装思想，指导实践，推动工作。

三是把政治学习、理论学习和业务学习有机统一起来。积极探索开展研讨交流式学习，以政治理论学习带动和促进业务学习，努力做到“两不误”“两促进”，不断巩固拓展学习成果，使政治学习、理论学习和业务学习相得益彰、相互促进，使习近平新时代中国特色社会主义思想真正入脑入心，融会贯通。

第二节　加强人才引进培养使用，激发干事创业热情

习近平总书记指出，要聚天下英才而用之，让更多千里马竞相奔腾。① 图书馆党委牢固树立“人才是第一资源”的工作理念，大力实施人才战略，创新人才工作机制，强化责任落实，整合人才资源，紧抓引进、培养、使用

① 《全国科技创新大会两院院士大会中国科协第九次全国代表大会在京召开》，《人民日报》2016 年 5 月 31 日。

等重要环节，着力在强化组织领导、完善落实政策、健全工作机制、加大工作投入等方面下功夫求实效。

一是坚持按程序、公开透明引进人才。以《事业单位公开招聘人员暂行规定》为依据，加强图书资料及信息化专业人才引进工作的科学性、规范性。根据图书馆发展实际，制定符合图书资料及信息化专业工作特点的岗位招聘条件，一批复合型的专业人才充实到图书馆各个岗位，优化了人才队伍结构，真正做到人岗相适、人尽其才、才尽其用，高层次专业人才队伍的整体实力得到了明显提升。

二是加强教育培养、打牢能力基础。图书馆党委根据不同工作岗位开展有针对性的教育培训活动，不断加强人员管理和服务能力的培养培训。同时，注重全面培养，使工作人员能够有效、系统提高自身业务水平和综合素养，不断完善自身知识结构，提升专业能力。（1）举办业务骨干培训，改善知识结构、提升能力素质、提高业务水平；（2）积极组织业务骨干到国内外科研机构和高校参观、考察、调研，学习借鉴先进经验；（3）通过组织参加各种学术活动和学术会议，拓宽人员视野、提升业务水平；（4）逐步探索高端智库服务，为进一步提供人文社会科学多学科专业化的服务培养人才；（5）根据学历层次、专业背景、工作需要等具体情况，鼓励参加不同类型的在职教育和培训；（6）组织相关人员参加互联网安全大会、国际图书博览会、文献资源建设培训班等高层次的业务培训。

三是注重在使用实践中锤炼队伍。加大培训调研力度，组织业务骨干积极参加各类专业培训和学习，做到以会代训、以训促学。组织专业队伍参加首届“网鼎杯”网络安全大赛。组织业务骨干参与中国社会科学院“改革开放四十年百县调查”特大项目的国情调研活动。派出以图书馆领导、中层干部、青年业务骨干为主的多批次调研和外事出访团队，锻炼了队伍，开阔了眼界，提升了业务能力。突出青年人才在各方面的锻炼成长，采取加强对青年人员的业务指导，注意吸收青年同志参加院、所级课题及各种研究活动，鼓励青年科研业务人员参加对外学术交流等多种有效措施，让更多青年人才脱颖而出。

第三节　加强制度建设，强化规范管理意识

制度建设是图书馆发展建设中不可缺少的重要组成部分，规章制度的完善、健全是提高图书馆管理水平的重要手段。党的思想建设、组织建设、作风建设都必须依赖健全的制度体系，确保工作有章可循，逐步实现图书馆管理的科学化、规范化和制度化。

近年来，图书馆党委高度重视各项规章制度的规范化建设，认真梳理原有的内部管理与党建工作规章制度，集全馆之力，对 166 项制度进行修订完善，编制《中国社会科学院图书馆管理规定汇编》，保证各项工作和各个岗位都有章可循，流程清楚。坚持用制度管人管事管物，严格检查督促，不断促进管理水平的提升。

一是完善各项党建制度。严格按照党支部标准工作法的要求，切实开展好“三会一课”、党员民主生活会、党员活动日等党的活动。严格执行党的廉洁自律制度，在党员中开展“讲学习、讲政治、讲正气、讲奉献”的活动，要求党员干部要做到政治强、业务精、作风硬、纪律严，努力营造风清气正的环境。坚持图书馆党委会、馆长办公会及馆务会议制度，确保各项工作的决策过程公开透明。规范学习制度，按照中国社会科学院党组的部署安排，落实推进。

二是完善各类管理制度。制定《中国社会科学院图书馆党务人事创新工程文件汇编》，方便了解现行的有关规定并对照使用；制定《中国社会科学院图书馆财务管理工作规定》《中国社会科学院图书馆政府采购实施细则》《关于进一步规范图书（含电子文献）和信息化建设经费划转与报销流程的规定》等规章制度，加强了财务、采购等方面的规范化管理；制定《中国社会科学院图书馆部门工作计划汇编》，真正做到了任务到岗、落实到人，体现“全馆一盘棋”；制定《中国社会科学院图书馆编制外人员管理办法》《中国社会科学院图书馆编制外人员工资管理办法》等，加强编制外人员的日常管理及考核。

三是规范工作流程。全力推行“三公开、一加强”的管理办法；对开展各项工作提出了“先批后办、不批不办、批了再办、办就办好”的工作原则；坚持把关“四个一”；完善经费使用、审批报销、政府采购等程序；对采购工作提出“先验后收、不验不收、收才付费、资产入账”的程序要求；严格执行代理制；规定了图书馆采购的数据库必须是长期永久使用，一律不签订到期自动续签顺延条款等。

第四节　加强基层党组织建设，筑牢党支部战斗堡垒

党的基层组织是确保党的路线方针政策和决策部署得以贯彻落实的基础，也是党的全部工作和战斗力的基础。习近平总书记强调：“基础不牢，地动山摇。只有把基层党组织建设强，把基层政权巩固好，中国特色社会主义的根基才能稳固。”① 以党建为引领，培育高素质人才队伍，要切实发挥基层党组织的作用，打好群众基础，夯实战斗堡垒。

图书馆党委高度重视基层党支部建设，以建设“政治功能强、支部班子强、党员队伍强、作用发挥强”的党支部为目标，全面推进党支部标准化规范化建设，积极探索党建和业务工作同向同行、同频共振的方法路径，不断提高党支部建设质量和水平，充分发挥其在凝聚人心、培养高素质人才方面的作用。

一是注重党支部班子建设。根据工作实际开展党支部整体调整，按期换届。结合工作实际合理设置、成立联合党支部，加强代管的中国社会科学情报学会与图书馆职能部门联合党支部的党建工作，切实做到党的组织和党的工作全覆盖。把支部建设和干部培养结合起来，切实提升党支部的凝聚力和战斗力。积极组织党支部书记、党支部委员参加学习培训，全力提高党务工作能力和水平。

二是切实规范党支部工作。指导督促各党支部切实履行职责，严格执

① 习近平：《在基层代表座谈会上的讲话》，《人民日报》2020 年 9 月 20 日。

行“三会一课”制度，认真组织学习、贯彻落实党支部工作条例，按时召开组织生活会、开展民主评议党员等，按要求及时规范填写《支部工作手册》，教育引导党员主动按时足额缴纳党费。严把发展党员标准，按照发展流程和具体规定，扎实做好发展党员相关工作。

三是注重发挥党支部战斗堡垒作用。一个支部就是一座堡垒，一名党员就是一面旗帜。图书馆党委牢固树立党的一切工作到支部的鲜明导向，注重将党支部工作科学嵌进业务工作之中，紧贴所在部门职责任务推进支部工作，把抓中心工作完成、重大任务落实作为检验党支部组织力、战斗力的试金石。充分发挥党支部在业务工作中的政治引领、督促落实和监督保障作用，推动党员立足本职、担当尽责，更好地发挥先锋模范作用。

四是注重强化党支部做思想政治工作的主体责任。通过谈心谈话等方式，了解情况，积极帮助解决困难，引导全体党员把思想和行动统一到党中央决策部署以及各项工作要求上来。及时、深入、细致的思想政治工作较好地调动了全体党员的工作积极性，为做好各项业务工作注入了强劲动力。

第五节　加强作风建设，发挥党员先锋模范作用

图书馆作为文献信息资源中心，担负着为科学研究和学科建设服务的重任，是展现精神文明建设的服务窗口之一。应着力加强作风建设，强化人才队伍的事业心和责任感，树立正确的职业理念，充分调动专业人才的服务积极性，引导和带动他们把心思用在事业上，把精力用在工作上，切实负起责任和使命，形成激情干事业、务实谋发展的良好氛围。这是提高图书馆的服务质量和服务水平的必然需要，也是使图书馆的服务与中国社会科学院总体发展水平相适应的必然需要。

一是强化宗旨意识。在图书馆党委的统一领导下，全体党员牢记党的宗旨、勇于创新，真抓实干，活跃在服务科研第一线。在国家哲学社会科学文献中心建设、习近平新时代中国特色社会主义思想文库建设、中国社会科学院学者文库建设等重点工作中，加班加点、任劳任怨、默默奉献，以实际行

动践行了党员的初心使命。

二是强化责任意识。共产党员作为图书馆事业发展的中坚力量，勇于担当作为，切实做到哪里有需要哪里就有共产党员的身影。在党员干部的带领下，图书馆作风建设再上新台阶，工作效能大幅提升，在馆舍改造、图书回迁、古籍核查、重点工作推进等各项重要工作中，各个部门密切配合，工作人员加班加点、不计报酬，展现了图书馆全体党员吃苦耐劳、团结奋进的精神风貌。

三是注重发挥带头示范作用。通过党员评议、述职述纪、组织生活会等形式，提高党员干部素质，发挥党员的先锋模范作用，激发党员活力。面对新冠肺炎疫情，图书馆领导班子成员牢记职责使命，坚守岗位，落实落细各项防控措施。广大党员干部冲锋在前、奉献在先，坚持到岗工作，积极踊跃捐款，创新服务方法，努力推进各项工作落实，向国内外用户和全院科研人员提供了不间断、优质的文献信息资源服务和网络、网站安全保障，为推进疫情防控与业务工作两手抓、两促进做出了积极贡献。

第三章
发挥行政保障作用，为图书馆发展建设提供服务

近年来，中国社会科学院图书馆紧紧围绕“贯彻落实习近平总书记在哲学社会科学工作座谈会上的重要讲话精神，加快国家哲学社会科学文献中心建设”这一核心任务，以习近平新时代中国特色社会主义思想为指导，以“把图书馆建成国内顶尖、世界一流图书馆”为目标，抓机遇、谋发展、出成效，先后完成了国家哲学社会科学文献中心、习近平新时代中国特色社会主义思想文库、中国社会科学院学者文库、中国社会科学院古籍清理核实等重大项目和任务，在社会各界引起较好的反响。图书馆服务、安全管理、信息化系统运维等日常工作也稳中有进，成果丰硕。

图书馆之所以出现这样的良好局面和向好发展势头，在于始终坚持“以核心任务为牵引，以依法治馆为抓手，狠抓工作落实”，逐步形成“规范行政管理、创新管理方式、提高服务质量、谋求科学长远”的发展理念，致力于为中国社会科学院的发展建设和国家哲学社会科学事业提供有力的行政保障与服务支撑。

第一节　规范行政管理，向管理要效益

规范的行政管理能够将日常工作或项目的计划、组织、协调、控制等

各个环节最大限度地协调一致，使工作或项目能够整体推进，极大地提高工作和机构运行效率。向管理要效益、向管理要效率是目前行政管理的最大目标。

近年来，图书馆业务规模不断扩大，馆党委根据业务发展需要对内设机构进行改革，现有办公室、人事处（党委办公室）、科研处、项目与资产管理处、文献中心建设部、数字资源部、网络中心、信息参考部、《文献与数据学报》编辑部（文献信息研究室）、采编部、文库管理部、古籍管理部、文献服务部、读者服务部和学术服务中心。这些部门工作特点、运行机制和管理模式大相径庭，在工作计划、协调管理、目标设定等方面存在诸多“个性”“特点”，很难“一刀切”和同步推进。

为规范图书馆行政管理工作，便于更好地开展各项工作，图书馆持续修订完善近25万字的《中国社会科学院图书馆管理规定汇编》，对党建工作、部门职责、经费管理、资产管理、业务办理流程等13个方面166项工作进行规范和明确。在管理上因地制宜、有的放矢，不搞上下“一般粗”，不搞“一刀切”，促进各项任务有机衔接、整体推进。

2016年5月17日，习近平总书记主持召开哲学社会科学工作座谈会时强调：“要运用互联网和大数据技术，加强哲学社会科学图书文献、网络、数据库等基础设施和信息化建设，加快国家哲学社会科学文献中心建设，构建方便快捷、资源共享的哲学社会科学研究信息化平台。”[①] 为落实习近平总书记重要讲话精神，2016年9月，由中宣部部署，中国社会科学院牵头，教育部和国家新闻出版广电总局配合建设国家哲学社会科学文献中心。图书馆按照中国社会科学院党组要求积极推进此项工作，国家哲学社会科学文献中心于2016年12月30日正式上线。在三个月时间内完成平台开发、数据上线等工作，如果没有统一的组织管理，根本无法完成如此重大的任务。向管理要效益、向管理要效率在此次活动中得到充分体现。

---

① 《习近平在哲学社会科学工作座谈会上的讲话》，《人民日报》2016年5月19日。

第二节 强化制度落实，创新管理方式

制度的生命力在于执行，执行的关键在于落实。一个单位的制度体系管不管用、有没有效，实践是最好的“试金石”。制度创新是图书馆自身发展和管理的需要，也是现代管理的发展趋势。图书馆要更好的发展，就必须建立起一套崭新的管理运行机制，以适应图书馆行业发展的需要。

为更好地推行《中国社会科学院图书馆管理规定汇编》，图书馆经过不断实践和探索创新，形成了一套切实可行的管理方式，包括“双四一”“三公开一加强”和“三批一办”。其中，“双四一”包括“四个一”和“四项规定”。“四个一”即“管好一支笔、管好一枚章、开好一个会、一万元以上经费要经馆长办公会审批”；“四项规定”即“开会要到、上下班要准时、布置的工作要完成、重要的事情要报告”；“三公开一加强”即“馆务公开、财务公开、考勤公开、全面加强管理”；“三批一办”即“先批后办、不批不办、批了再办、办就办好”。此外，还对重点学科、建设项目进行细化管理，进一步明确了意识形态审核把关制度，对出入机房、上网账号、期刊收录、合作单位管理等方面都先后出台相关管理规定和细则。

此外，由于图书馆是全院的经费“大户”，项目多、经费多，图书馆专门出台了《中国社会科学院图书馆采购工作实施细则》，以更好地规范采购各流程和细节，做好图书馆采购中的廉洁工作。《细则》根据《中华人民共和国政府采购法》《中华人民共和国招标投标法》《中央单位政府集中采购管理实施办法》《政府采购货物和服务招标投标管理办法》《政府采购非招标采购方式管理办法》等法律、法规以及中国社会科学院有关规定制定，对图书馆负责采购的组织机构，采购申报、审批、意向公开，采购类别、限额标准，采购实施、管理与监督、验收、考核等方面进行了明确规定，实现了采购的公开、公平、公正和全程管理。特别是对采购的监督管理也进行了明确规定，如：办公室作为政府采购管理部门，应保证政府采购的透明度和公正性，注意杜绝以下几种行为的发生。一是违反规定泄露应当保密的与招标投

标活动有关的情况和资料，主要包括：1. 向他人透露采购项目的名称、数量或者可能影响公平竞争的有关招标投标的其他情况；2. 人为将同一预算下的项目进行拆分，避开公开招标或竞争性磋商；3. 招标文件或采购需求中资质要求、评分标准具有倾向性或排他性条款。二是违反规定与投标人串通损害国家利益、社会公共利益或者他人合法权益。三是违反规定参与或接受供应商主办的商业活动和其他与正常工作无关的邀请，违反规定单独与供应商进行谈判或技术交流。四是其他违反政府采购相关法律、法规的行为。以上违规行为一经查实，除中标结果无效外，将按照有关规定追究责任。

同时，图书馆采购工作接受上级纪委和审计部门的监察和审计监督；图书馆纪委对政府采购活动实施监督，并对参与政府采购活动的工作人员实施监察；图书馆内各部门和个人对政府采购活动中的违纪、违法行为，有权控告和检举，图书馆党委和纪委将依规、依纪受理；对于在项目实施、验收过程中对供货或服务方故意刁难、强行增加合同以外工作的行为，或因上述行为导致项目延期的，图书馆纪委将按照相关规定查实后进行问责。

总之，图书馆在管理方式上认真研究，不断创新，逐步细化，既发挥顶层设计的主引擎和路线图的作用，又注重同国家政策、发展方向、科研需求对标对表，并在精准谋划、精准实施上下足工夫。通过建章立制，细化管理，让制度监督落实，实现了让制度发挥统筹作用，让整个图书馆系统高效、稳定运行。

第三节　让制度有温度，用真心换真情

制度是刚性的，但人是有温度的，用有温度的人执行老干部工作制度、落实老干部政策。老干部是我们党和国家的宝贵财富，在我国不同历史时期的建设中，他们都曾经取得过卓越的功绩，直到现在，他们仍然是传承党和国家政治、思想和文化的重要力量。他们现在虽然已经退居二线，但仍然关心着国家大事和单位发展，维护着改革开放和稳定发展的大好局面，是推进党和国家建设的一支重要力量。图书馆近年来一如既往地抓好老干部工作，

多次被评为“中国社会科学院离退休干部工作先进单位”。

一是图书馆党委重视老干部工作，让各项政策落实落地。《中共中央组织部关于进一步加强老干部工作的通知》（中组发〔1990〕5号）中明确指出，老干部工作是党的干部工作一个重要组成部分。各级党委和政府要充分认识做好这项工作的重要性，列入重要议事日程，研究解决工作中的重大问题。当前要着重研究解决如何发挥老同志政治优势和在政策规定范围内切实解决老同志生活困难等问题。党委和政府的负责同志要亲自过问老干部工作，应每年定期或不定期地召开老同志座谈会，沟通思想，倾听意见，加强同老干部的联系。要注意发挥老干部工作领导小组对老干部工作的协调作用，指导有关部门做好老干部工作。图书馆党委高度重视老干部工作，充分认识“老干部工作无小事”。图书馆党委书记亲自担任离退休干部工作领导小组组长，党委会研究决定由一名副馆长主抓老干部工作。图书馆党委每年听取1~2次离退休干部工作汇报，至少半年召开一次离退休干部工作领导小组工作会议。每年的年度工作总结中必须有离退休干部工作的内容，新年度计划中必须有离退休干部工作的内容，分管领导年终述职的内容必须重点汇报离退休干部工作。通过图书馆党委建立制度化的常抓机制，确保了老干部各项制度的落实。

二是按照规定落实政治待遇，让老同志紧跟新时代。《中共中央关于建立老干部退休制度的决定》（中发〔1982〕13号）指出，对于离休的老干部，他们的政治待遇，包括阅读文件、听重要报告、参加某些重要会议和重要政治活动等，应当一律不变。图书馆党委在老干部政治待遇上坚持做到“三个凡是，三个不忘”。凡是老干部应该看的文件，都及时送去；凡是老干部应参加的会议，都要请来；凡是老干部应该知道的上级精神，都要传达。重大会议，不忘宣传老干部的历史功绩；重大决策，不忘征求老干部的意见；工作再忙，不忘参加老干部的活动。通过向退（离）休干部传达文件，介绍国际、国内形势，通报党中央、国务院及当地党委、政府的重大决策和社会经济发展等重要情况，以及结合实际情况组织退（离）休干部就地就近参观考察，使他们了解改革开放和社会主义现代化建设的新情况，加深对党的路线、方针和政策的理解，更加自觉地拥护党中央的决策，支持在职干部工作，积极发挥作用，确保离退休干部遵守政治纪律和组织纪律，在政治上、思想上、行动上与党中央保持高度一致。

三是用心用情落实生活待遇，让制度有温度。离休干部应享受的生活待遇主要包括离休费、生活补贴、住房、用车、医疗保健、护理费等方面。《国务院关于老干部离职休养的暂行规定》（国发〔1980〕253号）指出，干部离休后，原标准工资（含保留工资）照发，福利待遇不变。其他各项生活待遇都与所在地区同级在职干部一样对待，并切实给予保证。医疗、住房、用车、生活品供应等方面，应当优先照顾。为确保按时足额发放老干部的长征基金、高龄补贴等院内补贴，每月由办公室专人负责制定，再由人事处核实、经图书馆领导审批后发放。物业费、取暖费等补助也是参照国家和中国社会科学院内文件及时制定并发放。在重要节日和重大政治活动中对老干部要开展多种形式的慰问活动。在慰问活动中，党委要重视，党政主要领导干部要亲自参加。主动征求、虚心听取老干部的意见，对老干部提出的工作上的意见，要认真研究，采取措施，加以改进。对老干部反映的实际困难，能够解决的应及时给予解决。中央组织部《关于在春节期间开展慰问老干部活动的通知》（中组发〔1980〕75号）指出，春节期间慰问老干部，要作为一项制度年年坚持下去。图书馆走访慰问坚持做到“三个必访”，即逢年过节必访、老干部生病住院必访和老干部生日、去世等大事必访，及时把党组织的关心和温暖送到老干部身边。根据《中国社会科学院离退休人员困难帮扶管理办法》，图书馆每年对困难老同志进行慰问，并发放慰问补助金。通过用人性化的方法，将僵硬落实制度变成打造“暖心”工程，让老同志时刻感到组织的关心。

四是配齐配强队伍健全工作制度，让老干部放心安心。《中国社会科学院关于院属各单位配备离退休管理机构和人员的办法》（〔2006〕社科人字41号）指出，凡离退休人员达到121人以上的单位，可设立一个离退休人员管理办公室，设在人事处或者行政办公室之下（不增加行政职能机构）；配备一名专职管理人员，一名兼职人员，一名离退休返聘人员；增加一名处级领导职数。图书馆按照规定抽调 2 名在编干部负责老干部工作，制定老干部工作机构的基本任务和职责范围，进一步规范老干部服务保障人员的言行。经图书馆党委研究，制定了《中国社会科学院图书馆离退休干部工作规定》，让老干部管理工作有据可依。依据《中国社会科学院离退休干部工作目标管理考核办法》，离退休干部工作局每年对单位老干部工作中的组织建设与管理、“两项”建设、生活服务、老年活动等内容进行检查考核，并评选老干部工作先进单位和达标单位。通过健全人才和制度机制，实现老干部工作的科学化、规范化管理，促进老干部工作整体水平提升。为畅通与老同志的沟通渠道，专门建立老干部工作微信群，有两名工作人员在群内负责收集老干部反馈的信息，确保对老干部反映的问题做到件件有回音，事事有着落，既掌握老干部思想动态，又沟通了感情，得到了全体老干部的认可。真正做到让制度有温度，不忘饮水思源，用真心换取真情。

第四节　用制度提升服务，用真诚迎接读者

图书馆管理体制贯彻“以人为本”的思想，大到图书馆内部装修设计，小到书架、阅览座位和咨询台的安排，都要体现人文关怀。“以人为本”思想就是一切以节省读者时间、方便读者利用为目的，充分了解读者需求，提高读者的满意程度，发挥馆藏资源的整体效益，全面提高服务质量的一种服务理念。

良好的阅读环境是良好文化氛围形成的基础条件。近年来，图书馆加大服务保障方面的投入，积极争取中国社会科学院党组和机关的支持，先后投入 900 余万元对馆舍进行全面改造，通过图书馆装修改造，改善了环境质量；通过新增密集架，增加了阅读空间；通过更换阅读书桌，提升了舒适性；在环境布局和装饰上符合审美、色彩搭配清新雅致，为读者提供一个安静、整洁、优美的文化环境，更适合生理和心理的需要。馆藏资源配置在空间和布局上最大限度地拉近与读者的距离。图书馆各书库布局一目了然，通透敞亮，在走廊和各书库入口处摆放了绿色植物，让读者置身于书海，读出了意

境。新冠肺炎疫情期间还设立文献借阅处，让读者能更方便、更快捷地找到自己需要的图书资料，体现出服务质量的硬实力。为让广大研究人员及时用上国家哲学社会科学文献中心数字资源，图书馆还于 2019 年组织“五路大军”到全国进行宣传，为研究人员送上数字资源。

完善的管理制度是提高服务质量的根本保证。为更大程度地服务读者，取消了办卡、复印等诸多收费制度，为读者提供免费打印、小食品等服务。运用现代化的设计理念，书库和阅览室采用统一层数、统一高度的书架，采用藏、借、阅一体化的制度，既能作为书库又能作为阅览室，灵活地运用开放式管理模式，使空间互通，又隔而不死，以便缩短读者在馆内的走动距离，使读者既可以借也可以查，用途可以灵活地改变，极大地体现出为读者服务的软实力。

图书馆读者服务的质量和水平与馆员的综合素质密不可分，提高馆员综合素质也是图书馆增强个性化服务的必然趋势。图书馆建立了一套完整的工作人员管理规范，对接待用语、着装、图书预约等方面进行了规范。在更新专业知识的同时熟练掌握现代网络技术，使其能为读者提供更好的服务。

图书馆员行为准则是规范图书馆运行和图书馆工作的保障。规章制度作为一种管理手段，体现了“以读者为本”的服务理念，坚持科学管理和人本管理相统一，通过不断提高图书馆服务质量，更好地服务于中国特色哲学社会科学“三大体系”建设。

总之，不断完善的管理制度成为图书馆可持续发展的重要保障。经过多年的努力，“依法治馆、依规办事”在图书馆蔚然成风，制度也成为“想干事、能干事、干成事，不断解决问题、破解难题”的保障。管理制度让广大干部职工干工作有章法、处理问题有依据，即干成了事又避免了节外生枝，也为图书馆锻造了一支忠诚、干净、担当的干部队伍。“十四五”期间，将进一步贯彻落实习近平总书记“5 · 17”重要讲话精神和三次致中国社会科学院贺信精神，不断优化管理制度的建设和落实，充分发挥行政保障职能，为图书馆的发展建设做好保障服务。

第四章
加强信息化项目绩效管理，助力图书馆文献信息建设

信息时代，信息技术的应用不断地影响着人们的工作和生活。随着信息化进程的持续推进，信息化成果数量不断增加，如何有效地识别、提取、衡量和管理信息化成果及其产生过程——信息化项目的绩效信息，进而保障信息化项目的成功实施，逐渐成为各级信息化建设和管理部门的关注重点。

一提及绩效管理，人们第一反应就是，这是与经费投入产出的效益或与人相关的问题，应该是财务部门或人事部门关心的事情。但事实上，绩效管理作为一种有效的管理手段和工具，同样适用于信息化项目管理领域。针对信息化项目的绩效管理工作是一项完整的系统工程，具有整体性、复杂性和延续性等特点。它融合了管理学、社会学、信息技术、过程控制等多方面的知识，是一个既关心结果实现又关心实施过程的管理工作。通过实施信息化项目绩效管理，组织可以将信息化战略规划分解到每一个信息化项目中，通过向管理要效益，保障每一个信息化项目可以达到预期设定的绩效目标，进而逐步达成组织预定的信息化战略目标。而针对单个信息化项目，绩效管理的过程实际上就是一个以结果（如信息化项目的绩效目标）为导向，通过有效的管理和沟通工作，合理配置各项有限资源，持续实施监控，及时进行结果和意见反

馈，适时进行纠偏和改进，使各类项目干系人达成价值认同并共同努力的过程。

第一节　信息化项目管理现状分析

中国社会科学院图书馆建设及管理的信息化成果（如各类电子资源、网站传播平台等），不仅是中国社会科学院科研工作不可或缺的科研基础数据资源，也是宣传推广中国社会科学院科研成果的重要窗口。现阶段，依据中国社会科学院及图书馆的各项管理制度，图书馆的信息化管理工作已逐步延伸至项目立项决策、项目招投标、项目实施设计、项目实施监管等各个关键阶段中，初步建立了基于项目生命周期的信息化项目管理工作流程。在预算绩效评价方面，图书馆管理使用的信息化专项经费连续三年接受了中国社会科学院组织开展的绩效评价工作，通过总结各次绩效评价工作反馈意见，不难发现图书馆在信息化项目管理工作方面仍存在以下不足之处:（1）项目各干系人的绩效观念和意识有待加强。（2）项目绩效目标和绩效指标的识别和提取不全面，不能完整体现信息化项目的全貌。（3）项目预定的绩效目标与实际工作内容的对应性不强，项目各阶段工作与既定绩效目标和绩效指标的耦合度较低。（4）项目阶段性工作完成后未评估既定绩效目标和绩效指标的完成情况和符合度，信息化项目的绩效目标达成存在偏差风险。（5）未建立全过程的绩效管理工作机制，信息化项目的管理工作未形成有效闭环。

从上面分析可以看出，需要改进和加强的方面大多数与“绩效”和“人”这两个因素密切相关，不论是绩效管理理念的认知和接受、绩效目标与绩效指标的识别和提取，还是绩效信息的评估和管理，“人”都是其中最关键的要素。因此，为保障信息化项目的成功实施，很有必要在加强制度建设和内部控制措施约束的前提下，通过统一“人”的价值认同，充分发挥“人”的主观能动性，建立有效、适用的全过程绩效管理工作机制，形成“计划、实施、评估、反馈、改进”的有效管理闭环。

基于此，在图书馆内部实施针对信息化项目的绩效管理，不仅可以实现信息化战略规划、项目绩效目标、实施监控等在行为、过程与结果层面的融合，还对复用信息化项目实施和管理经验，改进信息化项目实施和管理过程，提高信息化规划目标实现符合度，提升文献信息资源的服务质量和服务水平等多方面有着重要的现实意义。

第二节　信息化项目绩效管理实践

绩效管理是一个组织在整体或特定范围内制定绩效目标和绩效指标，以及实现这些目标和指标的方法论和管理活动的集合。针对信息化项目的绩效管理，实质上就是将绩效管理与信息化项目管理进行有效融合，通过建立、实施、运行监控、反馈和改进等工作的实施，有效控制或规避既定目标发生偏移的风险，进而保障信息化项目的成功实施。

一　绩效管理模型

为了体现项目绩效管理策略，以及项目过程绩效管理工作的动态调整和持续改进的特点，图书馆信息化项目绩效管理实践将遵循管理循环模式——PDCA（Plan-Do-Check-Act）循环模型进行展开。

PDCA 循环又称“戴明环”（Deming Cycle），来源于休哈特（Walter A. Shewhart）于 19 世纪 30 年代提出的 PDS（Plan-Do-See）循环，后被戴明（Edwards Deming）所采纳并加以拓展，进而形成一个质量持续改进循环模型。该循环将一个过程抽象为 Plan（策划）、Do（实施）、Check（检查）、Act（处置）四个阶段（见图 4-1），每个阶段都有各自对应的任务和目标。每个 PDCA 循环都从 Plan 阶段为起始，以 Act 阶段为结束，每四个阶段形成一个闭合的循环。同时，上一个 PDCA 循环的产出物可以作为下一个 PDCA 循环的输入，如此循环往复，使得过程的目标可以持续性发展和改进（见图 4-2）。

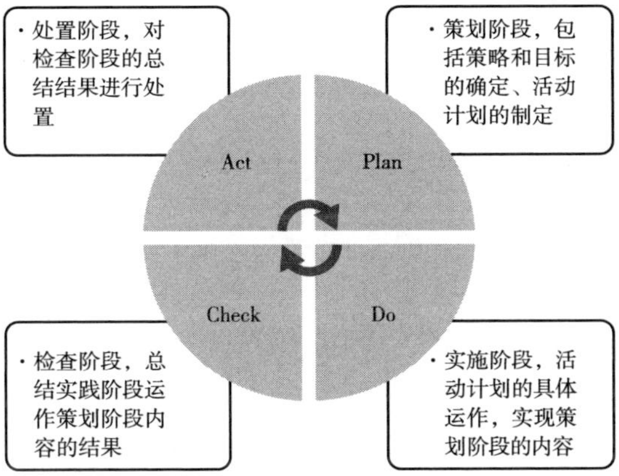

图 4-1　PDCA 循环

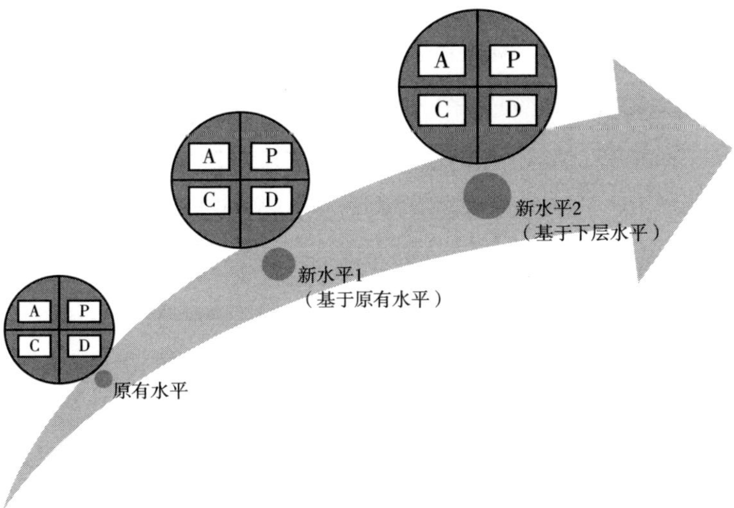

图 4-2　PDCA 循环持续改进示意

应用到信息化项目绩效管理中的 PDCA 循环模型如图 4-3 所示，各阶段的工作内容详见表 4-1。

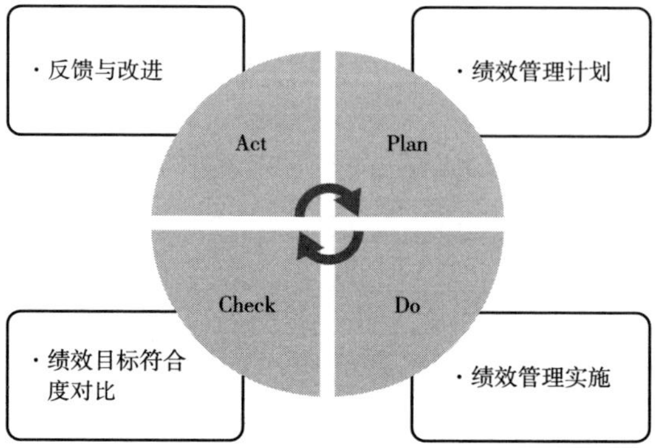

图 4-3　信息化项目绩效管理的 PDCA 模型

表 4-1　应用于信息化项目绩效管理的 PDCA 模型各阶段工作内容

阶段	目标	工作内容
Plan	制定绩效管理计划	提取信息化项目的绩效目标和绩效指标，与项目各干系人就绩效目标和绩效指标的内容、实现阶段划分、关键的阶段性产出物、自评估的方式和方法、绩效管理方式和方法等方面达成共识
Do	实施绩效管理工作	实施信息化项目绩效管理的各项工作。如：跟踪项目进度、识别并进行风险管理、适时启动后续的 Check-Act 阶段的工作，及时进行纠偏和改进
Check	检视绩效目标的符合度	依据项目阶段性自评估结果、风险管理情况和预设的绩效管理目标监测周期，检视信息化项目的绩效目标和绩效指标、绩效管理目标的实现情况和符合度，并将结果报告给管理者进行审核
Act	保持或改进绩效管理工作	基于信息化项目绩效管理内部自评估和管理审核的结果或者其他相关信息，采取纠正和预防措施，持续改进绩效管理工作

二　绩效管理的原则及实施关键点

（一）绩效管理的原则

为了确保可行性、适用性和合规性，信息化项目绩效管理工作的开展将遵循以下原则。

1. 合规性原则

针对信息化项目的绩效管理工作，不仅要符合国内各项法律法规和规章制度的要求，而且还要符合各项目合同的约定。

2. 以结果为导向，以绩效指标为判断点的原则

信息化项目的绩效管理是一个以项目绩效目标实现为导向的管理过程，因此，在管理过程中必须采用绩效目标对应的各级绩效指标为判断点来评判各项工作的实施符合度及偏差程度。

3. 以质量控制为核心，以过程实施监控为工作重点的原则

为了保证信息化项目的成功实施，在项目绩效管理过程设计伊始就要贯彻以质量控制为核心，以持续进行过程实施监控为工作重点的原则，将绩效目标和绩效指标等具体绩效监控指标和管理策略逐一分解到绩效管理过程的各项工作中。

（二）绩效管理实施的关键点

结合前文中的现状分析，现阶段图书馆信息化项目绩效管理工作的实施关键点主要有以下三个方面。

1. 强化绩效意识，提高计划任务目标与项目实施工作的关联度

通过实施项目绩效管理，积极地进行沟通与协调，不断增强项目各方干系人的绩效意识，促成对项日范围、实施内容、阶段划分、既定绩效目标和绩效指标等方面的理解一致性，逐步消除对绩效管理策略及绩效管理工作过程的顾虑和抵触情绪。同时，借助项目管理过程活动与绩效管理策略及管理目标的充分融合，不断强化项目实施方、管理方及监理方的目标预期一致性，进而充分激发主观能动性，自主且有效地提高计划与执行的耦合度，提高计划目标与项目实际实施的关联度。

2. 建立全过程监控与管理的工作机制，持续进行反馈和改进，保障项目的成功实施

通过实施项目绩效管理，对现有的信息化项目管理流程进行梳理和规范，运用质量控制和过程管理理念，逐步建立科学、合理、有效、有序的全过程监控工作规程和管理机制。同时，结合动态管理的要求，在绩效管理过程中结合项目风险管理、变更管理和沟通管理等管理活动进行持续性的反馈和改进，形成管理闭环，为信息化项目的成功实施提供有力保障。

3. 总结项目实施与管理经验，提高信息化项目的设计、实施和管理水平

通过实施项目绩效管理，不断总结同类型项目中有效的实施和管理经验，规范同类型绩效目标的量化粒度，归纳同类型绩效指标的基准值取值范围，提高绩效指标的赋值合理性，发现新的或更契合项目特点及绩效目标表述的绩效指标，切实提高信息化项目的设计、实施和管理水平。

三 图书馆信息化项目绩效管理实践

针对信息化项目绩效管理实施关键点，图书馆基于现有的制度、内部控制措施和信息化项目管理流程，认真分析和评估绩效管理手段与各项目管理阶段融合的可行性，找准工作切入点，着手将预算绩效管理的要求逐步融入项目全生命周期管理的各个阶段。通过建立由绩效管理前期准备、绩效管理计划、绩效管理实施、绩效管理结果反馈与改进、绩效评价支持共五个绩效管理阶段组成的全过程绩效管理工作流程，有效地将绩效信息管理纳入项目风险管理和整体管理的范畴，持续进行评估、反馈和改进，督促各信息化项目按既定计划推进。

图书馆信息化项目绩效管理实践的五个阶段并不是简单的串行关系，而是以前期准备为起点，以绩效计划为基础，以绩效管理的执行监控为重点，借助执行监控与结果反馈组成的小循环，持续开展评估、纠偏和改进工作，督促信息化项目的实施。最后，通过绩效评价支持阶段来反馈项目绩效自评或院内组织开展的重点项目绩效评价等评价结果，经过总结分析和整改后，进一步补充信息化项目的实施和管理经验。

（一）绩效管理前期准备

绩效管理前期准备阶段是绩效管理的起始，主要工作是进行宣传、研讨、培训和项目审批材料收集。该阶段不仅是强化绩效意识和绩效管理理念的首要环节，也是建立有效正反馈沟通协调机制的磨合阶段。信息化项目的建设方、实施方、监理方、管理方通过充分的研讨，了解管理制度等内部控制措施的现状和细节，充分理解绩效管理视角下的信息化项目的立项依据、

环境及技术可行性、项目愿景、项目实施范围、项目预期风险、已通过审核的绩效目标及绩效指标等方面的内容，消除疑虑、顾虑和抵触等不良情绪，达成初步一致的绩效管理目标预期，建立统一的项目价值认同。

（二）信息化项目绩效管理计划

信息化项目绩效管理计划阶段是绩效管理工作的基础，主要工作是细化绩效目标和绩效指标，形成绩效管理工作标准，确立绩效管理的工作规程、反馈和改进机制。

在该阶段，围绕各信息化项目已审批通过的项目绩效目标和绩效指标，由项目的建设方、实施方、监理方、管理方共同协商，在绩效管理方式及标准、实施阶段划分及阶段性目标确立、项目进度计划、项目进度影响因素或风险分析、项目过程管理关键点、里程碑式产出或交付成果、沟通协调机制、自评估的方式和方法等方面达成共识，并按各自职责进行量化和细化，形成各项目干系人均认可的信息化项目绩效管理计划。若对关键性绩效指标量化把握不准，可考虑设计多个辅助指标进行细粒度的管理。

（三）信息化项目绩效管理实施

信息化项目绩效管理实施阶段是绩效管理工作的重点，主要工作是按绩效管理计划，以质量监控为核心，以绩效目标及绩效指标为判断点，严格对信息化项目进行进度监控、风险管理和变更管理，及时发现和评估偏差或风险，提出意见建议并进行反馈。

在该阶段，信息化项目的项目管理和绩效管理等方面的工作将同时开展，项目管理领域的质量控制、进度管理、风险控制、变更控制等方面的管理信息，以及绩效管理工作形成的绩效管理及指标监控信息将统一纳入项目整体管理的工作范畴，统筹进行风险管理、变更管理和文档管理，使项目管理和绩效管理实现有机融合，形成有效的管理闭环。

绩效执行监控过程中，偏差及建议一旦反馈，则需纳入项目风险管理工作范畴，并在后续的绩效管理工作中对该偏差的整改落实情况进行跟踪和监督，确保在短时间内完成纠偏工作。另外，针对项目关键性绩效指标、项目过程管理关键点、里程碑式产出或交付成果，也需加大协调和督促力度，尽量避免出现项目进度拖延的情况。

（四）信息化项目绩效管理结果反馈与改进

信息化项目绩效管理结果反馈阶段的工作重心是建立并执行良好且有效的正反馈沟通机制，使项目各方不仅可以畅通地进行信息传递，而且可以激发参与绩效管理的主动性，确保绩效反馈或绩效改进的落实，真正发挥绩效管理工作的作用。该阶段的各项沟通与协调工作将与绩效管理其他阶段的工作实现无缝对接，在核实和评估后及时启动绩效管理结果反馈与改进工作。

（五）信息化项目绩效评价支持

信息化项目绩效评价支持阶段的工作主要是为绩效自评估和院内组织开展的绩效评价工作提供支持，同时收集绩效管理信息、绩效评估评价结果等信息，用于补充项目实施与管理、项目绩效管理等方面的工作经验。

此阶段是绩效管理工作的必要补充，项目的建设方和管理方可以进一步评估项目绩效目标与对应绩效指标的关联度，亦可总结发现新的更契合项目绩效目标的绩效指标，如此便可进一步提高同类型项目绩效目标和绩效指标的科学合理性。

第三篇

馆藏资源建设与读者服务

第五章
有效服务科研，做好数字资源建设与保障

第一节　图书馆发展环境变化

20 世纪 90 年代以来，全球经济加速向数字经济转型，出版机构、互联网平台运营商、数字技术服务提供商、社会化生产者等第三方主体竞相进入知识服务领域，全球图书馆界抓住数字化浪潮的时代机遇，大力发展数字图书馆，实现了从传统图书馆到数字图书馆的转型发展。不列颠图书馆在一份战略规划中写道：“我们所处的环境在过去 20 年里发生的变化超过了过去 200 年的变化，特别是技术发展的驱动。”数字资源已经从补充性质的馆藏资源发展成多数图书馆资源结构中最重要的类型，从发展趋势上看，未来一段时间内还会增长。据教育部高校图书馆事实数据库统计，2018 年数字资源购置经费占总经费一半及以上的一流大学图书馆比例约为 89%。[①] 国内部分高校每年的数字资源经费已经超过 4000 万元。

与此同时，数据资源蕴藏的巨大能量不断释放，信息与知识日益成为拉动经济发展的引擎，2019 年中国数字经济增加值规模已达 35.8 亿元，占 GDP 比重达 36.2%。[②] 国家发展、科技创新以及个人成长有赖于大数据资源，以及大数据挖掘与智能分析。尤其是以科研用户为代表的图书馆用户，数字资源给科研用户带来的便利性是传统纸本资源无法比拟的。数

① 教育部高校图书馆事实数据库系统，http://libdata.scal.edu.cn/login.html。

② 中国信息通信研究院：《中国数字经济发展白皮书（2021 年）》，http://www.caict.ac.cn/。

字资源的使用，突破了用户的时间、空间和精力局限，与传统的需到馆查阅使用资源相比，数字资源能让用户随时随地获取信息，使用便捷的检索方式，还能节约宝贵的时间。另外，人文社会科学研究所面临的论题空前复杂化，科研人员更加依靠信息技术和数字资源，置身在更为开放的数字科研（e-Science，e-Social Science）环境下，其科研行为已经转向数字化（Escience/Digital Scholarship）、数据化（Datafied Scholarship）、社交化、个性化、智能化，科研社交平台将各种图谱联结起来，科研网络更类似于语义网络，转向知识发现，转向依赖（不同的获取水平、权威性、深度）资源的网络。

从当前到2035年，全球新一轮科技革命和产业变革蓄势待发，包括人工智能、大数据、5G、量子通信等在内的技术将对数字经济产生重要影响，且会加速数字社会的转型。图书馆一直是现代信息技术的积极倡导者，也是技术进步的受益者，研究型图书馆必须直面科学大数据和复杂信息环境下知识服务需求的新特点和对服务模式要求创新的新挑战，以更加开放的姿态参与其中，规划未来发展战略与路径，改变现有的服务模式、服务内容和服务水平，[①] 突破现有的馆藏边界，将各领域的新型数据资源纳入馆藏，建立多元立体知识资源体系，并对其进行基于知识内容的精细加工与揭示，形成面向深度学习和智慧决策的知识图谱，快速跨入提供知识服务的“智慧服务”领域。

近年来，我国哲学社会科学事业和中国社会科学院的发展受到党和国家的高度重视。2016年5月17日，习近平总书记在哲学社会科学工作座谈会上的讲话明确指出，“一个国家的发展水平，既取决于自然科学发展水平，也取决于哲学社会科学发展水平”，“哲学社会科学具有不可替代的重要地位”。[②] 习近平总书记的重要讲话充分说明了哲学社会科学的重要性和国家发展繁荣哲学社会科学的决心。党和国家对哲学社会科学的发展高度重视，投

① 《欧洲议会发布由欧盟政策研究中心完成的〈全球趋势2035〉报告》，http://www.europarl.europa.eu/RegData/etudes/STUD/2018/627126/EPRS_STU（2018）627126_EN.pdf。

② 习近平：《在哲学社会科学工作座谈会上的讲话》，2016年5月18日，新华网，http://www.xinhuanet.com//politics/2016-05/18/c_1118891128_3.htm。

入明显增加，研究成果大量涌现，呈现出繁荣发展的新局面。①

哲学社会科学繁荣发展、“三大体系”建设、高端智库建设、人才培养，对哲学社会科学专业图书馆的资源、服务、馆员、管理等提出了更高的要求。基于此，哲学社会科学专业图书馆需要再次明确核心价值，让图书馆的使命目标与所在机构的使命目标保持高度一致，以服务科研创新和重塑资源体系来实现对哲学社会科学研究的支撑作用，全面支持哲学社会科学学科体系、话语体系、学术体系建设的需要；提供精准化、专业化、个性化的数字内容；加强本机构科研成果以及科研过程中产生的中间成果以数字形式进行收集、整理，不断挖掘图书馆服务增长点，通过创新服务体系实现图书馆的可持续发展。

第二节　数字资源馆藏建设

根据中国社会科学院科研工作的需要，结合全院“三大体系”建设要求，图书馆以需求为导向，制定清晰的馆藏资源发展政策，将纸本资源、特色馆藏、数字资源、开放资源都纳入资源建设体系中，围绕资源建设提升服务质量，目标是到2025年建成完善的资源保障体系和知识服务体系，进一步提升图书馆文献保障能力和学科服务能力。

一　面向学科需求的数字资源建设

（一）面向学科的数字资源建设

中国社会科学院开展“三大体系”建设明确了学科建设内涵、突出学科优势与特色、拓展学科人才培养、打造高水平学科团队和梯队、增强学科创新能力、创新学科组织模式等。全体科研人员不断围绕中国特色哲学社会科学建设开展科研工作，立足党中央国务院的思想库和智囊团积极资政建言，坚守马克思主义坚强阵地广泛传播党的思想和中国声音，不忘初心、牢记使

① 饶权:《全国智慧图书馆体系：开启图书馆智慧化转型新篇章》,《中国图书馆学报》2021年第1期。

命努力服务国家战略与地方发展。围绕中国社会科学院的定位和发展规划，图书馆迎来了重大的历史使命和强烈的战略需求，[①]必须及时规划和制定相应的资源建设方案，调整馆藏发展政策，通过科学合理的馆藏体系保障全院科研所需，制定馆藏发展政策。

规划和制定学科资源建设方案要根据图书馆文献资源发展政策，全面、及时掌握学科资源需求，及时明确研究所的科研特点、科研领域和发展方向，掌握各学科包括新学科的设置、科研情况、发展动态、研究生培养信息等，跟踪学科国内外各类型文献资源的出版发行情况，通过数据挖掘与调研等多种手段，摸清学科资源现有收藏情况和利用情况，从而开展对学科资源的累积性研究、评估和比较，制定采购计划。

确保数字馆藏发展的连续性、系统性和稳定性，在保障学科专业级相关科研文献获取的前提下，优化图书馆数字资源结构，实施分学科、分层次、分等级的采选方针，做到各学科数字资源统筹合理、重点突出，聚焦发展战略、强化重点领域，兼顾资源的深度和广度；巩固和强化传统优势学科资源的建设，优先保障基础型、核心数字资源；资源建设具有前瞻性，研究当前交叉学科、新兴学科的文献基础，补充相应的文献资源，从而实现满足各学科领域用户的需求。

建立分学部的学科资源采访制度，全院文献资源“共建、共享、共知”，注意数字文献和纸本文献之间的协调发展；建立健全全院文献经费管理机制，完善经费使用相关规章制度，推进全院总分馆经费统筹，建立学科经费的协调使用机制，完善文献资源常规经费的预算机制和增长机制，争取更多的经费支持，对新建学科应拨付相应的文献基础建设专项经费。[②]

（二）以用户需求为导向

中国社会科学院科研人员所需的文献资源必须具备专业性、关联性、时

① 陈建龙：《大学图书馆的本来、外来和未来——以北京大学图书馆为例》，《大学图书馆学报》2018 年第 6 期。

② 北京大学图书馆：《北京大学图书馆 2018 年行动计划》，《图书情报研究》2016 年第 9 期。

效性等特点，专业性决定了科研人员需要学科领域内最顶尖、最权威的文献资源；关联性决定了他们需要具有学科领域相互关联的、可靠的文献资源；时效性决定了他们所需的资源须即查即得、使用方便快捷，最大限度地减少使用障碍。

与高校等其他科研机构相比，中国社会科学院的学科领域和研究方向更为细化，通常一个研究所就代表一个主要的研究领域或方向，而这一领域在我国高等教育的学科体系划分中也许只是一个二级学科，但是在中国社会科学院则被上升为一级学科来对待，对各研究领域，采访馆员只能在较大的领域或研究方向上进行把握，往往会漏掉一些细小的专业领域，而来自科研人员的推荐往往会提供更专业的意见。

另外各研究所的研究内容是动态变化的，有些是趋势性的、预见性的，有些是事关国家发展大局的，这也是图书馆员无法第一时间掌握的，特别是当前哲学社会科学研究的跨学科性凸显。例如，中国社会科学院世界经济与政治研究所聚焦事关国家大局问题的现实和研究重点，成立了国家安全、世界能源、全球治理和国际政治经济学三个交叉学科研究室，这些研究领域都具有浓厚的跨学科色彩，也蕴含着巨大的理论创新潜力。图书馆的资源建设能否跟上科研的需求和步伐，最重要的方法就是定期调研一线科研用户的需求，强调用户参与，分析用户潜在与未来可能的资源需求。

中国社会科学院图书馆数字资源采购坚持"需求优先"，把用户对资源的需求作为资源采购工作的先导，对需求开展科学分析，进一步评判资源的质量、用户针对性和可能实现的利用率。图书馆定期开展对科研人员文献需求调研，具体方法包括：开展面向全院各所的问卷调查、科研人员发文和引文分析、数据库使用统计分析以及与科研人员座谈交流等，从而掌握科研人员切实的文献需求特点及规律，制订相应的采购计划。①

① 李朝阳、庞弘燊、覃筱楚：《基于资源效益评价的采购策略制定——以中国科学院研究所图书馆为例》，《图书馆理论与实践》2020 年第 3 期；马芳珍、别立谦、李晓东：《重新审视读者自主荐购对资源建设的多重价值——基于北京大学图书馆读者推荐数据的分析》，《大学图书馆学报》2020 年第 1 期。

（三）数字资源评价

数字资源评价中着重考虑的因素包括数字资源馆藏量、学科覆盖面、重复程度、结构体系、分类组织、更新频率、用户使用评价等。[①] 通常来说，数字资源的数量、质量与采购产生的效益成正比，即数字资源的数量多、覆盖面广、质量高，其建设效益就好。

1. 资源契合度

数字资源的选择要考虑多重因素。一是从使用者的角度看，引进的数字资源要符合用户的需求，这里的用户包括现实用户，也包含潜在用户，引进的数字资源要为用户带来预期的经济效果、学习效果、研究效果、文化效果，并最终达到用户满意的效果；二是从学科布局来看，图书馆的数字资源应当根据所在机构发展目标与学科布局等特点进行采购，为全院学科发展提供支持；三是从图书馆资源建设的角度看，要明晰已有馆藏资源的优势和劣势，确保新引进的数字资源是原有馆藏资源的补充，通过数字资源的引进，使图书馆资源配比逐步达到最优，以提供更好的学术信息服务。

2. 数字资源成本是选择数字资源需考虑的重要方面

资源成本包括数字资源的成本以及使用数字资源需部署的网络设备成本。另外在选择数字资源时，不能只考虑投入成本，还应综合考虑产出效果即数字资源的效益，数字资源效益一般由数字资源的使用率以及使用数字资源后产生的社会效益和经济效益来评判，综合评判数字资源效益，才能确保采购到最优资源，控制运行成本，达到资源最优配比，提高服务效益。根据数字资源的定价模式、资源价格、年涨价幅度以及单篇全文下载（检索）成本等因素考虑选购数字资源，在合理化维持使用成本的情况下，应最大化数字资源馆藏的采购数量，优化学科覆盖面、重复程度和体系结构。[②]

3. 准确评价采购资源的使用质量

资源质量是数字资源引进需考虑的重要方面。图书馆要为用户提供满足

---

① 曾彪:《高校图书馆数字馆藏动态模糊评价研究》，西南大学硕士学位论文，2010。

② 李朝阳、庞弘燊、覃筱楚:《基于资源效益评价的采购策略制定——以中国科学院研究所图书馆为例》，《图书馆理论与实践》2020 年第 3 期。

用户需求的高质量的资源，而如何评判数字资源的质量，需要从资源内容、资源用途、资源产生背景等方面综合考量，Wang 和 Strong 提出了一个包含四个信息质量层面的层次框架：内在的信息质量，包括准确性、客观性、可信度、权威度；语义的信息质量，包括相关性、增加的价值、时效性、完整性、信息数量；功能的信息质量，包括可解释性、易于理解、简明地呈现、持续性；可获取性方面的信息质量，包括可获取性、安全存取。①

4. 数字资源运行环境的评价

平台稳定、内容质量高、数据加工质量高、功能完善、使用便捷、数据格式标准、服务响应时间快、界面友好是读者评价资源的最直观的因素，因此也是选择资源的重要方面。②数字资源的使用方式涉及数字资源的检索方式和功能、终端用户能使用数字资源的方式。数字资源的检索方式和功能，是数字资源在开发阶段就固化到系统中的，采购数字资源时要充分了解检索方式和功能是否能满足终端用户的需求，在允许的条件下，资源提供方是否可以增加个性化功能定制；终端用户使用数据资源的方式主要指终端用户使用数字资源的权利，包括数字资源的拷贝、本地存储、引用、出于宣传目的的展示或阅读、非商业目的的少量内容的转借等。

5. 充分考虑采购资源的其他要素

数字资源采购还应考虑其是不是对本馆已有纸本资源的补充，是否提升对本馆的资源保障率，数据库商数字资源服务支持程度、长期保存方式和许可使用方式，以及在数字资源使用过程中的知识产权纠纷等。③另外，在资源建设的经费预算上，采购模式会越来越灵活，是购买还是租用，开放获取并不是很多人理解的免费使用，很多情况下是需要付一定的费用。此外，自建资源、文献交换、馆际互借、文献传递等都被列入资源采购评估的考虑要素。

二　馆藏特色资源数字化

开展特色资源的建设，建设如古籍、近代书刊、学位论文、会议论文、

①②③　莫祖英：《国内外信息质量研究述评》，《情报资料工作》2015 年第 2 期。

科研成果、学术课件、讲座视频、学者学术档案、口述史料等特色资源库，建设科研数据管理平台，将社会科学研究过程中产生的调研数据、统计数据、社会网络大数据、实验数据等科研数据集合管理起来，开展数据服务。

在遵循共同标准的前提下，总、分馆可共同进行特色资源的数字化建设。分馆可提出需求，总馆负责进行数字化和数据加工，并在遵循知识产权相关规定的前提下提供资源发布服务，最终构建中国社会科学院学术成果生态系统。

（一）特色馆藏数字化

中国社会科学院图书馆系统，特别是各研究所图书馆在几代人的不懈努力下，加上老一辈学者的无私馈赠，馆藏已蔚为大观、自成学科体系，特别是馆藏特色资源稀缺且不可再生，具有文化和学术的独特性、系统性和传承性等特点，图书馆应进一步加强特色资源的建设，深入挖掘特色资源的整体脉络，并通过数字化资源保护技术将其完整地进行展示，以提升科研的文献保障水平。

中国社会科学院藏有古籍 11 万种 106 万册，晚清民国各历史时期的文献及档案 30 万件，各研究所图书馆还收藏了大量的金石、拓片、家谱、徽州文书，少数民族语言珍贵文献、图片、音影资料等，另外还藏有大量名人日记、书信、手稿等，这些构成了中国社会科学院的特有馆藏。制定特色馆藏数字化规划，将特藏文献数字化，按专题系列推出，以用户科研需求为主导开展资源组织，加强有关特色资源尤其是围绕人物、学科、专题或地区研究为中心的资源收集和整理工作。另外，中国社会科学院建院 40 余年，前身是中国科学院哲学社会科学学部，其历史更可追溯到新中国成立前，对事关在中国社会科学院及各研究所历史发展过程中的重要人物和事件的资料加以搜集、整理和展示，也具有重要意义。

（二）建设学术成果资产体系

建设中国社会科学院学术信息资产体系（基于现有的中国社会科学院学者文库）。中国社会科学院每年都产生大量的学术成果，以 2019 年为例，全年学者共完成专著 400 多部，论文 5000 多篇，研究报告集、论文集 200 多部，学术资料、古籍整理、译著、普及读物、教材等百余种。建设中国社会科学院学术信息资产体系内容包括中国社会科学院有史以来数量最大、质量最优、管理最为规范的学术产出，包括正式发表的论文、出版的专著、译著、古籍整理，由中国社会科学院主办的80余种期刊，非正式发表的会议论文、会议发言稿、调研报告、研究报告等，伴随科研活动产生的新型学术产出（academic outputs）如讲座视频、学术课件、学者学术档案、口述史料、自行开发的软件工具，以及学者学术档案等呈现的学者学术画像（academic profile）等，对这些信息的全面搜集将建立一套完整的中国社会科学院学术信息资产。学术信息资产体系的构建对中国社会科学院的科研管理，包括全院层面的管理决策如科研决策、人才引进、同类科研机构的学术成果比较等，具有重要的数据支持作用。各个研究所也可制定个性化需求，完成对科研院所的学术成果统计、分析和展示，这也将成为图书馆服务的一个新的重要增长点。①

（三）建设科研数据管理平台

中国社会科学院每年有大量的科研项目、国情调研项目进行，产生了非常多的高质量数据，有些是基于项目的，有的甚至是面向全国的调查数据，具体情况如表5-1所示。

表5-1　中国社会科学院调查项目举例

调查领域	调查项目
社会学	社会结构调查、百县市社会经济调查……
经济学	收入分配调查、企业景气调查……
政治学	政治文化调查、政治参与调查……
民族学	民族识别调查、民族语言调查……
新闻学	舆论调查、传媒调查……
人口学	生育意愿调查、养老行为调查……
管理学	管理测评调查、市场行业调查……

① 聂华:《构建作为科研架构与科研能力组成要素的大学学术信息资产体系》,《大学图书馆学报》2018年第5期。

还有大量的观测数据、实验数据、互联网物联网大数据等。这些数据数量大、分散、规模不等，数据类型、数据特性、数据内容和结构各不相同，虽然它们在整个科研活动中发挥着重要的作用，但是令科研人员苦恼的是这些数据没有专业的人来帮他们管理，他们有专业的数据调研人员、数据分析人员，但是缺乏数据的管理和服务人员。中国社会科学院图书馆在未来的发展计划中，将着力构建开放研究数据平台，通过签订合作协议，将全院社会科学研究过程中产生的调研数据、统计数据、社会网络大数据、实验数据等科研数据集合管理起来，并向各科研院所提供数据服务。①

（四）构建数字人文基础设施

数字人文研究起源于 20 世纪文学与语言学领域的“人文计算”，是近些年随着数字技术和数字资源的发展而在国内外兴起的跨学科研究。它运用数字技术提出、探索和解决人文领域的各种问题，为人文学者提供新的研究范式和视角。目前全球已有近二百个数字人文研究机构、团队或项目，国内很多学者关注数字人文的意义、作用及其对人文学科的影响，开展了一系列的讨论。实践方面，上海图书馆建立了数字人文开放数据平台，北京大学图书馆成立数字人文工作坊，已经产生了一批基于数字人文的研究成果。

数据、平台等基础设施的建设是数字人文研究的基础，数字人文研究涉及多个学科，是大数据、人工智能等信息技术与人文社会科学研究的深度融合，目前以图书馆界参与程度为最高，构建数字人文基础设施平台也成为图书馆开展创新服务的生长点。在数字人文概念下，需要图书馆在文献资源建设与服务方面做出以下转变：图书馆拥有大量人文学科的馆藏，如特藏、古籍、专藏等，但当前无论纸本特藏还是数据库都无法帮助研究者开展文本分析与关联。因此，需要开展文献的数据化和文本化，将原本非结构化的文献信息转化成结构化的文本数据，辅以数字工具、网络架构、语义架构，利用关联数据、大数据、可视化、AR 等技术，对古籍、家谱、手稿、档案、多媒体资源和专家的研究成果进行数据化编码和知识重组，构建出数字人文基

① 朱强：《图书馆资源建设的转型——以北大图书馆为例》，《上海高校图书情报工作研究》2017 年第 3 期。

础设施平台，支持数据驱动的量化分析、可视化展示、文本分析、社会网络关系分析、地理空间分析等新型人文研究方法，从而帮助人文学者以新的数字研究路径与方法，发现新的问题或者新的解决问题的方法等，从“基础数据”的层面实现真正的跨学科协同。[①]

图书馆这种新的服务将致力于探索数字信息技术在人文学科中知识生产、传播的创新性应用路径与方法，推动数据驱动的人文社科研究范式创新，塑造新一代数字人文学者，[②]实现服务升级和图书馆可持续的发展。

三　开放获取与共建共享

开放获取是国际科研机构、图书馆和基金组织为打破出版商对学术信息的垄断和暴利经营而采取的推动学术成果通过互联网免费、自由利用的运动，目的是使任何人不受经济等条件限制，平等获取学术和科研信息，从而促进学术成果更广泛的交流。开放获取目前主要包括开放机构知识库、开放获取期刊、开放获取图书和开放研究数据。经过十余年的发展，开放获取期刊的学术质量不断提高，开放获取机构知识库成为很多科研机构的“标配”，开放获取图书的出版模式逐步成熟，开放数据越来越为研究人员所重视和接受。

图书馆对开放获取和共建共享始终抱以支持和参与推动的态度，在引进商业数字资源的同时，重视对网络资源的采集和整合，优化充实馆藏资源结构，将开放学术期刊、开放学术图书等结构化资源，及科研活动日常用到的科研社交网络信息、分析工具、开放数据、学术专业网站等进行收集、整合与保存。中国社会科学院图书馆与公共图书馆、科研院所、图书情报机构和资源提供商的应用系统对接，将这些高质量的学术资源纳入哲学社会科学专业资源体系，打通与国际上著名大学图书馆和馆际互借机构的合作，为我国哲学社会科学图书馆提供走向国际信息资源共建共享的通道。成立与学科专业相近的“联盟型”馆藏资源共享平台，在硕博士论文、机构知识库、特色资源库、期刊数据库元数据信息上做到共建共享和开放融合。总之，图书馆

① 朱本军、聂华:《数字人文：图书馆实践的新方向》,《大学图书馆学报》2017 年第 4 期。

② 陈静:《当下中国“数字人文”研究状况及意义》,《山东社会科学》2018 年第 7 期。

积极推动学术交流与知识传播，通过开放、共建、共享，形成与全球科研体系全面协调接轨的格局，不断提高本机构学术资源的可见度和展示度，促进本机构学术资源的开放和利用，推动本机构对外的学术交流与合作，从而改善哲学社会科学科研的学术生态环境。

第三节　数字资源服务创新

判断图书馆的价值不仅根据它的馆藏规模，更是根据它所提供服务的质量。①“十四五”期间，图书馆坚持资源建设与服务的双重创新，以需求引领、服务创新，强化主动服务意识，实现资源能力向服务能力的转型。同时，图书馆是信息技术应用的重要场景，每一次信息技术的革新都给图书馆带来巨大变革，从图书馆自动化到数字图书馆建设，从手工检索到知识发现，从文献管理到以大数据技术为支撑的数据管理，无一不是信息技术推动的结果。②因此，图书馆面对大规模的资源组织、加工、存储，管理部门应当注重技术创新。

一　破除物理障碍，提供嵌入式服务

相比于传统图书馆以馆内服务为主导的服务模式，嵌入式服务则从根本上颠覆了图书馆服务的“中介论”，取而代之的是在用户不到馆的情况下，依托数字化与网络化所带来的高效率和便捷性，也能更好满足用户的各种需求。概言之，嵌入式服务就是为适应用户需求而量身打造的全新服务模式，即图书馆的服务跃出围墙，既拓展了图书馆的服务空间，也延伸了图书馆的服务触角。

近年来，为真正意义上破除图书馆的物理障碍，充分发挥图书馆的数字资源优势，更好满足科研院所的各种数字资源需求，图书馆在服务模式上积极融入了嵌入式服务理念。具体而言，一是借助数字化和网络化手段，为

① 初景利、赵艳:《图书馆从资源能力到服务能力的转型变革》,《图书情报工作》2019年第1期。
② 储节旺、陈梦蕾:《人工智能驱动图书馆变革》,《大学图书馆学报》2019年第4期。

用户提供数字资源使用的便捷体验，强化远程访问工具、部署统一认证系统，支持用户分布式、移动化的资源需求；二是将馆员作用融入用户科研过程之中，最大化发挥馆员自身的信息优势、服务优势和团队优势，与科研院所密切协同，建立起良好的合作伙伴关系；三是认真反思新时代图书馆数字资源服务的重要性，在重新界定图书馆服务的前提下，通过设计出适应用户不同需求的服务模式，赢得用户的信赖与支持；①四是图书馆系统必须在无缝接入资源方面做得更好，逐渐向搜索引擎和科研学术网络平台功能靠近，以适应日益变化的用户信息行为，在高品质元数据提高资源发现能力上不断升级。

二　聚焦用户需求，提供精准化服务

当前，图书馆资源服务环境正发生着急剧的变化，其中最突出的一点便是来自用户需求和行为所发生的深刻变化。恰恰是技术发展所带来的强劲驱动影响，为图书馆精准化科研服务带来了可能性。可以说，精准预测用户需求，为用户提供精确的服务，已然成为新时代图书馆的重要任务。

图书馆的数据采集覆盖图书馆内部业务数据、读者轨迹与活动数据、交互数据和图书馆外部数据四种数据类型。从资源、读者等维度对读者与图书馆资源、服务或业务等进行精确匹配和分析，通过制定精准化、个性化、智慧化的读者服务策略，开展精准化服务，是以用户真实需求为导向而构建的服务模式。为用户提供精准化科研服务，是图书馆服务转型升级的一大具体体现。在服务内容上，具体体现为，依托数据驱动决策，开展用户画像，细分用户群体，根据科研需求提供智能化、精准化服务，实现精准化、个性化、智慧化的资源推荐、精准搜索、精准显示和读者行为引导等，实现图书馆数据资源服务能力的提升。②

---

① 陈建龙:《大学图书馆的本来、外来和未来——以北京大学图书馆为例》,《大学图书馆学报》2018 年第 6 期。

② 曹树金、刘慧云、王连喜:《大数据驱动的图书馆精准服务研究》,《大学图书馆学报》2019 年第 4 期。

三　拓展宣传渠道，导入新媒体服务

数字化和网络化的快速发展，在为人们获取信息提供极大便捷的同时，在潜移默化之中，也对人们的思想认知及行为产生了不同程度的影响，如一些用户对互联网数字资源产生了过度的依赖行为，并将其视为科研需求的主要数字信息来源；通过互联网引擎搜索不到的，用户甚至会在潜意识中认为这方面的信息并不存在。事实上，图书馆资源服务有其存在的必要性和不可替代性，尤其对于科研用户最常使用的学术资源，通过互联网搜索引擎查找的资源若要获取原文往往仍然要依托图书馆这样的文献保障机构。因此，图书馆要进一步加强宣传引导，让更多用户了解图书馆数字资源并学会如何使用。图书馆主动作为，提供“资源到所、服务到人”的服务，开展线上线下的配合服务；开展面向学科的资源培训活动，加大面向学科的资源宣传与推介；开展关于资源使用、下载、文献提供等在线服务，建立 Q&A 常用问题列表，建立用户反馈渠道；建立馆员回访制度，定期收集用户反馈，满足个性化、多元化需求。通过重新设计图书馆现有网站、优化界面设计、升级图书馆管理系统或平台促进用户对于数字信息的有效获取，提升虚拟空间的应用体验。通过导入新媒体服务，拓展宣传渠道，将微信公众号从服务号升级到企业号，创新服务方式，实现组群关联、定向推荐、在线指导、发布资源动态、进行用户互动，开展用户信息素养教育，使新媒体服务深度嵌入用户的日常科研活动中。

四　整合服务平台，打造统一服务平台

新时代的图书馆服务，要善于构建新思维、创造新理念、找准新途径，以实现图书馆服务的新生态，而统一服务平台的打造，就是当下图书馆的服务从基于载体的服务转变为基于内容的服务，从孤立分离的服务过渡到集成整合的服务的表现。

理念上，统一服务以共享、共创、共生为理念，旨在通过对数字资源的优化整合，保障用户一次认证、即查即得、使用方便，最大限度地减少使用

障碍，提高资源的有效利用率；突破分布式大数据知识资源体系建设，实现知识资源融合，建成基于先进标准技术的知识学术信息服务平台，以此来不断优化和提升图书馆数字资源服务质量和水平；开展协同服务管理，综合运用大数据、人工智能、云计算、区块链等技术，实现数字资源的统一管理、统一认证、统一服务，为读者提供一站式搜索、多终端展示的阅读形式，提升读者立体化阅读新体验。

五　优化资源组织，实现知识型服务

目前图书馆需要揭示和管理数以百计的数据库、数以万计的电子期刊、数以百万计的电子图书、数以千万计的学术论文。随着馆藏数字资源比重的加大，数字资源具有与生俱来的异构型、分布性、多样性，即多平台、多类型、海量、不唯一。揭示和管理这些海量数字资源对图书馆是一个严峻挑战，曾经一段时间图书馆陷入被动局面，对数字资源的揭示和整合能力远远落后于数字资源的增长速度，直到资源发现系统的出现。但是随着科研用户需求的再次升级，图书馆服务又面临着要将这些大量的数字资源进行知识组织、知识管理和知识服务，有必要采用各种技术、方法和手段，突破深度知识标引与检索技术，对数据库内外的知识进行系统分析、挖掘、发现和利用，通过人工智能技术与语义知识组织的优势互补和深度融合，突破元数据集成组织、数字知识表示、语义组织关联和用户认知模型构建技术，以及大规模语义知识库自动构建、知识计算推理与知识服务等关键技术，研发可泛化的知识学习与计算工具引擎，[①] 提供 PB 级的知识发现与探索服务，加速研究运用元数据、关联数据、知识本体等方法对资源进行语义化、管理化、智能化的组织，针对作者唯一 ID、规范库、知识库等出台标准规范，从而促进图书馆从传统的资源建设，向知识组织、知识管理、知识服务转化，提升用户对海量信息的知识检索，提升用户体验。

---

① 李桂贞、郑建明:《论数字图书馆的知识组织》,《图书馆理论与实践》2007 年第 5 期。

六　深化服务内容，开展决策支持服务

在搭建智能化知识服务平台的基础上，设立学科馆员，开展知识服务。当前用户对资源的需求从领域基础资源演进到基于领域知识的专题知识资源，这一需求指向了学科特色基础资源的知识管理和服务，在知识组织的基础上，开展学科情报分析已经成为图书馆深化服务内容、提供高层次服务的重要手段，也是做好学科服务、咨询服务、数据服务、智库服务、智慧服务的根本保障。

图书馆在智库建设中的作为和作用，主要包括四个方面：（1）为智库机构和智库研究提供直接或专门的文献资源支撑。提供学科服务指南、学者成果管理和展示、学科信息门户建设、学科发展报告；（2）建立或合作建立支撑智库研究的数据库和知识管理系统。图书馆的作用是通过学科知识系统将学科知识更好地组织、揭示、挖掘，从而为智库机构和研究人员提供有针对性的学术服务；（3）提供嵌入智库研究过程的情报服务。情报服务越准确、越及时、越有效，越有利于支撑智库研究，所提供的决策咨询建议就越符合国家制订公共政策的需要；（4）提供智库机构、人才、成果影响力评价分析，建设智库成果传播平台。开展学科领域发展态势分析和学科建设决策支持，开展全球顶尖人才调研、学者学术影响力评估，促进国际学术合作与交流等。

第四节　数字资源管理

健全数字资源管理体系，开展资源建设管理、资源技术管理和资源权益管理。以下进行详细阐释。

一　数字资源建设管理

（一）基于生命周期的资源建设管理

英国利兹大学在“数字馆藏管理”中将数字资源管理划分为创建、获得、编目、存储、保存和存取 6 个阶段。围绕数字资源生命周期要采取相应

的管理措施。全流程建立资源建设档案，完成资源建设过程的痕迹化管理；加强资源建设的科学性，开展用户需求调研分析、数字资源产品市场的调研、数字资源遴选与评价；加强数字资源采购经费管理，做好预算、了解数字资源采购方案及定价模式、优化资源配置和使用效益；结合数字资源采购相关法律、法规框架，开展数字资源授权许可管理；完成数字资源描述、元数据加工，开展数字资源的组织与揭示，开通资源的使用、服务；开展资源建设保障效果评估，结合用户使用数据开展使用统计分析，及时做出资源建设策略调整；建立数字资源资产管理档案，将资源纳入无形资产进行管理，做好定期盘点；根据资源拥有的所有权不同，按照资产分类处置制度进行及时的注销、报废。

（二）数字资源管理系统

长期以来，技术其实一直是图书馆业务和服务工作转型的一个强有力的驱动因素，大多数图书馆第一代集成管理系统已经用了 20 年，且基于传统纸本资源构建，不能适应数字资源的管理。数字资源的体系庞大，类型复杂，较难用人工方法进行管理，需要采用专门的数字资源管理系统（DRM），对数字资源相关的目录管理、合同管理、经费管理、资产管理、元数据管理、数字对象标识、数字版权管理、数据计量统计分析等各环节进行系统控制。[①] 国内已经有部分图书馆将一代集成管理系统升级到主要的商业化数字资源管理系统，如 Alma，但是更多的图书馆在观望，一代管理系统集成程度过高，系统更换要花费成本会很高，而且现有的 Alma 等系统建设，图书馆没有自主开发权，容易受制于系统供货商。中国高等教育文献保障系统（CALIS）目前正在基于开源系统 FOLIO 进行开发，该系统平台提供多个开放接口，应用程序可插拔，是轻量型的应用系统，且图书馆对系统底层拥有自主权，更有利于图书馆根据技术和需求的发展而同步迭代更新。目前上海市中心图书馆联盟立项开发的 FOLIO 于 2021 年上线，并通过业务的不断发展，逐步检验下一代图书馆平台在服务超大型图书馆和图书馆联盟

① 朱强、廖书语:《新时代高校图书馆文献资源建设的挑战》,《图书情报知识》2018 年第 6 期。

体系中的各项指标能力，以形成中国经验，为下一代图书馆服务平台在中国的发展壮大提供有力支撑。图书馆围绕数字资源的很多管理工作和服务升级都将依赖于管理平台的升级。

二 数字资源技术管理

图书馆数字资源分为自建特色馆藏数字资源、购买的商用数字资源与信息系统建设产生的数字资源三大类。除了通过巡检制度保障在线数据库的可持续访问外，中国社会科学院图书馆开发建设了一批资源系统、部署了 60 余个引进的商业数据库服务平台，涉及的服务器近 60 台，存储超过 160TB，这些系统通过交换机建立联系，许多系统还与远程资源和服务站点相互关联，这部分资源的管理和长期保存是数字资源提供长期访问的保障。相对于纸质资源，数字资源依托网络、分布在不同的存储介质上，容易受到网络攻击，造成资源系统瘫痪、数据被恶意篡改；承载数字资源的硬件设备也容易受到电力供应、防火防雷设施、温控设备的影响，而且硬件损坏对承载的数字资源会造成不可修复的后果。因此，要确保硬件和网络两个方面的安全，才能确保数字资源的安全。

在数字信息资源长期保存领域，国际上已经有了一些数字信息资源长期保存规范，例如 OAIS、METS、PREMIS 等。根据 OAIS 参考模型，图书馆可结合实际，制定一套适合自身发展的长期保存体系。从数字资源对象数据、元数据、服务数据等不同类型数据入手，做好资源的长期保存。在基础设施架构方面，通过构建云平台，利用服务器虚拟化技术实现服务器硬件资源整合，完成数据存量向云平台迁移，建设基于云计算和容器技术的可伸缩、高可靠的基础设施支撑平台，通过云基础设施层、云资源管理层、云服务管理层、云服务交付层分层实现全部信息系统的可靠性、稳定性和安全性。

三 数字资源权益管理

在图书馆法框架下明确图书馆知识产权政策和策略，明确资源权益主张，制定许可协议框架；明确长期保存权利、长期在线访问权益、资源利用与服务权益等，指导图书馆采购代理与资源供应方展开有利于图书馆权益的谈判和授权许可的审定。

（一）数字资源许可协议

数字资源许可协议是图书馆使用资源的保障，国际上通行的在网络环境中购买、租用或获取数字资源的方式是通过数据库商向图书馆等文献信息机构授权，并由双方共同签署“许可协议”（license agreement），图书馆才能获得数字资源的使用权。图书馆每年数字资源采购经费换取的数字资源使用权益都写在许可协议中。尽管各国的法律制度、采购政策有所差异，但数据库商提供给各国图书馆的数字资源许可协议仍有很大的相似性，图书馆对许可协议的内容需从三个方面进行关注：一是事实性客体描述，如价格、访问方式、协议许可期限、内容更新和系统升级、产品名称、资源清单和授权说明等；二是许可使用的内容和相关规定的描述，如许可使用者、使用范围的定义，许可使用和限制使用的规定，免责条款的规定等；①三是双方承担的责任和义务及适用的法律。中国高校数字资源采购联盟（DRAA）等图书馆采购联盟也针对数字资源许可协议内容展开了一系列的内容调查，提出了要提高图书馆对许可协议的认知度水平和为用户争取更多权利空间的建议。

（二）关于永久使用

在数字资源权益管理中，如何进行数字资源长期保障，是图书馆非常关注的问题，特别是新冠肺炎疫情后，以美国为首的西方国家在国际兴起的单边主义、保守主义，导致外文资源的长期获取与保障受到前所未有的挑战。特别是当前多数引进数字资源虽然可以提供网络长期在线访问权，但弊端是，一旦资源提供商或者第三方受委托机构出现经营风险，或产生其他不可控原因，这部分资源的长期使用权得不到保障。中国高校数字资源采购联盟（DRAA）2019 年针对 137 份数字资源采购方案进行了调研，数字资源许

① 李爱国:《学术数字资源引进与管理》，东南大学出版社，2005 年 10 月；齐东峰、宋萍:《外文连续出版物采访工作手册》，国家图书馆出版社，2016 年 12 月；罗祺姗、李欣、肖曼、赵艳:《图书馆引进电子资源的许可协议条款内容研究》，《图书馆建设》2015 年第 7 期。

可协议中关于“永久使用”的风险主要表现在：一是大多数数据库只提供裸数据，如果数据库商不提供检索/访问平台，那么裸数据的存档意义并不大，因为检索系统的开发和数据标引对图书馆来说成本过高。二是关于在线永久使用权，即图书馆有权在与数据库商合同终止后对已购买数据库资源继续进行访问和使用，但是“永久使用权”不能替代“永久保存权”，当协议终止或数据库商遭遇经营不善等特殊情况不能继续提供服务时，图书馆无法持续访问，所以“永久使用权”实际上只是指在某一特定时间范围内的使用权限。三是多数数据库商不提供元数据，而元数据作为数据库产品的目录是图书馆进行资产管理和资源组织与揭示的基础。四是关于存档权，多数数据库商对存档权语焉不详，有的指出提供存档权但未明确以何种方式提供长期存档，有的数据库商虽然提出了提供打印备份、光盘备份等，但前提多是不再续约才能提供，数据库到期不再续约后执行起来比较困难。[①] 大多数图书馆的采购方案，都存在着关于长期保存权益相关的问题，因此 CALIS、NSTL、国家科学图书馆（中国科学院文献情报中心）等图书馆联盟或大型图书馆都提出了长期保存战略，由图书馆、出版商、中间商共同努力构建资源长期保存体系。

（三）数字资源权益争取

当前，虽然有数字资源许可协议对资源使用权进行了约定，但图书馆权益实际被严重压缩，关于长期保存、馆际互借和原文传递、合理使用、开放获取等条款，是谈判时图书馆进一步争取合理权益的空间，需要从条款和内容上进行把控，从而保障图书馆的资源使用和保存的权益。近年来随着数字信息技术的发展，数字资源许可使用方式又逐渐增加了，包括：用户拥有数据与文本挖掘权、作者对数据库中自己作品的使用权利，数据库商要保证许可资料的持续链接，数据库商不得将授权用户信息泄露给第三方，图书馆对开放获取期刊具有知情权及费用调整权，数据库商应遵循数字资源相关标准，如开放链接标准 ANSI/NISO Z39.88、

① 徐速、王金玲、王静芬：《DRAA 引进数字资源的长期保存与利用研究》，《大学图书馆学报》2019 年第 6 期。

数字资源使用统计标准 COUNTER 及 SUSHI、元数据格式及规范的 KBART 标准等。① 图书馆应尽可能地争取并通过资源许可协议予以确认。

第五节　“十四五”期间数字资源建设工作的重点

当前图书馆的用户，不仅需要纸本资源和数字资源，更需要图书馆能够提供专业性、技术性的深度服务。加强馆藏资源建设，给予必要的经费保障，发展和培育馆员核心能力，构建基于数字资源的图书馆创新服务体系，将图书馆数字资源的建设目标纳入组织机构的战略发展体系，从而建设一个开放、共享和融合的图书馆，并不断通过技术驱动创新发展的转型，是当前图书馆数字资源工作的重点。

一　加强资源建设，持续经费保障

数字资源建设是一个系统性的工程，涉及硬件和软件的投入。数据库的购买、使用、升级，都需要持续的经费投入，尤其是当前提倡购买的资源长期保存，部分数字资源需要本地存储，硬件环境的搭建需要持续的资金投入；数字资源的购置经费虽然已经在图书馆资源购置经费结构中超过 50%，但是多数图书馆的经费近年保持零增长，与此同时，部分数据库需要年度订阅使用，数据库的价格却持续上涨，涨幅超过 10%，对经费都是一个挑战。中国社会科学院在中国特色哲学社会科学“三大体系”建设的背景下，学科发展变化较大，并呈现一些新的特点，2019 年以来，部分研究所名称变更，一些研究室进行了机构变革和重新定位，增加了新的学科，不断提出与学科专业相关的资源需求，作为智库研究单位，还要不断通过各种信息渠道、工具来收集、挖掘国内外的政治经济文化信息、舆情信息等，图书馆需要根据中国社会科学院的重点任务，及时补充专业性、专题性的资源。同时，区别于公共图书馆、文化馆的馆藏资源建设方式，依靠

① 向佳丽、张静、周红：《国外图书馆数字资源许可政策新近发展研究》，《大学图书馆学报》2020 年第 1 期。

用户自建的资源扩充模式并不适用于专业型图书馆的要求，如果没有持续的经费增长计划，数字资源持续保障将难以为继。围绕数字资源的服务转型和升级，需要进一步加强信息化建设和相关系统的引进，这些也需要有一定的经费支持。

二 开展馆员核心能力的培育

信息技术的发展使得获取信息越来越便捷，未来图书馆的价值一定是体现在图书馆所能提供的增值服务上，而服务的水平和质量取决于图书馆员的服务能力。随着哲学社会科学图书馆提出高质量发展的要求，专业图书馆馆员核心能力受到前所未有的挑战，简单、重复性的工作岗位将被技术所替代，取而代之的是越来越多从事知识服务的岗位。馆员的角色也由当前的图书管理员转变为信息服务传递者，将来还会成为学科专家、智慧馆员。馆员不仅面临着使用户能够最大化理解图书馆存在价值的任务，还要凭借自身的知识与技能把图书馆提供的服务与资源加以整合，这就要求图书馆员必须不断学习新技术、新技能、具备专业领域的学科背景，从而更有效地参与到科学研究活动中。① 现阶段图书馆普遍面临着编制压缩的问题，缺乏高水平人才是普遍现象，图书馆现有人员核心能力的培育也亟须加强。计算机水平、外语水平、专业素养、学科背景和个人品质都是决定数字资源建设和提供数字信息服务的重要因素。有学者围绕数字资源，提出了数字资源馆员核心能力框架（见表 5-2）。②

表 5-2　数字资源馆员核心能力

一、数字资源生命周期管理方面的知识和技能
1. 了解数字资源产品市场
2. 了解数字资源采购流程

① The NISO Open discovery initiative: promoting transparency indiscovery, http://insights.uksg.org/articles/10.1629/ussg.186.

② 李彩霞:《信息时代党校图书馆转型发展问题研究》,《创造》2021 年第 29 期。

续表

3. 对数字资源采购经费进行预算
4. 全面了解数字资源许可及其相关法律框架
5. 了解数据库的主要采购方案及定价模式
6. 了解政府采购相关法律法规、实施办法等
7. 能通过数字资源管理系统对数字资源进行描述和著录
二、数字资源技术方面的知识和技能
1. 了解数字资源链接解析器软件，进行文献整合
2. 了解各种网络技术、标准、协议的基本概念
3. 具备对数字资源门户系统进行维护的能力
4. 了解相关操作系统、数据库系统、中间件的运维，数据库智能化升级和应用开发的能力
5. 了解数字资源组织、揭示的相关知识，如分类法、主题、语义技术
6. 规范信息存储的能力
三、数字资源宣传与服务方面的能力
1. 能够有效开展数字资源宣传
2. 具备与读者沟通和解释的能力
3. 全面了解各种资源，能够进行用户画像，提供学科服务、精准服务
四、研究与评估方面的知识和技能
1. 了解学科发展情况，开展学科资源统计
2. 能够收集和分析数据库使用统计
3. 能够通过统计分析计算成本并控制预算
4. 对资源进行挖掘，提高资源利用率
5. 具备与数据库商议价、争取数字资源使用权益的能力
6. 具备与数字资源联盟采购协调的能力
五、在职业发展方面的知识和技能
1. 了解学术交流体系和发展趋势
2. 了解数字资源使用中知识产权、版权等相关规定
3. 了解当前图书馆信息化技术及各种应用
六、个人品质
1. 在动态、变化的环境下保持开放性、灵活性的工作能力，面对不同的任务和需求可以快速适应
2. 对复杂、细致和模糊性的工作保持高度的容忍度和耐心
3. 有时间管理能力，能在规定时间内完成任务

三　开放、合作、融合

图书馆作为中国社会科学院的直属机构，在院内合作方面，需要不断强化与院属各单位的沟通和联系，获取与图书馆发展相适应的人力、财力、物力支持，同时图书馆也肩负着全院文献信息资源体系建设的重任，要指导和帮助分馆共同发展，助力全院的科研与教学。

在国内合作方面，图书馆需与各级图书馆联盟、图书馆、出版社、数据库商加强合作，充分实现资源的共建共享，与中国高等教育文献保障系统（CALIS）、中国高校人文社会科学文献中心（CASHL）、国家科技图书文献中心（NSTL）等图书馆联盟加强合作，继续与国家图书馆、上海图书馆加强合作，与图书馆上下游产业进行深度融合，以开放的姿态拥抱信息技术带来的变化。另外，中国社会科学情报学会以及《文献与数据学报》编辑部也设立在中国社会科学院图书馆，充分发挥其作用，使之成为开展合作交流的重要平台。

四　技术引领、升级转型

在当前环境下，以技术为引领，不断突破单纯文献信息的局限，实现科技文献、科研数据、经济社会信息、科学文化信息的整合融汇，形成开放学术信息集成环境，突破情报发现与传递的智能技术瓶颈，构建底层人文社会科学知识组织体系，基本实现知识图谱智能化生成和计算，提高人文社科信息的发现与传递效率，健全现代人文社会科学信息技术体系、模型库和服务体系，建立人机互动的人文社科研究工作机制，提高情报研究服务能力；进一步加强实现新突破和培育新方向，优化全院文献情报系统全面发展的机制，加大高端人才引进培养力度，优化完善相关配套管理制度，从而实现全院信息情报工作的全面升级转型。

第六章
贴近科研需求，开展纸本文献资源建设

第一节　新时代背景下的纸本文献资源建设

纸本文献，顾名思义就是以纸张为载体，用书写或印刷等方式记录知识的文献，是相对于数字资源等新兴资源而言的传统介质文献，通常以纸本图书和期刊为代表。纸本文献资源是图书馆逐渐积累的、具有文化传承作用的资源，是图书馆传统收藏的主要文献形式，[①] 是图书馆馆藏资源不可或缺的组成部分。随着人类进入数字时代，可供利用的信息资源载体呈多样化趋势，特别是互联网资源逐渐成为广大民众查找信息的偏好或首选。然而，图书馆纸本文献资源以其信息来源权威可靠、著录规范、内容科学严谨且符合人们阅读习惯、易于保存、有利于知识产权保护等多种特点，仍然是人们生活、学习和研究极为重要的信息资源，尤其广大哲学社会科学研究人员对纸本文献更是怀有特殊的情结。同时，图书馆经过长期的发展和积淀，积累了丰富的、具有无可替代价值的纸本文献资源，并且这类资源还将不断地发展和扩大。因此，在新时代背景下，面对读者日益增长的、更为多样化的纸本文献资源需求，图书馆如何开展纸本文献资源建设，如何充分发挥纸本文献资源的独特优势，为读者提供方便、快捷、精准的服务，成为图书馆工作人员亟待推进的重要课题。

---

① 温丽君:《论数字化时代高校图书馆纸本文献资源建设》,《中国中医药图书情报杂志》2015年第6期。

一　纸本文献资源建设的主体内容

党的十八大以来，以习近平同志为核心的党中央对文化建设给予了前所未有的高度重视，作出了扎实推进社会主义文化强国建设的战略部署，文化建设成为国家“五位一体”总体布局的重要支点，而作为文化建设重要内容之一的图书馆事业也迎来千载难逢的发展机遇。中国社会科学院图书馆党委认真贯彻中央精神，抓住机遇，乘势而上，把图书馆事业发展作为促进中国特色哲学社会科学“三大体系”建设的重要内容强力推进，不断深化体制机制改革，全面贯彻新发展理念，改善服务环境，提高服务质量，优化服务手段，紧跟读者需求，推动图书馆事业的高质量跨越式发展。

采编工作是图书馆文献资源建设的重要内容和纸本文献入馆的第一关。在图书馆党委的坚强领导下，在各级领导和各单位部门的关怀、指导和帮助下，采编工作以贴近科研需求，多渠道、高质量地开展纸本文献资源建设为目标，认真学习贯彻习近平新时代中国特色社会主义思想，深刻领会习近平总书记“5 · 17”重要讲话和三次致中国社会科学院贺信精神，切实担负起哲学社会科学研究领域各语种纸本文献资源的采选与编目、书刊的交流交换、学位论文的收集与管理，以及为决策层和各智库团队推介与采购图书等重要任务。

近年来，图书馆采编工作坚持服务科研、助力智库的宗旨，积极推进中国特色哲学社会科学“三大体系”建设，立足于采选、收集与推介国内外精品学术文献，保证了馆藏纸本文献资源的完整性和连续性，在多个学科领域形成了具有中国社会科学院特色的馆藏风格。在各项具体工作中，注重加强与各研究单位科研人员和相关部门的联系和沟通，通过各种渠道解决科研需求，赢得广大研究人员好评，巩固和提升了图书馆在服务教学科研、助力智库建设方面不可或缺的地位。

二　纸本文献资源建设的重要意义

（一）延续国家和民族的精神血脉

2013 年 11 月 26 日，习近平总书记到历史文化名城山东曲阜，参观考察孔府、孔子研究院并同专家学者座谈。他强调，中华优秀传统文化是中华民族的突出优势，中华民族伟大复兴需要以中华文化发展繁荣为条件，必须大力弘扬中华优秀传统文化。要对传统文化进行创造性转化、创新性发展，让收藏在禁宫里的文物、陈列在广阔大地上的遗产、书写在古籍里的文字都活起来。① 习近平总书记这番话，启示我们要在去粗取精、去伪存真的基础上，坚持古为今用、推陈出新，让优秀的传统文化以灵活多样的形式展现出来。中国是纸本文献和印刷术的滥觞之地，纸本文献承载着中华民族的历史记忆、思想智慧和知识体系，延续着我们国家和民族的精神血脉，具有非同寻常的馆藏意义，既需要薪火相传、世代守护，还需要我们创新服务方式、提升服务水平，为读者提供方便快捷的文献信息服务。

中国社会科学院图书馆珍藏了中国科学院哲学社会科学部情报研究室自成立以来的各类纸本文献，其中不乏善本古籍、名家手稿等珍贵资料。在新时代，图书馆积极推进纸本文献资源建设，不仅是薪火相传、延续文脉，更是要将平时深藏在各类书库中的纸本文献，方便快捷地提供给广大科研人员使用，这是贯彻落实习近平总书记指示的重要体现，也将进一步拓宽纸本文献资源信息的传播途径，拉近图书馆与研究人员的距离。

（二）建设国家哲学社会科学文献中心的基础性保障

2016 年 5 月 17 日，习近平总书记在哲学社会科学工作座谈会上明确提出，“要运用互联网和大数据技术，加强哲学社会科学图书文献、网络、数据库等基础设施和信息化建设，加快国家哲学社会科学文献中心建设，构建方便快捷、资源共享的哲学社会科学研究信息化平台”。② 这是党中央对加强我国哲学社会科学文献信息资源保障提出的新要求，也为图书馆在新时代开展纸本文献资源建设提供了遵循依据。

在习近平总书记的讲话中，他把“图书文献”摆在基础设施和信息化建

① 中共中央宣传部：《习近平总书记系列重要讲话读本》，2014 年 7 月 9 日，人民网，http://theory.people.com.cn/n/2014/0709/c40531-25256140.html。

② 习近平：《在哲学社会科学工作座谈会上的讲话》，2016 年 5 月 18 日，新华网，http://www.xinhuanet.com//politics/2016-05/18/c_1118891128_3.htm。

设的第一位，可谓意味深远。这就说明，无论是数字资源还是网络资源，它们都建立在优质而丰富的纸本文献资源建设基础上。如果没有图书馆纸本文献资源专业化、特色化的积淀，其他资源建设都是无源之水、无本之木。为贯彻落实习近平总书记“5 · 17”重要讲话精神，2016 年 9 月，在中宣部指导部署下，由中国社会科学院图书馆具体负责建设国家哲学社会科学文献中心，并于 2016 年底正式上线运行。为扎实推进高水平的国家哲学社会科学文献中心建设，中国社会科学院图书馆的纸本文献资源建设坚持以科研需求为导向，积极拓展采选渠道，向精专化方向发展，为文献中心奠定坚实的文献资源保障。

（三）做好“十四五”规划的客观要求

2020 年 10 月 29 日，党的第十九届五中全会审议通过《中共中央关于制定国民经济和社会发展第十四个五年规划和二〇三五年远景目标的建议》，其中第九部分“繁荣发展文化事业和文化产业，提高国家文化软实力”与图书馆建设特别是文献资源建设密切相关。

首先，图书馆纸本文献资源建设第一要务是抓好意识形态工作，严守意识形态阵地，坚持马克思主义在意识形态领域的指导地位，把好文献入馆第一关，防止境内外带有各种错误思潮、“杂音噪音”的文献入馆。坚定文化自信，坚持以习近平新时代中国特色社会主义思想引领图书馆建设，围绕为科研服务、为党政决策服务的宗旨，促进满足科研人员需求和推进馆藏精品工程相统一，为推进社会主义文化强国建设、中国特色哲学社会科学“三大体系”建设做出应有贡献。

其次，图书馆纸本文献资源建设要紧紧围绕宣传阐释习近平新时代中国特色社会主义思想这个中心，在推进马克思主义理论研究和建设工程，[①] 推动理想信念教育常态化制度化，加强党史、新中国史、改革开放史、社会主义发展史教育等方面提供文献支持和保障作用。

---

① 王沪宁：《深入学习研究宣传习近平新时代中国特色社会主义思想 扎实推进马克思主义理论研究和建设工程》，2020 年 12 月 11 日，人民网，http://dangjian.people.com.cn/n1/2020/1211/c117092-31962727.html。

再次，图书馆纸本文献资源建设要在加强重大文化设施和文化项目建设，特别是推进习近平新时代中国特色社会主义思想文库、中国社会科学院学者文库、国家哲学社会科学文献中心文献储备库等工程方面发挥积极作用。在传承弘扬中华优秀传统文化的同时，加强纸本文献的研究、利用和开发。

最后，积极推进书刊国际交流交换，以讲好中国故事为着力点，创新推进学术成果国际传播，加强图书馆国际交流，拓展学术资源采选范围，为“三大体系”建设提供丰富的文献资源服务。

（四）图书馆资源建设的必由之路

他山之石，可以攻玉。在新时代背景下，开展好纸本文献资源建设，离不开学习借鉴国内外图书馆界的通行做法。从世界范围来看，尽管数字资源已成为人类活动中非常重要的资源，但由于其受阅读条件和阅读环境的制约，在今后相当长的时期内不可能取代纸本文献资源，而是与纸本文献资源互为补充、长期共存。21 世纪初，全世界每年出版图书约 370 万种，期刊约 13 万种，会议文献 100 多万篇，专利文献、技术标准、产品资料 100 万件以上，其中 90% 以上仍然是以印刷型为主的纸本文献。[①] 事实证明，由于纸本文献资源本身所拥有的不可替代的特点，它仍具有巨大的市场潜力和强大的生命力，其存在和发展是客观必然的。因此，在数字时代，图书馆纸本文献资源建设应顺势而为，紧跟读者需求及文献信息资源结构的发展变化，及时调整文献资源建设策略；密切关注网络环境下读者的阅读行为和阅读习惯，定期对馆藏纸本文献进行质量评价，提高纸本文献资源采选质量；建立以读者需求为导向的高质量学科馆藏体系，同时加大纸本文献的宣传力度，创新宣传形式，提高纸本文献利用率，努力建立起高质量的、具有本馆馆藏特色的纸本文献资源保障体系，为教学科研、智库建设提供强有力的文献支撑。[②]

---

① 刘莹:《纸质文献与电子文献比较研究》,《图书馆工作与研究》2010 年第 6 期。

② 储昭霞:《馆藏纸质文献质量评价分析——以淮南师范学院为例》,《大学图书情报学刊》2010 年第 2 期。

三 图书馆纸本文献资源建设相关情况调研

纸本文献资源建设是图书馆资源建设的传统内容。作为图书馆的基础文献类型，纸本文献具有悠久的历史传承和丰富的文献积淀，稳定的文献资源发展政策（或称“馆藏发展政策”，以下统一称为“馆藏发展政策”）对图书馆的纸本文献资源建设有战略性的指导意义，是纸本文献资源建设的实践指南。本部分结合相关文献对国内外馆藏发展政策进行初步调研，就相关的政策、规定及纸本资源建设实践进行介绍和分析。

馆藏发展政策，是图书馆以书面形式系统地确定本馆文献资源的长期发展战略以及具体实施规范的纲领性文件，其主要编制目的包括以下六个方面：（1）为图书馆工作人员、读者、图书馆领导及所在机构领导提供参考，明确图书馆馆藏的性质、范围、发展目标和任务；（2）明确参与文献资源发展工作的责任部门及其分工；（3）明确文献选择的标准和优先性，保证馆藏文献资源发展的一致性与平衡性；（4）为文献经费预算和分配提供依据；（5）为图书馆在文献资源建设方面的馆际合作提供参考；（6）作为图书馆文献资源建设相关工作人员的参考工具与培训手册。

馆藏发展政策，一般包括编制目的、作用、使用对象、编制责任，图书馆所在机构的发展规划及读者文献需求，图书馆性质和任务、馆藏现状和发展目标，文献收藏范围和收藏重点，相关政策和制度等内容。

（一）国外图书馆馆藏发展政策

根据不同的图书馆类型，图书馆编制馆藏发展政策以指导各馆的资源建设。自 20 世纪中叶起，美国国会图书馆就不断对馆藏发展政策进行调整，[①] 并确立了三大基本原则，又称“精选标准”（Canons of Selection），包括：（1）入藏所有国会和各类联邦政府官员履行职责所必需的图书和资料；（2）入藏所有记录美国人民生活和成就的图书和资料；（3）入藏记录其他社

① 美国国会图书馆，http://lib.tyun.edu.cn/librarywork/lib/FOR/us/constr.htm。

会历史和现状的文献，积累与美国密切相关的完整且有代表性的著作。[①]美国馆藏政策几乎涉及所有类型的文献资源，如"与生活密切相关的儿童文学、喜剧和卡通、烹饪营养和食品技术、舞蹈，还有大众相对关注的热点问题，如发展中国家、种族出版物、科幻小说、民间传说和民众生活、宗教、体育休闲、戏剧，也包括某些鲜为人知的语言等各类藏品"。[②]馆藏政策明确规定了资源的收集范围、获取以及与其他机构和个人的关系等内容。同时，从学科角度建立了具体馆藏发展政策，对各学科文献的收集范围、馆藏水平、研究专长以及与其他机构藏书水平的比较等均做了详细说明。

不列颠哥伦比亚大学（University of British Columbia，UBC）图书馆的馆藏政策主要包括以下方面：馆藏发展政策、接纳捐赠政策、E-preferred 图书采购政策、图书馆馆藏文献传递政策、图书馆艺术品收藏政策、图书馆复本政策、图书馆教科书政策、馆藏发展框架学科政策、馆藏发展政策、馆藏善本和特藏资源发展政策、电子资源使用许可（个人使用电子资源的授权许可，一般限制和其他信息）及借阅政策和制度等。

纸本资源建设离不开图书馆整体的资源建设规划，馆藏发展政策对各类型文献资源的收藏范围、收藏比例做了明确界定，对于在数字环境下的纸本资源建设具有指导作用。同时，在日益开放的数字环境下，纸本文献资源建设需要顺应开放合作、共建共享的发展趋势。图书馆联盟和相关组织在资源建设领域持续开展调查研究和沟通协作。国际图联（IFLA）聚焦在新的开放信息环境下图书馆如何转型发展以保证其不被边缘化的紧迫性问题，发表趋势报告警示全球图书馆界采取行动应对未来的不确定性。美国大学与研究图书馆协会（ACRL）跟踪研究开放获取运动下馆藏预算决策及资源采访模式的转变、网络虚假信息治理、开放教育资源评估、研究数据集管理等开放环境对学术图书馆的挑战。

---

① The Library of Congress.Introduction to Collections Policy Statements, https://www.loc.gov/acq/devpol/cps.html?__cf_chl_captcha_tk__=pmd_zFQXW_Nl5Un1jJ6vyOdy2Cl6HM1OJszEQbJRScJ_BUQ-1629959214-0-gqNtZGzNArujcnBszQq9.

② 黄如花、温芳芳：《国外主要国家图书馆信息资源建设的特点与启示》，《图书与情报》2018年第4期。

（二）国内图书馆馆藏发展政策

1. 图书馆联盟及图书馆协会组织的资源建设相关政策与支持

（1）教育部高等学校图书情报工作指导委员会文献资源发展政策研究

教育部高等学校图书情报工作指导委员会（简称高校图工委）文献资源建设工作组 2007 年发布了一套资源建设编制指南，为高校图书馆提供了馆藏发展政策的指导性文件，编制指南包括八部分：文献资源发展政策、电子文献发展政策、文献经费预算及分配方案、文献采选原则与标准、馆藏复选、馆藏评价、文献资源发展协作及文献集中采购工作。

（2）北京地区高校图书馆文献资源保障体系

北京地区高校图书馆文献资源保障体系（BALIS），在高校图工委“文献资源建设政策指南”基础上，通过组织馆藏发展政策培训、申报课题等方式对数字时代高校图书馆文献信息资源发展政策进行研究，编制指南，以供成员馆参考修订本馆的馆藏政策。

在资源建设的指导和规范上，通过加强图书馆与出版行业的关系来指导各个成员馆的业务工作，如持续九届与社会科学文献出版社合办的“图书馆资源建设学术交流论坛”，持续六届与中国图书进出口（集团）总公司及国外出版商合办的“馆长沙龙”等，涵盖了文献采访政策制定、文献论证方法、经费预算申报、招投标方法、馆藏评估、绩效考核等主题，为各馆开展文献资源建设提供帮助。

2. 图书馆馆藏发展政策

为了实现纸本资源与数字资源统筹协调，图书馆大多有明确的方针、规划、条例、流程规范做指引。

（1）国家图书馆

国家图书馆馆藏采访的总原则是“中文求全，外文求精；国内出版物求全，国外出版物求精；多品种，少复本”。[①] 馆藏发展政策与采访方针根据图书馆的战略规划适时做出调整和优化。2017 年，国家图书馆发布《国家图书

① 毛雅君:《中外国家文献信息战略保存实践》，国家图书馆出版社，2018 年 6 月。

馆“十三五”规划纲要》，文献资源建设“按照国家文献信息资源总库建设的总体要求，着力推进实体资源、数字资源、网络资源和活态记忆资源充分融合的现代馆藏体系建设，不断完善实体馆藏与虚拟馆藏的协调互补机制，使馆藏资源内容更加丰富，结构更加合理”。[①] 规划中明确了修订《国家图书馆文献采选条例》，赋予“中文求全，外文求精”新的时代内涵。[②]

（2）上海图书馆

上海图书馆的定位是省市级综合性、研究型公共图书情报联合体，这就决定了其资源建设目标是围绕城市建设、市民需求展开，以满足读者科研和学习需要为导向，为创建学习型城市提供文献保障。定位和用户需求明确，在此背景下出台相应的文献采访规范条例——《文献采访工作条例》，确定其馆藏文献资源建设“中文求全，外文求精，多品种，少复本”的原则，其文献资源服务需要满足研究性和大众性两种功能。上海图书馆的文献资源总体架构，按照功能性分为四块：中文图书、外文图书、报刊资源、数字资源。第一，中文图书。中文图书采取全覆盖的采购模式，除了重印本以及部分质量较差的图书不采购外，基本涵盖正式出版的所有图书。第二，外文图书。以采购学术类为主，大众类基本不采购。第三，报刊资源。采取全覆盖采购模式，包括 1 万多种期刊，其中外文期刊有 6000~7000 种，社会科学类居多。第四，数字资源。大力向数字资源转型，从报刊单订纸刊为主，转变为纸本资源与数字资源相结合的方式，实现纸本资源与数字资源的协调采购，提高资源的利用率。在采购国外的电子书之前，先对纸本资源进行查重。对于电子书来说，纸本资源比电子资源获取要快，因而在采购时主要通过这种方式来实现纸本资源与数字资源的协调采购，避免重复建设。针对使用需求量大的热点资源，允许数字资源与纸本资源同时配置，具体的复本量在采购时与出版社或者书商确定。书商提供的数据库，图书馆可以通过购买

---

① 王菲:《守护国家记忆 传承百年馆藏——开放共享的国家图书馆文献资源建设》,《图书馆学刊》2020 年第 3 期。

② 国家图书馆研究院:《图书馆行业中长期战略规划选编“十三五”时期（上）》，中央编译出版社，2018 年 10 月。

方便快捷地获取资源，但对于服务层次、数据内容、复本数量等各项内容需要与书商协商，灵活性比较小，容易造成资源的重复建设。因此，上海图书馆也在探讨多元化的数字资源购买方式，探索从出版社、出版机构直接采购电子书的方式。

上海图书馆作为公共图书馆，对于文献资源建设的制度和方法也值得借鉴。其制定了“十三五”规划、《文献采访工作条例》、采编中心数字资源采购流程及责任规范，在此基础上，资源建设相关部门都制定了工作条例和业务流程的规范条文、不同类型文献资源的采购优先级别及入藏标准。通过60余年的积累，上海图书馆纸本文献资源主要建设方式有采购、赠送、征集、呈缴、调拨、国际交换、拍卖、托管、采集等。针对不同类别的文献，制定了全面入藏、选择入藏、择优入藏、慎重入藏等入藏标准，并对不同文献类型明确了复本的数量。

上海图书馆在2015年引入用户驱动采购模式（PDA）作为日常采购的补充，联合“新华e店”先后在上海书展和上海宣传系统第二届职工读书节期间在微信频道推出按需采购，已购资源的实际有效利用率大大提升。

（3）厦门大学图书馆

厦门大学图书馆馆藏发展政策的主要框架包括：目标、基本原则、馆藏级别划分、馆藏发展组织、文献采选原则、文献采选方式、经费分配和控制、各类型文献选择、馆藏组织与布局、馆藏流通与调配、馆藏保护与剔除、馆藏评价、馆际合作和资源共享、附则。

（三）相关经验参考

1. 纸质资源与数字资源统筹协调，实现纸本资源的优化配置

为实现纸质资源与数字资源统筹协调，图书馆需要有明确的方针、规划、条例、流程规范做指引。例如，“十四五”规划、馆藏发展政策、文献采访工作条例、工作条例和业务流程的规范条文等。

2. 多样化资源建设渠道相结合，提高文献资源采购质量

用户驱动采购模式（PDA）应用越来越广泛。很多公共图书馆，比如上海图书馆、杭州图书馆等，将图书采选权下放给主题分馆，并引入用户驱动

采购模式，让市民直接采选图书，参与图书馆资源建设。由用户直接采选图书这一用户驱动采购模式的引入，有效提高了文献采购资源的使用效率，但在采购标准制定、馆员角色定位、读者阅读习惯、出版商合作等方面存在一定问题。因此，需要多元化的采购策略，由直接面向读者的主题分馆或者相关阅览室工作人员选书采书，打破部门的局限，将用户需求排在第一位，各部门相互配合，实行目标管理，实现优势互补。

3. 开展采访评估，提高采访质量

采访评估工作是提升采访质量的必要步骤。上海图书馆采编中心在 2015 年开展了对 2014 年度外文图书采访质量及供应商的评估，通过分析采购入藏的外文图书在读者中的实际利用情况，并结合读者群体信息所反映的需求变化趋势，对现行的采访工作加以调整、完善，提高外文图书的采访质量。同时，通过对 SpringerLink 等电子书的利用情况进行统计分析，从读者下载使用的基本情况、版权年分布、出版社结构、学科偏好四个方面对读者使用行为进行分析，为数据库续订、阅读推广、读者使用行为研究、纸电结合的采购政策制定提供参考依据。图书馆资源建设，调研了解用户文献需求，根据不同学科的用户需求和用户信息行为习惯，建立适宜的馆藏发展政策作为文献采访和资源建设的参考。

4. 加大对资源的宣传力度，拓宽宣传形式

通过网站、微信、微博等多媒体资源，以及直接面向用户的一线阅览室和书库，直接推送入藏资源。宣传内容的选择主要有两个原则：一是用户关注的热点问题，可以结合热点问题进行专题推送；二是借阅率比较低的资源。

5. 加强书目数据资源和元数据的标准化建设，强化资源关联，促进资源共享

在资源共建共享的背景下，强化书目数据共享与元数据标准化建设，加强纸本文献资源与数字文献资源之间的关联性，通过统一的检索平台对各类文献进行一体化揭示，这是在数字环境下进行纸本资源和数字资源协调建设的前提保障，能够有效提升纸电统筹工作效率，提升用户查检文献效率。

第二节　图书馆馆藏纸本文献建设现状

一　机构背景

（一）中国社会科学院科研工作现状

中国社会科学院作为国家哲学社会科学最高研究机构、全国最大的哲学社会科学研究中心，以深入扎实的学术研究为基础，以学科门类齐全、综合研究实力强等优势为依托，围绕马克思主义基本理论和中国特色社会主义理论体系，围绕经济社会发展重大问题和国际外交战略，[①] 积极推进中国特色哲学社会科学“三大体系”建设。

“十三五”时期，在以习近平同志为核心的党中央坚强领导下，在习近平新时代中国特色社会主义思想指引下，中国社会科学院坚持以马克思主义为指导，坚持解放思想、实事求是、与时俱进，以深入研究重大现实问题为主攻方向，积极推进理论创新，努力发挥党中央、国务院“思想库”和“智囊团”作用。五年来，马克思主义理论阵地不断巩固，中国特色哲学社会科学“三大体系”建设取得重要进展，服务党和国家工作大局的能力和水平显著提高，中国历史研究院、中国非洲研究院和中国社会科学院大学组建工作顺利完成，科研体制和保障能力建设迈上新台阶。

此外，中国社会科学院一直担负着党中央和国务院“思想库”“智囊团”的重任。浙江大学信息资源分析与应用研究中心发布的《全球智库影响力评价报告 2020》显示，中国社会科学院在全球智库 100 强中排名第五，[②] 再次体现了其在全球智库研究领域的影响力。

中国社会科学院图书馆作为中国社会科学院文献资源保障的坚实阵地，其主要宗旨是服务哲学社会科学的教学科研与智库建设。要做到贴近科研，

① 光明日报社：《中国社会科学院发布 2015 年度创新工程重大成果》，https://epaper.gmw.cn/gmrb/html/2015-12/28/nw.D110000gmrb_20151228_1-07.htm。

② 浙江大学信息资源分析与应用研究中心：《〈全球智库影响力评价报告 2020〉发布》，https://www.163.com/dy/article/G4D2RQ3V0516R4QO.html。

服务科研，就要紧密跟踪哲学社会科学科研工作者的研究动态与学科前沿，了解科研工作者的文献资料需求，为科研工作提供强有力的文献资源支撑与保障，助力中国特色哲学社会科学“三大体系”建设。

截至2020年底，中国社会科学院拥有6大学部，42个研究院所，全院有二三级学科近300个，其中国家重点学科120个。在总分馆的管理体制下，全院图书馆通借通还服务于2021年开始启动，为文献资源共建共享创造了便利条件。中国社会科学院图书馆设在中国社会科学院院部，近年来院部的研究单位也发生了变化，截至2021年11月统计有15个研究所的办公室在院部。表6-1为在院部的研究所分布情况。

表6-1　中国社会科学院院部研究所

学部	研究所
文哲学部	文学研究所
	外国文学研究所
	语言研究所
	哲学研究所
历史学部	世界历史研究所
	中国边疆研究所
经济学部	农村发展研究所
	数量经济与技术经济研究所
社会政法学部	社会学研究所
	社会发展战略研究院
	政治学研究所
国际研究学部	世界经济与政治研究所
	欧洲研究所
马克思主义研究学部	马克思主义研究院
	信息情报研究院

参照表6-1，中国社会科学院院部的15个研究所覆盖了6大学部，限于纸本文献对于空间和流通管理的特殊要求，中国社会科学院图书馆在纸本文献资源建设方面，需在综合各哲学社会科学学科均衡的基础上，结合总分馆馆藏分布特点和要求，调研了解院部科研学者学术资源需求，在纸本文献资源建设时从学科文献的数量与专业深度上酌情考虑向这15个院所进行适当倾斜。

为更好地跟踪中国社会科学院研究热点，我们对2019~2020年中国社会科学院获得国家哲学社会科学基金项目的立项情况进行了统计，作为现阶段资源采购的参考。表6-2列出了2020年研究阐释党的十九届四中全会精神国家哲学社会科学基金重大项目中国社会科学院立项课题情况，共3项，分别属于中国社会科学院经济研究所（2项）和生态文明研究所（1项）。

表6-2　2020年研究阐释党的十九届四中全会精神国家哲学社会科学基金重大项目中国社会科学院立项课题

序号	立项课题名称	首席专家	责任单位
1	中国特色社会主义基本经济制度与国家治理现代化研究	胡乐明	中国社会科学院
2	现代化经济体系的系统结构、测度指标与重大问题研究	黄群慧	中国社会科学院
3	健全国土空间规划和用途统筹协调管控制度研究	杨开忠	中国社会科学院

通过表6-3、表6-4我们可以看出，2019年国家社会科学基金重点项目中国社会科学院立项项目分布在经济学、社会学、中国历史、中国文学、宗教学、民族学、法学、新闻学等哲学社会科学领域相关学科。2019年国家社会科学基金年度项目中国社会科学院学科分布在哲学社会科学领域各个学科，立项学科分布广泛。其中，中国历史、国际问题研究、马列·科社、社会学、中国文学、宗教学立项项目在5项及以上。

表 6-3　2019 年国家社会科学基金重点项目中国社会科学院立项课题及学科分布

课题名称	姓名	工作单位	所在省市	项目类别	所在学科
无锡、保定 22 村村庄经济的 90 年变迁研究（1929—2018）	赵学军	中国社会科学院	社科院	重点项目	理论经济
宏观金融网络视角下的合意杠杆率研究	张晓晶	中国社会科学院	社科院	重点项目	理论经济
新技术革命背景下全球创新链的调整及其影响研究	张其仔	中国社会科学院	社科院	重点项目	应用经济
流通业态创新与品质消费双向促进的路径、作用机制与政策体系研究	依绍华	中国社会科学院	社科院	重点项目	应用经济
刑法的立体分析与关系刑法学研究	刘仁文	中国社会科学院	社科院	重点项目	法学
非就业性收入对农村居民收入的补偿性作用及其就业效果研究	王春光	中国社会科学院	社科院	重点项目	社会学
少数民族传统文化在乡村振兴中的作用及创新转化研究	丁赛	中国社会科学院	社科院	重点项目	民族学
报刊舆论与清末政局研究	贾小叶	中国社会科学院	社科院	重点项目	中国历史
社会史视野中的近代经学研究	罗检秋	中国社会科学院	社科院	重点项目	中国历史
清代道教史研究	汪桂平	中国社会科学院	社科院	重点项目	宗教学
民间信仰与社会治理的田野研究	陈进国	中国社会科学院	社科院	重点项目	宗教学
汉赋文本与理论研究	孙少华	中国社会科学院	社科院	重点项目	中国文学
桐城派在晚清民国的命运研究	王达敏	中国社会科学院	社科院	重点项目	中国文学
汉语方言语法特征语料库建设	刘丹青	中国社会科学院	社科院	重点项目	语言学
知识服务升级背景下的学术出版能力评价研究	谢寿光	中国社会科学院	社科院	重点项目	新闻学与传播学

表 6-4　2019 年国家社会科学基金年度项目中国社会科学院立项课题及学科分布

所在学科	汇总
中国历史	6
国际问题研究	5
马列 · 科社	5
社会学	5
中国文学	5
宗教学	5
法学	4
世界历史	4
新闻学与传播学	4
应用经济	4
理论经济	3
民族学	3
人口学	2
外国文学	2
语言学	2
哲学	2
党史 · 党建	1
管理学	1
考古学	1
政治学	1
总计	65

通过表 6-5、表 6-6 我们可以看出，2020 年国家社会科学基金重点项目中国社会科学院立项项目分布在马列 · 科社、经济学、政治学、管理学、语言学、中国历史、中国文学、宗教学等哲学社会科学领域相关学科；2020 年国家社会科学基金年度项目中国社会科学院学科分布在哲学社会科学领域各个学科，立项学科分布广泛。

表 6-5　2020 年国家社会科学基金重点项目中国社会科学院立项项目及学科分布

课题名称	姓名	工作单位	所在省市	项目类别	所在学科
新中国成立以来社会主义意识形态建设的基本经验及启示研究	朱继东	中国社会科学院	社科院	重点项目	马列·科社
数字经济推动高质量发展的政治经济学研究	杨虎涛	中国社会科学院	社科院	重点项目	理论经济
完善直接税制度并提高其比重研究	蒋震	中国社会科学院财经战略研究院	社科院	重点项目	应用经济
党的十八大以来政治思潮的演进及社会影响研究	王炳权	中国社会科学院	社科院	重点项目	政治学
大国应对治理困境的措施及得失研究	王欢	中国社会科学院	社科院	重点项目	政治学
大变局视角下我国群团组织赋权结构扩展与发展机制研究	葛道顺	中国社会科学院	社科院	重点项目	社会学
中国共产党推动民族团结的百年历程研究	张少春	中国社会科学院	社科院	重点项目	民族学
海外侨胞与铸牢中华民族共同体意识研究	曾少聪	中国社会科学院	社科院	重点项目	民族学
新时代中俄全面战略协作伙伴关系研究	欧阳向英	中国社会科学院	社科院	重点项目	国际问题研究
大兴安岭地区遗存古代多文种摩崖题记调查与研究	青格力	中国社会科学院	社科院	重点项目	中国历史
天台宗与菩萨戒中国化研究	夏德美	中国社会科学院	社科院	重点项目	宗教学
中国当代散文理论话语建构研究	王兆胜	中国社会科学院	社科院	重点项目	中国文学
六艺“象”论	王秀臣	中国社会科学院	社科院	重点项目	中国文学
汉字与历代语文辞书的关系变化研究	储泽祥	中国社会科学院	社科院	重点项目	语言学
回鹘语和粟特语语法对比研究	木再帕尔	中国社会科学院	社科院	重点项目	语言学
瑶语语音地理类型研究	龙国贻	中国社会科学院	社科院	重点项目	语言学
中国关键核心技术突破路径研究	刘建丽	中国社会科学院	社科院	重点项目	管理学
面向世界一流的国有经济“五力”评价与提升研究	王欣	中国社会科学院	社科院	重点项目	管理学
新型举国体制下促进使命导向型重大创新的政府行为模式与边界研究	江鸿	中国社会科学院	社科院	重点项目	管理学
加快建立基本养老保险全国统筹制度的改革路径研究	房连泉	中国社会科学院	社科院	重点项目	管理学

表 6-6　2020 年国家社会科学基金年度项目中国社会科学院立项课题及学科分布

所在学科	汇总
中国历史	7
中国文学	7
民族学	5
语言学	5
管理学	4
国际问题研究	4
应用经济	4
社会学	3
世界历史	3
法学	2
考古学	2
理论经济	2
马列 · 科社	2
统计学	2
新闻学与传播学	2
政治学	2
宗教学	2
党史 · 党建	1
图书馆 · 情报与文献学	1
哲学	1
总计	61

中国社会科学院学者在哲学社会科学领域辛勤耕耘，研究范围涵盖了哲学社会科学主要学科领域，中国社会科学院成为我国学科门类最全、整体研究实力最强的哲学社会科学最高研究机构。中国社会科学院图书馆作为科研学者的文献资源保障机构，有做好哲学社会科学文献资源保障的责任，一方

面，要为广大科研工作者提供研究所需的文献资源，保障文献的及时性与专业性；另一方面，要全面系统收集全院学者的科研产出，为科研与文献实现可持续发展与传承创造条件。

随着信息技术、网络技术和计算机技术的迅猛发展，各种文摘型数据库日渐增多，便捷宽广的二次文献资源引发了人们对原始文献快速获取的渴求；另一方面，在科学研究前沿中，学科之间交叉渗透，新学科不断涌现，为更好地服务科研人员，图书馆应深入了解、紧密结合所服务读者的实际需求，开展学科文献资源建设，架起科研人员与海量文献资源之间的桥梁，帮助科研人员更方便、快捷地找到所需要的文献资源。

（二）科研人员使用纸本图书文献情况

中国社会科学院图书馆作为哲学社会科学类的专业图书馆，积极满足科研人员的专业研究需求并针对纸本文献的建设与使用进行深入研究。

随着大数据时代的到来，大部分图书馆能够为读者提供比以往更为全面的资源服务。电子资源使用频次不断提升，对图书馆传统馆藏纸本资源的有效应用产生了一定影响。如何提升图书馆纸质图书借阅频次，如何对各类科研人员所需求的图书类型进行更加充分的了解，更具指向性地研究科研人员对纸本文献资源服务的实时变化与发展趋势就变得愈发关键。

通过对 2016~2020 年科研人员实际借阅纸本文献使用数据信息的统计（见图 6-1），以及对广大科研人员阅读需求及使用方向进行深入的了解，可以为图书馆馆藏资源建设工作提供建议，提升图书馆与科研人员的粘合度，优化纸本文献资源结构，为广大科研人员提供更具专业性与特色性的资源服务。

2016 年借阅率占比前五位的学科分别是：第一位学科分类 I 文学类 19.55%，第二位学科分类 K 历史、地理 15.30%，第三位学科分类 D 政治、法律 14.76%，第四位学科分类 B 哲学、宗教 14.59%，第五位学科分类 F 经济 10.15%。

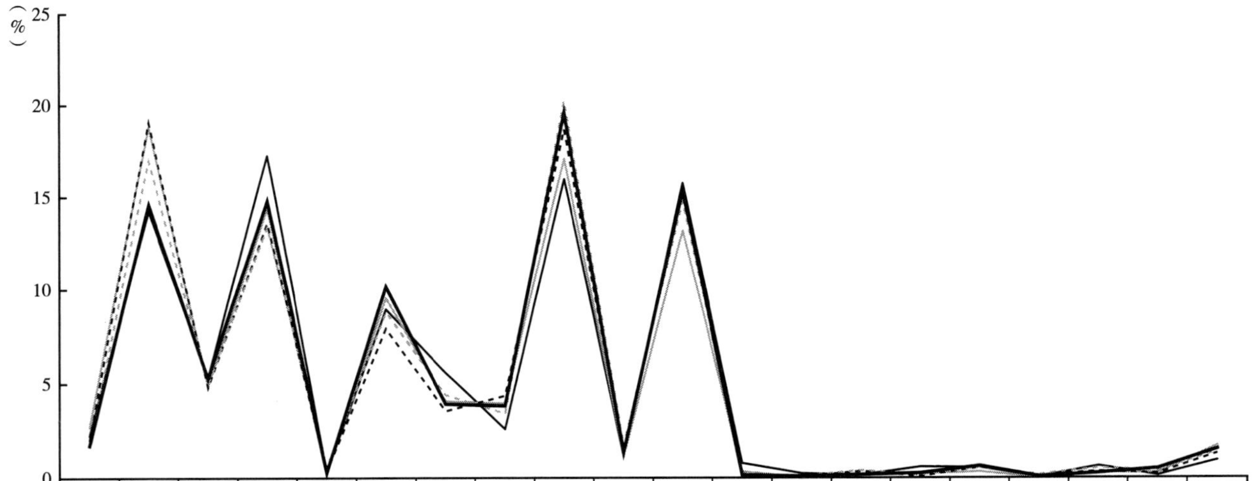

	A	B	C	D	E	F	G	H	I	J	K	N	O	P	Q	R	S	T	X	Z
2020年	2.27	14.23	5.33	17.29	0.33	8.95	5.60	2.60	15.96	1.14	15.75	0.79	0.23	0.15	0.58	0.56	0.06	0.64	0.13	0.94
2019年	2.70	18.80	4.87	14.39	0.29	9.54	4.08	3.95	17.08	1.16	13.16	0.33	0.03	0.22	0.22	0.32	0.04	0.27	0.27	1.73
2018年	2.00	19.06	4.81	13.58	0.36	7.92	3.56	4.35	18.64	1.41	15.43	0.17	0.06	0.36	0.08	0.55	0.12	0.34	0.24	1.31
2017年	1.67	17.00	4.94	13.39	0.55	8.79	4.40	3.43	20.19	1.73	14.74	0.26	0.11	0.40	0.16	0.56	0.17	0.53	0.38	1.40
2016年	1.74	14.59	5.29	14.76	0.29	10.15	3.92	3.83	19.55	1.35	15.30	0.16	0.08	0.17	0.26	0.64	0.07	0.25	0.50	1.54

图 6-1　2016~2020 年中国社会科学院图书馆读者借阅率学科分类占比趋势统计

2017 年借阅率占比前五位的学科分别是：第一位学科分类 I 文学类 20.19%，第二位学科分类 B 哲学、宗教 17.00%，第三位学科分类 K 历史、地理 14.74%，第四位学科分类 D 政治、法律 13.39%，第五位学科分类 F 经济 8.79%。

2018 年借阅率占比前五位的学科分别是：第一位学科分类 B 哲学、宗教 19.06%，第二位学科分类 I 文学类 18.64%，第三位学科分类 K 历史、地理 15.43%，第四位学科分类 D 政治、法律 13.58%，第五位学科分类 F 经济 7.92%。

2019 年借阅率占比前五位的学科分别是：第一位学科分类 B 哲学、宗教 18.80%，第二位学科分类 I 文学类 17.08%，第三位学科分类 D 政治、法律 14.39%，第四位学科分类 K 历史、地理 13.16%，第五位学科分类 F 经济 9.54%。

2020 年借阅率占比前五位的学科分别是：第一位学科分类 D 政治、法律 17.29%，第二位学科分类 I 文学 15.96%，第三位学科分类 K 历史、地理 15.75%，第四位学科分类 B 哲学、宗教 14.23%，第五位学科分类 F 经济 8.95%。

2016~2020 年中国社会科学院图书馆读者借阅率学科分类占比趋势统计表明，五年内总体读者借阅学科分布情况基本保持一致，学科分布前五位为 B 哲学、宗教，D 政治、法律，F 经济，I 文学类，K 历史、地理五大类，占全部图书总体借阅率的 75% 左右。

为了更好地比对入藏文献与读者需求之间的关系，对 2020 年采选入藏图书与同年读者实际借阅情况进行了比较。根据图 6-2，2020 年图书馆采选入藏与借阅学科分类占比统计数据表明，2020 年采选入藏图书与实际借阅情况基本保持实时同步，同时针对学科分类 Z 综合性图书日益增长的趋势以及当下跨学科时代的到来、各个学科交互融合等情况，在采选时能够跟进科研需求的新方向新动态，现有纸本文献资源建设方向与科研人员的实际需求基本保持一致，围绕高质量发展、高水平服务为目标的资源建设目标，可在学科广度与专业深度方面继续加强。

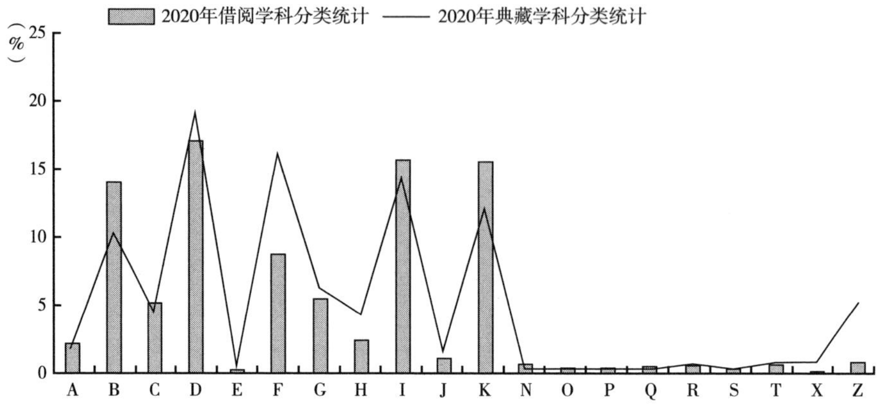

图 6-2　2020 年中国社会科学院图书馆采选入藏与借阅学科分类占比统计

二　中国社会科学院图书馆纸本资源建设现状

采编工作主要包括文献信息的搜集、整理、加工等业务模块，每项工作都应努力实现自动化、网络化，充分发挥现代信息技术的优势。

（一）现阶段馆藏发展政策、工作标准

文献资源建设是图书馆最基础的业务之一，也是图书馆开展各项服务、履行既定职能的重要基础。它不是各种文献类型的数量叠加，而是要形成一套有针对性、系统性、协调性与经济性的科学藏书体系。制定规范的馆藏发展政策，是图书馆形成科学、系统藏书体系的前提。

近年来，随着图书采购工作的不断规范，关于图书采购相关的管理规定也在不断完善。2020 年，图书馆修订《中国社会科学院图书馆管理规定汇编》，其中关于资源建设相关的规定有《书报刊采购管理规定》《学位论文收集与管理规定》《文献捐赠管理规定》《书刊交流交换管理规定》《图书编目管理规定》。

在长期的文献积累中，稳定的采选政策有利于图书馆逐渐形成藏书特色和体系，为保持文献采选的稳定性和一贯性，图书馆的文献采访机构应具有稳定性。为保证文献采选的合理性和科学性，采选组织的组成和运作机制要科学合理。

图书馆的文献采访条例和采选方针是图书馆开展文献采选工作所遵循的依据，对藏书建设起到重要保障作用。文献采选工作的主要质量标准包括：（1）针对性。针对图书馆的整体规划、馆藏定位与特点、学科与科研方向、服务对象的倾向性等确定文献收藏范围和重点。（2）系统性。在文献类型和知识门类上都能保持继承性和连续性。针对期刊、具有连续出版性质的图书，主要包括多卷书、报告、年鉴等以及特色馆藏等文献应该具备收藏的稳定性与系统性。（3）计划性。根据图书馆经费预算和文献增长、价格上涨的情况合理处理当前与长期、重点与一般的关系。（4）协调性。从总分馆的整体化、系统化出发统筹考虑，保障基础资源，实现优势资源互补，在发挥文献资源共享的前提下积极发展特色资源。

《中国社会科学院图书馆图书采购方针及其实施细则》中规定，中国社会科学院图书馆作为全院图书馆的总书库，系统收藏人文社会科学综合性、基础性和特定专业领域的文献。同时，对各类别各文种的入藏比例做了具体规定（见表6-7）。

表6-7 中国社会科学院图书馆各学科图书入藏比例

学科大类	二级类目	占比
人文科学	马列主义毛泽东思想	70%
	哲学	
	宗教学	
	语言学	
	文学	
	少数民族文学	
	外国文学	
社会科学	人口学	25%
	社会学	
	欧洲研究	
	农村发展研究	
	数量经济学	
	世界经济与政治研究	
	法学	
	图书馆学、信息科学及新兴学科	

外文书方面，以英文为主，占比 70%，其次是俄文、德文、法文和其他语种，所占比例是俄文 10%，德文 7%，法文 7%，其他语种 6%。

随着哲学社会科学的快速发展，各学科之间呈现出交叉融合的趋势，对于哲学社会科学重点优势学科、新生学科、交叉学科的入藏策略，需要根据新时代哲学社会科学研究学者的纸本文献需求及时调整，做好采访评估和采选工作。

（二）中国社会科学院图书馆图书采访与编目的主要工作流程

1. 图书采访

图书采访是图书馆纸本文献资源建设的基础，是极其重要的一个环节。采访人员利用各种途径寻找文献资源，经过查重、调查、收集等，对馆藏情况、读者需求和文献来源等做到心中有数，系统地、有计划地收集馆藏所需文献信息资源。在此项工作中，各环节彼此联系、相互衔接，形成规范有序的图书采访工作流程。

图书馆作为全院文献信息服务机构，馆藏建设和文献直接服务于全院人文社会科学研究，因此全馆的文献收集也以专深为方向，以高层次为目标。在图书采访工作中，严格遵循馆内制定的图书采购方针，按照采购计划，结合读者需求进行图书采购。

图书馆的图书采访工作分选书、查重、订购三个阶段。

（1）选书阶段

主要包括三种方式：第一种，根据出版商、书商提供的新书目录进行筛选。出版商、书商定期将整理好的新书目录发送给图书馆采访人员。在中外文图书采选方面，采访人员将新书目录发送给各研究所选书专家圈选，采编部主任根据馆藏范围、学科分布、经费使用情况对选书专家圈选结果进行调整、补充和删除。其中，1000 美元以上的外文单行本，高码洋的中外文大套图书，经选书专家书面推荐，由采编部提出采购意见，报主管馆长审批。第二种，科研人员自选。科研人员通过电话、邮件、QQ、微信读者群等渠道，直接推荐订购所需图书。第三种，自主采选。采访人员跟踪各大出版社出版信息，对高质量最新出版物进行采选；关注行业影响力大的图书奖项排名，根据名单进行采选；通过参加大型图书展销会等方式进行图书采选。

（2）查重阶段

通过 Aleph 系统，对所有经采选或推荐的图书进行查重和筛选，查看图书馆内书目分布情况，是否有馆藏或复本数量等。

（3）订购阶段

采访人员在采访系统中录入待订图书的订购数据，生成订单。经由采访部主任审核后，上报馆内进行订单报批。由主管文献信息资源采访工作的副馆长、馆长审批。审定后交由代理商代理采购。

根据上述图书采购原则，图书馆采购的图书在一定程度上保证了馆藏要求、图书质量和科研人员的图书需求。以 2020 年为例，采购数量及基本情况如下：2020 年，中外文图书采购 1 万余种，其中中文普通图书 7000 余种（不含港澳台地区出版物），在 2020 年图书馆订购的中文普通图书中，D 政治类图书订购数量为 1443 种，占总数量的 20.39%；I 文学类订购数量为 1422 种，占总数量的 20.09%；F 经济类订购数量为 1331 种，占总数量的 18.80%；K 历史类订购数量为 1017 种，占总数量的 14.37%（见图 6-3）。

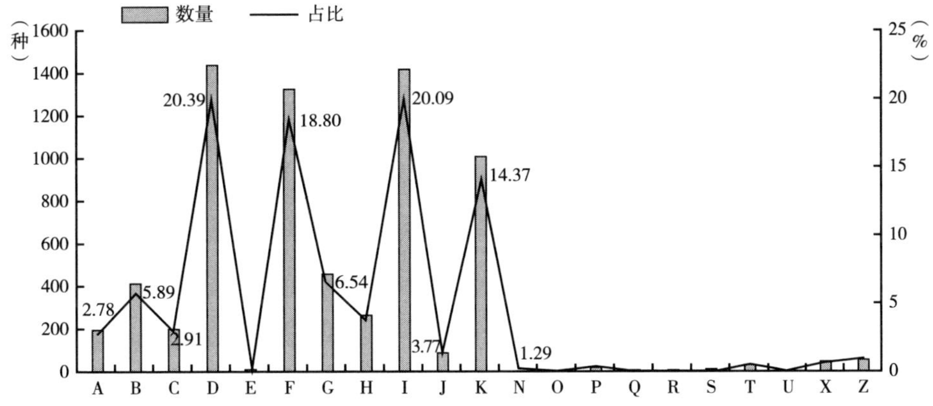

图 6-3　2020 年中国社会科学院图书馆中文普通图书采购数量

2020 年，图书馆订购外文普通图书共 3539 种，其中 D 政治类订购数量为 709 种，占总数量的 20.03%；F 经济类订购数量为 508 种，占总数量的 14.35%；B 哲学类订购数量为 503 种，占总数量的 14.21%（见图 6-4）。

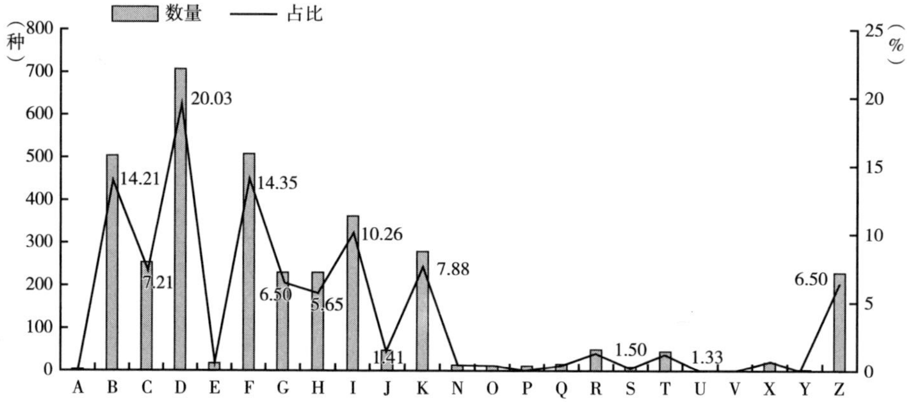

图 6-4　2020 年中国社会科学院图书馆外文普通图书采购数量

2. 文献交换与赠送

文献交换与赠送是图书采访工作的重要组成部分，是文化交流的重要窗口，是服务科研、补充馆藏的有效途径，在文献资源建设中发挥着独有的作用。图书馆的文献交流交换工作致力于落实习近平总书记在哲学社会科学工作座谈会上的重要讲话和三次致中国社会科学院贺信精神，全面推进中国特色哲学社会科学“三大体系”建设，要面向新时代、发现新情况、解决新问题，讲好中国故事，传播好中国声音，展现真实、立体、全面的中国，提高国家文化软实力。①

目前，图书馆文献交流交换活动主要有两大类：一类是向国际合作机构定期发送中国社会科学院出版的核心期刊，另一类为图书馆收录的院内外知名学者的捐赠图书。

① 新华社:《习近平出席全国宣传思想工作会议并发表重要讲话》，2019 年 5 月 17 日，http://www.gov.cn/xinwen/2018-08/22/content_5315723.htm。

（1）国际期刊交流交换

《中华人民共和国经济和社会发展第十四个五年规划和2035年远景目标纲要》指出，“要实行高水平对外开放，开拓合作共赢新局面”。作为党的社会科学理论阵地，中国社会科学院出版的核心期刊集中地反映了哲学社会科学领域研究的最新学术成果和信息。这些哲学社会科学研究著作为中国社会科学事业的发展作出了重要贡献，同时也起到了让国外学者了解中国、认识中国、传播中国学术成果的作用，让其他国家更好地以“中国思维”和“中国模式”理解中国，继而扩大我国的国际影响力、提高在国际上的话语权。目前，图书馆与全球40余家学术机构及高校图书馆建立了稳定的合作关系，合作对象涵盖全球5大洲24个国家和地区，按需定向交流交换期刊共计26种。开展文献交流交换工作是重点科研项目和学科发展的需要，也是当前形势下图书情报工作的需要。为配合图书交流交换工作的顺利进行，凸显对此项目的重视，图书馆配备专人就文献交流交换项目与合作机构进行定期联络。同时，图书馆接收大量海内外寄送的书刊资料。经查重后，没有复本的图书将按照“赠书”流程流转入书库，期刊会直接移交期刊库供读者阅读。

此外，多年来，图书馆积极推进由国务院新闻办公室主办的“中国之窗”项目。作为承办单位之一，图书馆积极协助做好书刊的国际交流交换和学术成果的宣传推广工作，充分发挥宣传中国社会科学院学术成果的作用，推动高水平的哲学社会科学研究成果走出中国、走向世界。

（2）文献捐赠

图书馆根据自身的特点和藏书结构，结合科研需求，有针对性地制定了文献捐赠管理规定来保证赠书工作顺利进行。

文献入藏范围如下：内容符合院科研需求范围的中外文学术著作；完整和连续性的期刊；捐赠文献原则上为正式出版物。

符合入藏标准的文献，要及时向图书馆领导请示并发放捐赠证书。对于符合学者文库和习近平新时代中国特色社会主义思想文库收藏标准的赠送文献，要及时处理并入相应文库。

针对所赠文献不符合本馆入藏政策的文献捐赠者，应表示对捐赠者的感谢并主动说明馆藏方针政策，认可捐赠者的捐书行为，为未来能收藏到更加广泛且珍贵的赠书做准备。

根据图 6-5 我们可以看出：年度捐赠的图书（1725 册）中，排名前三名的学科分别是 Z 综合性图书（562 册），B 哲学、宗教（311 册）和 D 政治、法律（222 册），排名第一的 Z 类图书占年度赠书总量的 32.58%，前三类的册数总和约为赠书总量的 63.48%。此外，F 经济和 K 历史、地理的入藏量均超过 100 册。与图书馆馆藏新书相比，赠书的学科分布也基本与我馆收藏方针保持一致，在一定程度上对充实馆藏起到替补作用。

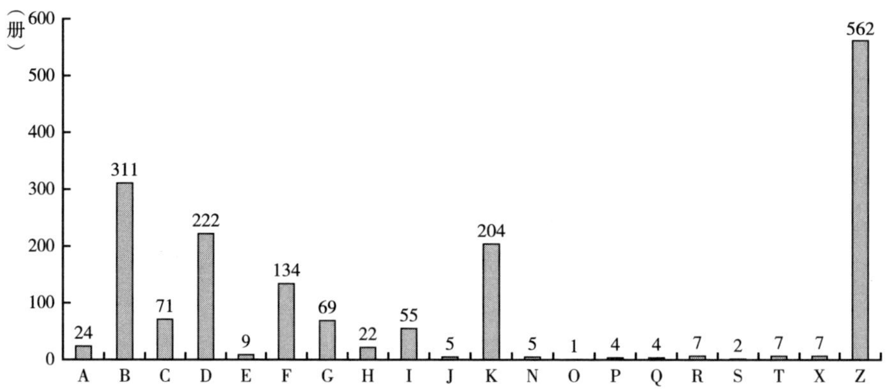

图 6-5　2020 年中国社会科学院图书馆新入库赠书学科分布

3. 图书的到馆验收

图书验收是指图书馆对到馆图书进行核验，确定其是否为馆藏所需、采购所选，是影响馆藏资源建设质量的重要环节。[①]验收主要包括以下 7 个步骤。

（1）按发票验收，即验收人员用书商清单逐一核对拆包书刊，查清单价、种册数、总金额等是否一致。

（2）核对预订目录，即将拆包的书刊逐一与清单目录进行核对，仔细检

① 张志毅：《浅谈新环境下高校图书馆中文图书验收工作》，《内蒙古科技与经济》2019 年第 12 期。

查收到的书刊是否与预订品种、册数等完全相符，并在每本书刊的最后空白页左上角登记价格。如发生多发、少发、漏发、错发及搭售等问题，需及时向书商及代理公司反映，及时纠正差错。

（3）建立发票。核对完毕之后，在 Aleph 系统进行发票号的建立。建立发票以清单为主，主要包括书商、发票号、总金额、总册数、时间等信息，如有特殊书刊可备注。

（4）系统验收，即按照系统中已发订的采购数据进行图书验收。系统验收主要分为查重和验收两个环节。收到的所有书刊都需在系统内进行题名、副题名、著者等信息的查重，如发现系统中的信息与收到的图书不符，需对其进行再次查询修改；如发现馆藏已有该书，需再次查询，确认原因；核查清楚后，对符合验收要求的图书进行验收。验收是通过书刊的 ISBN 号或者订单号等不同的方式，检索出图书的订购信息，在系统登记价格和条码号。同时，需将条码号贴到对应书刊的最后空白页的下方位置，并在文献的版权书名页和特定的书内页上加盖馆藏章。

（5）打印登录账。通过系统的服务功能打印所验清单的个别登录账及总括登录账，主要用到验收的发票号及条码号的范围。

（6）撰写图书流程表。按照流程表格依次填写图书来源、单据号、册数（文种）、金额、总括登录、登录日期、登录人等信息，如图 6-6 所示。

文件名＿＿＿＿＿＿

院馆图书流程表

图书来源	书商	分帐登录号	条码号范围
单据号	清单号	登录人	验收人签字
册数（文种）	文种+册数	编目	
金额	总码洋	出纳	
总括登录	书商代码+清单号	入库日期	
登录日期	日期	主任	

此表由总括登录写转编目，到新书阅览室。

图 6-6　中国社会科学院图书馆图书流程表

（7）移交编目。以上所有步骤全部完成之后，将所在清单号的所有书刊及各种文件资料，一起移交给编目员，进入编目环节。

4. 文献编目与入库

文献编目工作是图书馆重要的基础业务工作。书目数据的标准化与规范化、统一的编目规则，是实现信息资源共建共享的前提和基础，是实现全院图书馆通借通还的数据基础。随着书目数据交换和共享的不断发展，对数据规范化和标准化的要求越来越高，标准化、规范化的编目数据，需要编目规则的统一与规范。

当前图书馆参照执行的编目标准主要有:《中国机读目录格式》《普通图书著录规则》《中国社会科学院中文普通图书编目手册》《中国社会科学院图书馆西文普通图书编目手册》。

自 2012 年图书馆开始使用 Aleph 自动化系统以来，建立了中西文文献库，对馆藏中文、西文各类语种的文献进行了揭示。目前有中文书库、工具书库、贮存库、大套书库、习近平新时代中国特色社会主义思想文库、中国社会科学院学者文库、学位论文库，图书馆总体书目数据量达到百万条以上。除此之外，史学分馆、国际分馆各书库、经济分馆、法学分馆、民族分馆、哲学专业书库、文学专业书库等 20 余个分馆（书库或资料室）使用 Aleph 系统，为实现书目数据共享和通借通还奠定了数据基础。图书馆制定《全院图书馆通借通还工作方案》，拟在史学分馆、国际分馆各书库、经济分馆、法学分馆、民族分馆、社科大分馆、非洲院图书馆、哲学专业书库、文学专业书库之间的图书开放阅览、通借通还、异地借还。如何进一步推进书目数据库的标准化规范化建设，推进书目数据的共享，为实现高质量发展、提供高水平服务打造规范统一的数据平台，是下一步亟待思考和解决的问题。

（三）哲学社会科学专业图书馆文献资源建设特色内容

1. 发挥资政服务功能，为决策层提供文献资源支持服务

图书馆担负着向各级领导推介当前哲学社会科学研究领域，特别是中国社会科学院创新工程重大学术成果的重要任务。为各级领导推荐与采购图

书，是发挥中国社会科学院作为党中央国务院重要的思想库和智囊团作用的重要途径之一。为积极发挥图书馆资政服务功能、更好地为领导决策提供服务，采编部规范选书工作流程，提高采选质量和效率，在选书阶段层层把关、严格筛选，形成了一套成熟完整的选书流程。

初选。选书人员日常关注各学科，特别是重点学科的前沿动态。浏览人民出版社、新华书店、社会科学文献出版社等各大出版社，亚马逊、京东等图书网站排行榜的图书排名，筛选有学术价值、高质量的社科类图书，及时汇总整理书目。

审核。挑好备选图书后，制作书目清单，同时编辑每种图书的内容简介和作者简介，逐级审核后报中国社会科学院办公厅及院领导审阅签批。

采购配送。书目签批后，制作选书手册并送院领导勾选，院办公厅将勾选书单交回图书馆采编部，由专人负责勾选图书的统计、采购。采到图书放专柜保管，协调馆办公室制作装书袋，完成配书装袋，连同院办公厅秘书处出具的函件，一起送中国社会科学院机要收发处。

“十三五”期间，图书馆共完成 14 期新书目录的搜集与制作，为各级领导精选了最新出版、高质量、具有一定社会影响的图书约 800 种。根据领导反馈结果，由专人进行图书的采购、分拣、配送，共计 2000 余册，基本做到当日采购当日移交，受到各级领导好评。

2. 习近平新时代中国特色社会主义思想文库

2018 年 5 月 17 日，在习近平总书记“5 · 17”重要讲话发表两周年之际，习近平新时代中国特色社会主义思想文库在中国社会科学院率先建成。作为中国社会科学院图书馆建设和管理的特色资源库之一，该文库致力于提供权威、全面、丰富的习近平新时代中国特色社会主义思想文献信息服务，是学习宣传习近平新时代中国特色社会主义思想的窗口和阵地，是研究阐释习近平新时代中国特色社会主义思想的文献基地和支持平台。截至 2021 年 11 月，文库文献总量超过 1.8 万件，全面收集了习近平总书记的文章、专著、讲话单行本、论述摘编等，以及宣传、研究、阐释习近平新时代中国特色社会主义思想的各类成果和资料。配合该文库的文献资源建设，采购相关文献资料是采编工作的重要工作内容。2020 年，为该文库新采购相关图书 411 册。

3. 中国社会科学院学者文库

2020 年 11 月 24 日，中国社会科学院图书馆举行中国社会科学院学者文库揭牌仪式。该文库重点收藏了中国社会科学院第一届至第十届优秀科研成果奖获奖成果、院创新工程重大成果、院学部委员（荣誉学部委员）研究成果专著以及各学部专家学者的学术成果，总量超过 2.3 万件。学者文库的建设是中国社会科学院图书馆贯彻落实习近平总书记“5 · 17”重要讲话和党的十九届五中全会精神的又一重要成果，为集中收藏和长期保存中国社会科学院学者的学术成果，展示学术成就，传承学术精神，促进学科交流，更好地服务中国特色哲学社会科学“三大体系”建设发挥了积极作用。截至 2020 年底，该文库入藏相关图书已达 1.8 万余册。

4. 方志

作为中国社会科学院图书馆特藏库，地方志收藏中心自 1995 年成立以来收藏了大量新方志及地方志稿、人口史资料、组织史资料、旧地方志整理本、旧地方志影印本及家谱等 7 万余册。大至一国一省，小至一村一镇，举凡历史沿革、地理形势、行政建置、财赋收入、乡土风俗，靡不详尽。

根据地方志图书的独特性，以及中国社会科学院研究人员的研究需求，图书馆对地方志图书的编目工作进行了本地化策略研究和调整。收藏之初，工作人员依照传统中文图书的编目规则进行编目收藏，索书号均按照中国图书分类法对图书进行分类，此类图书约 2 万册。

根据读者实际反馈与图书馆研究人员对地方志图书的考察与调研认为，地方志作为全面系统记述本行政区域自然、政治、经济、文化和社会的历史与现状的资料性文献，也是地方文化体系的组成部分，还是传承文化的核心载体。行政区域也称行政区划，是国家为实现有效的行政管理将国土分级划分的管理方式。每一区域都是一级行政管理机关管辖的地域范围。行政区域的划分总是与一个国家的政治、经济、文化、民族、人口、国防、历史传统、地理环境以及领土大小等综合因素相联系。地方志文化的核心正是建立在行政区划的规划上。经过相关专家学者讨论后，图书馆对后续地方志图书编目规则进行了一系列的本地化策略调整，其中针对索书号相关的中图分类方法进行了变更，新的索书号以行政区域代码为核心载体，融入图书类型（即省志县志、事业志、公司志、山水志、史料等不同分类），加入四角号码对图书进行综合分类，使读者与馆员查找图书能精确定位且方便快捷，同时还便于工作人员对馆藏书目进行分类整理和数据分析。图书馆地方志图书现有馆藏 7 万余册，其中 2 万册使用中图分类法进行分类，5 万册使用行政区划进行分类。根据行政区划进行分类分析，图书馆现有地方志图书涉及全国省级行政区共 32 个，包括 21 个省、5 个自治区、4 个直辖市、2 个特别行政区。其中，以辽宁省、山东省、四川省方志馆藏最多。

图书馆针对各地区方志馆藏进行了统计，以编纂新疆维吾尔自治区、山东省、上海市地方志图书最多。其中，图书馆针对中国社会科学院边疆课题研究进行了大量考察调研，集中采选了一批中国社会科学院科研需求的地方志手稿、送审稿等珍贵文献，如西藏自治区、云南省、广西壮族自治区等。针对目前馆藏量较少的情况，这类资源将作为未来集中采选的目标。

图书馆针对目前传统纸本地方志文献建设时期包括地方志在撰写过程中所编纂的部分稀缺手稿、送审稿以及原稿，进行了大量的实际跟踪与调研，注重方志编纂的完整性，为未来方志图书编纂过程与研究过程中提供可靠的、优质的内容架构支撑。

5. 学位论文库

1984 年，国务院学位办公室颁布（84）学位办字 011 号文件，指定中国社会科学院情报研究所（即中国社会科学院图书馆前身）为法定收集社会科学学位论文的单位，明确规定全国各学位授予单位通过的社会科学博士、硕士学位论文必须及时向图书馆无偿呈缴。依据国务院学位办公室精神，图书馆从当年开始收集各学位授予单位通过的哲学社会科学领域博硕士学位论文。

习近平总书记“5 · 17”重要讲话明确提出了“加快国家哲学社会科学文献中心建设，构建方便快捷、资源共享的哲学社会科学研究信息化平台”的要求。作为全国哲学社会科学领域最大的专业图书馆，收藏和开发利用具有独特学术和使用价值的学位论文，对于中国社会科学院加快建设世界一流智库、打造国家哲学社会科学文献中心具有重要意义。

1984 年至今，图书馆收藏哲学社会科学学位论文共约 60 万册，总量约占图书馆馆藏的 1/4。针对学位论文的特殊性与相关性将学位论文分为两部分，一部分为 20 世纪 90 年代及以前的论文成果，另一部分为 20 世纪 90 年代后的论文成果（见图 6-7）。

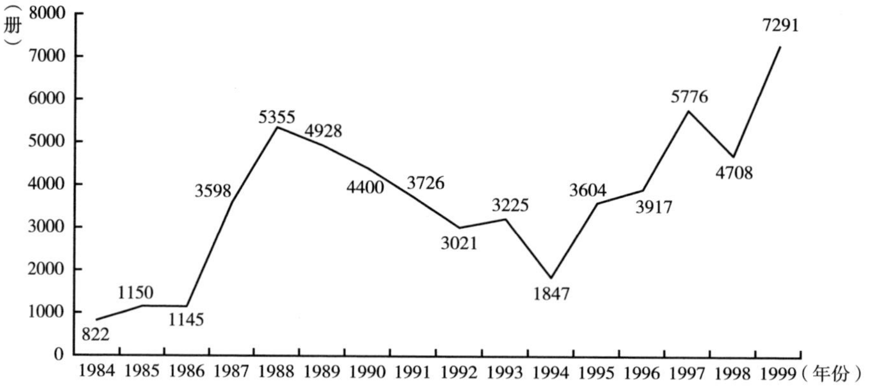

图 6-7　1984~1999 年中国社会科学院图书馆学位论文收藏数量

20 世纪 90 年代及以前的学位论文约 6 万册，此部分内容价值极高，其中包括诸多知名人士与学者的论文，以及早期诸多珍贵论文手稿，具有珍贵的馆藏价值。20 世纪 90 年代至今的学位论文约 50 万册。

第三节　开展面向科研用户的纸本文献资源建设

下一步，按照党的十九届五中全会精神和中国社会科学院“十四五”哲学社会科学发展规划的工作要求，围绕高质量发展、高水平服务做好纸本文献资源建设工作，持续贯彻落实习近平总书记“5 · 17”重要讲话，助推中国特色哲学社会科学“三大体系”建设，图书馆将开展理性化、精细化、重点特色的文献资源建设。

一　以高质量发展为目标，推进纸本文献资源建设标准化、规范化

（一）统筹做好数字化环境下电子资源与纸本资源建设

随着信息技术的不断发展，社会各行各业开始进入数字化转型阶段。进入数字时代，大数据、云计算、移动互联网以及物联网等各种技术带来的影响贯穿社会生活的各个领域和各个层面，在智慧交通、智慧医疗、政府网站的信息化管理与数据开放、出版行业的数字化转型，教育行业慕课产业的兴起等各个行业和领域都产生了深远的影响。通观数字化与信息化时代各行业领域转型的特点和走向，一般具备逐渐走向开放、资源越来越容易获取、重视用户体验等特征，资源组织与服务的内容由较为粗粒度的文献单元细化到更细粒度的数据层次。随着数字时代的来临，图书馆所处的社会环境也发生了重大变化，数字化已经渗透到人们的生活、工作和学习中，并且产生着越来越大的影响。2012 年吴建中在《转型与超越：无所不在的图书馆》一书中指出："我们正处于旧范型向新范型转型的时期，旧范型的主要特征是以纸质资源为主体，而新范型将以数字资源为主体。"①

在新兴信息技术和互联网技术的影响下，传统图书馆与数字图书馆并存、发展、融合，文献资源建设也面临着变革与创新。数字时代纸本资源和电子资源如何实现协调发展，优势互补；图书馆收藏的各种类型的文献资源如何实现异构信息资源的整合与统一揭示和检索；如何更好地满足用户的多元化文献信息需求等，都是在向数字图书馆转型的背景下图书馆文献资源建设亟须思考的问题。

首先，整合馆藏纸本资源与数字资源，实现一站式检索。方便快捷的检索，对读者查找资源、图书馆的各种文献资源得到有效合理的利用起到非常关键的作用。整合馆藏纸本资源与数字资源，实现一站式检索，也有助于图书馆在熟悉资源的基础上进一步进行纸本资源和数字资源的合理构建。

其次，从机构建制的角度，纸本资源和数字资源采购由采编中心或者

① 中国社会科学情报学会:《图书馆、情报与文献学研究的新视野》，中国书籍出版社，2018 年 6 月。

资源购置部门统一管理。同时，实现目标式管理，以优化图书馆的资源建设结构，满足读者信息需求为导向，打破部门的界限，分工协作，共同实现目标。

再次，推进文献书目数据的标准化建设，提升流转速度与效率。梳理现有编目规则，强化编目人员培训及技能提升，加强与行业标准、图书馆领域资源建设、信息组织相关领域机构及专家的沟通与交流。

最后，开展开放获取资源的研究调研。信息通信技术和网络发展使得文献资源的全球获取愈加便捷，学术图书馆馆藏资源建设面临内容数字化、电子阅读用户增加、按需出版、开放获取增长、开放出版的转型挑战。随着开放获取运动的不断发展和深入，越来越多的纸本资源开始呈现为数字模式的传播，例如全球货币基金组织《贸易方向统计》(*Direction of Trade Statistics*)等相关统计报告和政府年鉴都实现了开放获取，要及时跟进开放获取资源的情况，统筹做好纸本资源建设。

（二）优化文献采访工作方式，提升文献采选质量

文献采访作为图书馆的基础工作，其重要性不言而喻，馆藏图书的质量直接关系到科研人员的使用率和图书馆的各项服务水平。然而，随着科研人员的文献采购需求越来越高，文献采购渠道越来越多样，固定的文献采购经费等也在一定程度上制约了采访人员的采购，文献采访工作难度的加大也越来越成为当前图书馆面临的困境。因此，优化文献采访方式、提升文献采选质量成为十分重要的一项工作。

面对文献采访工作的现状，近年来，图书馆通过优化新书采选模式"采＋访"结合等方式，对文献采访工作进行完善、优化。

第一，多种采访渠道相结合，优化文献采访模式。目前图书馆主要使用的采访模式是根据书商提供的新书目录采选，以及跟踪新书发布信息，自主采选。线上和现场采集等文献采访方式稍显不足。面对着种类繁多、各型各色的出版物，可以利用多样化的采访渠道，满足不同的采访需求。例如，期货图书的采选与现货图书的采选相结合，组织科研人员现场选书。

第二，完善沟通机制，按需下单，精准采访。图书馆作为中国社会科学

院的文献信息服务机构，如何在众多出版物中采购到有学术价值的文献，提高科研人员的使用率是一项颇为棘手和艰巨的工作。除了密切关注图书出版和中国社会科学院学科发展动态之外，日常还要加强与科研人员的密切联系，实行科研人员直接推荐的方式，完善沟通机制，保证按需下单，精准采访。还积极利用各种新媒体工具，除了利用微信、QQ群加强和科研人员的联系外，还与图书馆相关部门密切协作，通过公众号、官网、QQ群等定期发布入库图书信息、重点图书推介，提高读者关注度和借阅率，扩大沟通渠道。

第三，合理配置购置经费。图书馆作为直接服务于全院6大学部、42个研究院所的科研人员的文献服务机构，如何平衡好建设好学科馆藏、满足各学科读者需求和合理利用图书采购经费，对于采访人员来说不是一件轻松的事情。文献采访人员需在有限的经费内，考虑到各个学科，从而满足科研人员的使用需求。因此，图书馆在提高采访人员学术与工作素养的基础上，还将与各院分馆建立密切联系，实现通借通还、协调采购，科学合理使用经费。

（三）根据中国社会科学院科研现状，拓展书刊的交流交换

出版物交换是双向互动的合作方式，其目的之一在于通过合作获取己方需要的文献，实现积累馆藏、服务读者的目的。虽然各馆在文献交流交换方面取得了不错的进展，但近年与图书馆长期保持交换关系的一些机构由于人事的变更、经费不足或预算紧缩等各种原因，导致有些原本是“交流交换”关系的机构渐渐变成了“赠送”关系，这极大地耽误了文献的交换进度，在一定程度上影响了工作效率。就目前情况来看，合作机构有进一步减少的趋势。

针对图书馆目前面临的问题，有以下三点改进措施。

第一，采取“以点带面”的策略，充分挖掘现有合作机构的合作伙伴资源，优先选择全球权威排行榜靠前的高等院校和有国际影响力的联盟机构，使图书馆的对外交流合作对象由现有机构辐射到其他优秀的学术机构。确保在深化与现有伙伴稳定合作基础上，兼顾拓展新的合作伙伴关系，努力做到

新机构和“老朋友”都要抓，两边都要维护好，真正做到资源共享，各机构共同进步。

第二，不断深化与现有机构的交流与合作，保持适当频次的高层领导互访，建立彼此间良好的沟通机制。尤其是接待来访的国际来宾时，国际友人亲自翻阅了解中国社会科学院核心期刊的质量，充分了解了中国社会科学院在国内哲学社会科学界的地位后，成功建立交流交换关系的概率会大大增加。通过形式多样的交流，不断密切与合作机构的关系，争取使合作对象与中国社会科学院建立更加稳定、深入和广泛的合作关系，打造中国社会科学院优质品牌效应。

第三，重视维护与各合作机构的友谊。定期了解对方的交换书籍新需求，及时沟通工作中的新情况、新变化，以备应对不时之需。例如，国际节假日来临前，及时发放贺卡、贺信，以进一步增进相互之间的友谊，以便建立长期稳定的交换关系。

习近平总书记在接见驻外使节工作会议上指出“要进一步加强同各国的文化方面的沟通、协商、合作，推动‘一带一路’建设走深走实、行稳致远，更好地传播中国的学术成果”。[①] 这就要求图书馆重视国际交流合作项目，要提高认识、解放思想、转变观念，真正把文献交换工作重视起来，采取有力措施，积极创造条件，不断提高交换工作的水平和质量，提升中国社会科学院在哲学社会科学领域的国际影响力，促进学术交流工作向纵深发展。作为国际交流合作项目的具体实施者，需要不断学习，提高思想道德修养，增强业务素质，总结经验教训，共同搞好对外交流交换项目。

（四）开展图书馆馆藏资源的评估

馆藏纸本文献资源是动态发展的、吐故纳新的有机体，会随着社会信息环境、读者的需求、图书馆服务目标的变化而相应变化。正因为馆藏文献资源建设具有针对性、系统性和目的性，对馆藏文献资源进行科学的分析和

① 习近平：《在推进“一带一路”建设工作5周年座谈会上的讲话》，2018年8月27日，新华社，https://baijiahao.baidu.com/s?id=1609941849968578359&wfr=spider&for=pc。

评估是非常必要的。通过对图书馆馆藏资源整体状况及其功用进行分析与评估，可以从宏观和微观层面把握馆藏资源建设与利用情况，对于用户的需求和偏好以及馆藏信息资源的数量和用户需求之间的差距有具体的了解，为图书馆的馆藏资源建设和发展提供指导，支撑图书馆在掌握馆藏建设具体情况的基础上做出科学的决策，从而进一步优化和完善馆藏信息资源建设，使之更加科学、合理，更加符合读者的需求。

第一，构建科学合理的评估指标体系，促进理论与实践相结合。馆藏资源评估研究应该从实践出发，考察实践的需要，并与代理商、供货商等单位合作，共同研究纸本文献资源评估标准。不但要开发科学合理的定量评估指标，探索有效的数据收集方法，还要构建体系结构科学、逻辑层次清晰、可获取性好、可操作性强的分类评估指标体系，深入开展方法论研究，建立科学、通用的评估方法和评估步骤，并将评估的结果和过程情况反馈到相关组织，为改进评估体系标准提供最有效的依据，从而不断提升评估的科学性、准确性，使馆藏评估研究和工作步入一个良性循环的过程，并最终形成权威评估机构和行业评估指标体系，推动图书馆馆藏资源建设，为不断满足读者的需求打下坚实的基础。

第二，馆藏资源建设的最终目的是满足用户利用信息的需求，馆藏资源的评估是馆藏资源建设的重要内容，因此要避免陷入“为了评估而评估”的误区，应坚持以用户为中心、以用户需求为导向，针对不同用户群的不同需求特点开展个性化的评估服务，从而更好地满足用户的信息需求。

第三，在数字环境下，图书馆馆藏总量不断增加，文献类型不断丰富，馆藏资源建设内容不断充实，协调好纸本资源与数字资源的关系，对图书馆馆藏信息资源进行合理的评估，对馆藏数量、馆藏质量、馆藏结构、馆藏利用等方面进行评估，是否符合发展目标，以便于总结经验，调整资源建设策略，优化馆藏结构。同时，针对不同类型的文献资源的收藏方针，图书馆要认真研究纸本文献与电子文献收藏的比例和结构，调研了解不同类型用户群体的阅读习惯，积极构建科学的图书馆馆藏资源结构。

（五）重视特色资源建设

图书馆特色资源一直以来都没有明确的定义，但一般来说，它是指那些只有本馆拥有而别馆却不具备，或是本馆收藏丰富而别馆却相对贫乏的各种馆藏资源。特色资源建设，是在共建共享大背景下图书馆实现核心竞争力的有力资源保障。在多年积累的丰厚文献资源基础上，图书馆先后建成地方志收藏中心、习近平新时代中国特色社会主义思想文库、中国社会科学院学者文库以及学位论文库，提升了其在业界的影响力。特色文献资源的建设，将是图书馆今后需要不断开拓创新的重要内容。

1. 方志收藏中心

未来图书馆将针对现有地方志图书特色以及中国社会科学院科研发展需求，持续推进地方志文库内容建设，落实《全国地方志事业发展规划纲要（2021~2025 年）》相关工作。

深入贯彻落实习近平新时代中国特色社会主义思想和习近平总书记系列重要批示精神，贯彻落实总书记关于史志工作的重要论述，在新的时代背景和任务要求下，充分发挥科研优势，研究科研人员需求，全面发挥科研辅助的重要性，紧紧围绕国家战略发展大局，进一步明确社会主义文化强国建设方向，进一步明确方志库内容建设对于提高国家文化软实力的重要价值，进一步明确方志库应有的责任、担当，紧紧围绕存史、资政、育人三大功能定位，树立信心，创新思路，挖掘潜力，塑造出新时代方志收藏中心建设的新形象、新风采。

准确把握当前方志内容相关的科研辅助建设薄弱环节，认真加以研究，提出有针对性的解决措施。要坚定正确的政治方向，加强方志内容建设顶层设计、理论研究、切实做好资源建设保障、文献分析研究、注重发挥典型的示范引领作用。积极谋划筹备为建设好《中国扶贫志》《中国全面小康志》《中国抗击新冠肺炎疫情志》等相关编纂路径的科研辅助工作，全面落实《全国地方志事业发展规划纲要（2021~2025 年）》相关工作。

2. 习近平新时代中国特色社会主义思想文库

2018 年，图书馆率先在全国建成习近平新时代中国特色社会主义思想文库，是目前相关文献资源收藏重要的专题研究文库，为中国社会科学院在该领域研究提供了丰富可靠的文献资源保障。为保持该文库特色资源建设优势，要开阔眼界，拓宽思路，多渠道、广角度地去开展相关文献的搜集采选。一方面，密切关注新的相关文献出版动态，特别是习近平总书记在各种场合讲话的各语种单行本，做到应收尽收；另一方面，积极开展相关文献的寻访工作，特别是与习近平总书记学习、生活、工作相关的文献资料，包括他在地方工作时期的讲话稿、手稿、书信、发表的文章尽量设法收全。

3. 中国社会科学院学者文库

2020 年建成的中国社会科学院学者文库，实现了为中国社会科学院学者集中收藏和长期保存其学术成果的夙愿，同时为展示学术成就，传承学术精神，促进学科交流，更好地服务中国特色哲学社会科学“三大体系”建设发挥了积极作用。今后，要积极跟踪各学科研究前沿动态，建立中国社会科学院学者名录，及时掌握学者成果出版信息，多渠道、广角度地去开展相关文献的搜集采选。

4. 学位论文库

2019 年，中国社会科学院图书馆完成了对图书馆楼学位论文库的装修改造，并将原来暂存于院外的各高校学位论文全部搬运回馆。2020 年，学位论文库完成了分区和排架，并对各高校学位论文进行了详细的整理清点，圆满完成了该创新项目年度工作任务。今后，将与各重点高校保持密切联系，及时收集和加工学位论文，并对其中重要的学位论文进行回编加工，充分发挥学位论文的独特价值，更好地担负起国务院学位办公室赋予中国社会科学院图书馆的相关职责。

5. 其他特色文库

2021 年是中国共产党建党 100 周年，作为党中央国务院重要的思想库和智囊团，中国社会科学院应当在收集、整理和研究党史相关文献方面有所作为，而对于相关文献的收集采选，图书馆将责无旁贷。与此同时，还应当聚焦党史、新中国史、改革开放史、社会主义发展史等“新四史”相关红色资源的搜集整理，为推进中国社会科学院在相关领域研究做出应有贡献。

1995 年，为支援新组建的中国社会科学院图书馆的资源建设，中国社会科学院各研究所资料室调拨或捐赠了数以万计的社会科学领域文献资料，其中有大量的研究苏俄和苏联时期政治、经济、文化、社会等各领域的珍贵资料，属于中国社会科学院独有资源。对于这部分资源开展有计划的整理开发，将会为中国社会科学院在相关学科领域研究占领学术制高点奠定坚实基础。

二　以做好高质量学科服务为推手，统筹协调哲学社会科学学科文献资源建设，服务中国社会科学院“三大体系”建设

以习近平总书记“5 · 17”重要讲话为指导方针，构建科学的、稳定的、可持续的文献资源基础，助推中国社会科学院“三大体系”建设。

在一段时期内，特别是“十四五”期间，针对习近平总书记“5 · 17”重要讲话中提出的“几个如何”持续地、稳定地建设哲学社会科学各学科文献资源。这“几个如何”主要包括五个方面。

第一，面对社会思想观念和价值取向日趋活跃、主流和非主流同时并存、社会思潮纷纭激荡的新形势，如何巩固马克思主义在意识形态领域的指导地位，培育和践行社会主义核心价值观，巩固全党全国各族人民团结奋斗的共同思想基础，迫切需要哲学社会科学更好发挥作用。

第二，面对我国经济发展进入新常态、国际发展环境深刻变化的新形势，如何贯彻落实新发展理念、加快转变经济发展方式、提高发展质量和效益，如何更好保障和改善民生、促进社会公平正义，迫切需要哲学社会科学更好发挥作用。

第三，面对改革进入攻坚期和深水区、各种深层次矛盾和问题不断呈现、各类风险和挑战不断增多的新形势，如何提高改革决策水平、推进国家治理体系和治理能力现代化，迫切需要哲学社会科学更好发挥作用。

第四，面对世界范围内各种思想文化交流交融交锋的新形势，如何加快建设社会主义文化强国、增强文化软实力、提高我国在国际上的话语权，迫

切需要哲学社会科学更好发挥作用。

第五，面对全面从严治党进入重要阶段、党面临的风险和考验集中显现的新形势，如何不断提高党的领导水平和执政水平、增强拒腐防变和抵御风险能力，使党始终成为中国特色社会主义事业的坚强领导核心，迫切需要哲学社会科学更好发挥作用。①

中国社会科学院院长谢伏瞻针对中国社会科学院哲学社会科学科研发展方向，提出一系列亟待研究的相关问题，比如，如何贯彻新发展理念，建设现代化经济体系？如何指导创新型发展？用什么指标来衡量？理论上如何解释？一些新业态如互联网经济，一些新模式如共享经济，都是我国近年来大发展的领域，也是我国在世界上发展领先的领域，都需要深入研究。还有像人工智能、大数据、区块链等高新技术及其相关产业、政策、社会影响问题都需要深入研究。我们要从时代要求出发，按照突出优势、拓展领域、补齐短板、完善体系的思路推进学科体系建设。要加强马克思主义学科建设，加快完善对哲学社会科学具有支撑作用的学科，注重发展优势重点学科，加快发展具有重要现实意义的新兴学科和交叉学科，重视发展具有重要文化价值和传承意义的"绝学"、冷门学科。②

面对新形势新要求，我国哲学社会科学领域还存在一些亟待解决的问题：学科体系、学术体系、话语体系建设水平总体不高，学术原创能力还不强等。哲学社会科学文献资源建设面临新的问题，要进一步结合中国特色哲学社会科学"三大体系"建设的要求，深入学习贯彻习近平新时代中国特色社会主义思想和习近平总书记"5 · 17"重要讲话精神，围绕上述重点学科和重点问题，扎实做好文献资源需求调研，动态跟踪决策层、智库团队和科研人员的文献信息需求，及时调整优化馆藏文献采访政策，统筹协调好各学科文献资源建设，高质量、高水平地推进纸本文献资源建设。

---

① 习近平：《在哲学社会科学工作座谈会上的讲话》，2016 年 5 月 17 日，新华网，http://www.xinhuanet.com//politics/2016-05/18/c_1118891128_3.htm。

② 谢伏瞻：《担负起加快构建中国特色哲学社会科学"三大体系"的崇高使命》，2019 年 5 月 17 日，https://www.xuexi.cn/lgpage/detail/index.html?id=10612335178996517242。

第七章
增强图书馆吸引力，做好新环境下的纸本文献服务

信息环境给用户带来前所未有的方便和快捷，影响了学术交流的范式，促使图书馆不断地进行变革和创新。但图书馆的核心功能，依然是为科研提供服务和支撑，图书馆应努力适应信息环境的变化、用户信息行为的变化和社会信息需求的变化。从最传统的文献提供服务、参考咨询服务到学科化服务、知识服务，图书馆服务发生了明显变化。传统服务是以馆藏为中心，被动地提供文献与咨询服务，而新型服务是以用户为中心，主动提供纸本资源、数字资源及共享的第三方信息资源和服务。

中国社会科学院图书馆在做好传统的阅览、外借、复制等基本服务之外，也进行了服务创新探索，遵循新理念，以用户为中心，联合共享，提供精准化、深层次的知识服务。通过与院内各研究所图书馆、国内外各类图书馆的合作，甚至积极寻求与非文献情报机构的合作来拓展服务能力，实现图书馆的整体转型，打造图书馆全新的服务格局，取得了一定的成效。

第一节　适应新需求的纸本期刊服务策略

期刊文献长期以来一直是图书馆主要的服务内容之一，以其广泛性、时效性、传播速度快等自身优势深受广大科研工作者的喜爱。随着近年来网络

技术的普及，数字资源的发展越来越快，电子期刊和数据库普遍地被读者接受和使用，纸本期刊的利用率面临前所未有的挑战。如何发挥纸本期刊自身的优势和特点，如何通过采购读者感兴趣的纸本期刊吸引读者，图书馆纸本期刊的采购方向和原则该如何跟上时代、与时俱进等，都面临新挑战。

为了提高纸本文献资源使用效率、保证采购工作质量、完善监督制约机制、提高经费使用效益，结合资源采购工作制定纸本期刊采访方针就显得尤为重要。制定纸本期刊的采访方针，将纸本期刊采访收藏原则标准化、规范化、系统化，使纸本期刊的采访工作具有连续性、延续性，为今后纸本期刊的采访工作打牢基础。

一　纸本期刊采访与服务面临的新问题

（一）电子期刊、数据库日益占据主导地位

随着时代的不断进步，信息和网络技术的不断发展，人们获取知识的方式产生了变化，电子期刊以其容易获取、检索便捷、存储方便、节省空间等特点不断挑战着纸本期刊。但相比于电子期刊，纸本期刊也有其自身的优势。相比近年来发展迅猛的电子期刊，纸本期刊自出现已有 350 年的历史，它的出版不仅更规律更稳定，时效性也更强，严格规范的编审制度也让其更具权威性。[①] 学术研究机构的科研人员普遍更倾向于优先选择它来发表自己的学术成果。企事业单位、学术机构、各大院校职称评审的时候也主要依据在纸本期刊上发表的文章。印刷型纸本期刊以其发行稳定、权威度高的特点在职称评定的时候优势更为明显。电子期刊也有其劣势，其出版发行的不稳定性，数据库相比纸本期刊存在滞后性，数据资源的保存和利用在网络条件下具有风险性及内容不完整性等。

（二）新形势、新要求下围绕“三大体系”开展服务工作

习近平总书记在哲学社会科学工作座谈会上指出，只有以我国实际为研究起点，提出具有主体性、原创性的理论观点，构建具有自身特质的学科体系、学

① 李芳芳：《网络环境下图书馆的纸质期刊工作》，《四川图书馆学报》2013 年第 6 期。

术体系、话语体系，我国哲学社会科学才能形成自己的特色和优势。习近平总书记关于“三大体系”建设的重要论述，成为中国哲学社会科学繁荣发展的指导方针。

中国社会科学院作为国务院直属的中国哲学社会科学研究的最高学术机构，其所辖图书馆在制定纸本期刊采访方针的时候，要紧紧围绕学习研究阐释习近平新时代中国特色社会主义思想，紧紧围绕加快构建中国特色哲学社会科学“三大体系”，根据哲学社会科学工作的特点、任务和需要制定采访计划。

构建具有中国特色哲学社会科学的“三大体系”，意识形态把关是一项极其重要的工作。要彻底纠正以发达国家的学派和学者观点为话语标准的倾向。让哲学社会科学领域的工作者有明确的政治方向，在期刊的采访工作中要牢牢把握好意识形态关。在征订纸制期刊尤其是进口报刊的时候务必要牢固树立意识形态阵地意识，做好意识形态审核把关，有选择、有甄别地采购国内外的期刊和报纸。持续跟踪和关注我国政治导向、中国社会科学院科研环境变化，按照院发展规划、图书馆馆藏发展政策和采访方针的要求进行书报刊采访工作。要把好意识形态关，严禁问题书刊、存疑书刊入藏。

（三）读者对期刊服务需求的变化

数字化、网络化技术的发展对现代图书馆影响巨大，读者阅读模式的改变日渐明显，电子阅读、数据库查询成为读者的新选择。读者对资源的需求表现出时效性强、精细、便捷、个性化的特点。[①] 面对读者的需求中国社会科学院图书馆要提高面向学科、面向智库的专业化、精准化的服务水平。要强化中国社会科学院图书馆与各个研究所图书馆之间，纸本期刊与数字资源之间的联动、共享。要实现按需服务，在职称评审时提供纸本期刊的借阅及复印，在资源检索时提供便捷的数据资源服务。图书馆每年都会为中国社会科学院读者定制《图书购置与数字化资源采购专项用户满意度调查问卷》，定期与读者进行沟通和互动，及时收集读者反馈的意见及问题，进而在下一年的采购工作中根据读者需求做到按需调整。

---

① 周迪:《新环境下中文纸质期刊采访工作的走向初探》,《科技情报开发与经济》2010 年第 30 期。

纸本期刊采访工作未来的方向不但要重视来馆读者的需求，还需要通盘考虑图书馆和各个研究所图书馆馆藏纸本期刊资源的分配，要考虑纸本期刊与数字资源的互为依托和补充，从而做到从源头实现文献资源的联动、共享。

二　新环境下纸本期刊的服务策略

（一）以学科服务为中心，服务科研，突出特色文献资源建设

在纸本期刊征订时应坚持科研人员推荐与采访人员审核挑选相结合的原则。图书馆在采购纸本期刊时一直高度重视科研人员的研究需求，充分考虑馆藏期刊的连续性、学科性、专业性、权威性、系统性和完整性。按照中国社会科学院发展规划、图书馆馆藏发展政策，注重重要文献和特色资源的收藏，注重本院学术成果及与本院相关的出版物和学术文献的收藏，有选择地采访期刊。

以图书馆期刊采访工作为例，图书馆先后参与习近平新时代中国特色社会主义思想文库和中国社会科学院学者文库的建设工作。为扩充两大特色文库的馆藏，先后查找、清点、整理出历年相关的特色馆藏报刊文献资料。根据中国社会科学院特色文库建设的规划，在未来期刊采访工作时应特别注意采购中国社会科学院学者出版的相关刊物及与中国社会科学院相关的出版刊物。

同时，要熟悉本馆馆藏和最新的学科动态，采购前要进行广泛深入的调研，例如参加图书展销会、图书征订年会了解市场信息，及时收集和整理书报刊征订目录。在采访时要坚持实用性、特色性、系统性相结合的采购原则，以学科服务为中心突出馆藏特色、学科特色，集中建立一批特色化、学科化、前沿化的期刊信息资源，使中国社会科学院图书馆的专业学科在全国的文献资源收藏上占据优势地位、权威地位。

（二）遵循纸本期刊与电子期刊不割裂、协调互补原则

未来相当长一段时间内将是纸本期刊和电子期刊共同发展、协调互补的时代，电子期刊是纸本期刊的延伸和补充。面对电子期刊及数据库的冲击，应当充分发挥纸本期刊的优势特点，打牢纸本期刊作为图书馆馆藏资源的基础，以应对数字资源的不稳定性、不确定性带来的潜在影响。针对数字资源、电子资源的出现，要明确采购优先级别，制定有针对性的采购原则。

以图书馆期刊采访工作为例，面对经费不足的情况，优先订购与学科体系相匹配的、与读者需求相适应的期刊。当和数字资源有重复时，先减数字资源有现刊的，数字资源滞后出版的仍需保留纸本期刊的采购。在确保核心期刊的前提下，先减当前处于延期状态的或者停刊的。在经费不足时优先考虑保留核心期刊、学术期刊，删减非核心期刊和不做装订期刊，但是不能删减与数字资源有绑定的纸本期刊。

在征订期刊的时候，图书馆应充分利用纸本期刊弥补电子期刊的不足，让两种不同介质期刊互为表里、互相兼容，保证图书馆资源的完整性。

（三）馆际互借的有效利用

未来图书馆的发展模式是合作与共享。在采访工作伊始，要考虑如何整合和有效利用图书馆及各研究所图书馆的馆藏资源，最大化地为科研工作者服务，满足他们的科研需求。中国社会科学院图书馆目前征订的书报刊目录经由各所专家圈选形成，再由采访人员在图书馆自动化管理系统中查重，避免重复购置。

中国社会科学院图书馆作为科研支撑单位，其文献资源的建设是图书馆的主体和基础。而文献资源的采访工作是图书馆业务工作中的首要步骤，它的好坏直接影响图书馆的馆藏资源建设是否科学、合理，馆藏资源的质量和数量能否满足其作为科研辅助性单位的职能发挥。

采访工作的意义是以最小的建设投入构建优质的馆藏资源。未来的采访工作要以需求为导向制定合理的馆藏资源发展策略，分学科、分层次、分等级采选文献信息资源，实现比例协调、重点突出、覆盖面广的馆藏结构。采访人员通过大量的有一定选择性和目的性的筛选工作，从种类繁多的文献中选取所需要的馆藏期刊，从而一步一步构建图书馆的馆藏体系。我们需要认识到采访工作在图书馆资源建设工作中的重要性，牢牢把握采访原则，建立完善的采访制度，增强图书馆员的使命感和责任感，把好意识形态关，在经费有限的条件下，纸本期刊的采购要处理好全面与重点的关系、学科收藏和读者需求的关系，做到求精谋联，同时与数字资源建设协同发展，构建纸本期刊与数字期刊协调互补的现代馆藏体系。

第二节　新书目录的编制与推送服务

新书目录推送工作是将每批新到馆的图书目录通过不同的方式、途径及时介绍给读者，使读者能够快速、及时地了解图书馆新入藏图书的书目信息，为读者提供一条便捷的检索途径，同时也为一些专业性强的图书寻找特定的读者。①

新书目录推送工作是丰富服务内容、拓宽服务渠道的重要举措，是主动性服务形式之一，也是提高图书利用率的一种方式。《中国大百科全书》将推荐书目定义为："为指导读书治学或普及文化知识，选择适合特定读者群需要的文献而编成的目录。中国现存最早的推荐书目是在敦煌发现的《杂钞》（伯乙 171 号卷子）。该书目用问答体形式为青年士子们开列了 25 种文献。元初程端礼编的《程氏家塾读书分年日程》，规定了学习课程和书目。清代张之洞的《书目答问》、梁启超的《西学书目表》都是著名的推荐书目。"②

一　馆藏新书目录编制实施背景

2014 年初，图书馆通过多种途径进行了读者需求调研，经精心构思、反复测试和设计后，于同年 4 月初以群发邮件的形式向中国社会科学院邮箱用户推送了第一期中国社会科学院图书馆馆藏新书目录，书目涵盖的内容是 2014 年第一季度到馆的图书目录。

此后每月推送一期，截至 2020 年 12 月，已经推送了 82 期新书目录，每期发布的是上一个月到馆的图书目录。同时，还以表格的形式介绍了图书馆正式引进的中外文电子书数据库以及与图书馆正式签约的五家合作馆文献的

① 陈恩满：《网络环境下如何做好高校图书馆的新书推荐工作》，《情报探索》2006 年第 5 期。

② 中国大百科全书总编辑委员会《图书馆学、情报学、档案学》编辑委员会、中国大百科全书出版社编辑部编：《中国大百科全书：图书馆、情报学、档案学》，中国大百科全书出版社，1993 年 1 月。

获取方式，还有中国图书分类法、图书馆服务指南、图书馆阅览室及书库分布等，这些内容每期固定，并根据实际情况适时更新，例如，新冠肺炎疫情期间图书馆闭馆期间，则发布图书馆临时外借服务通知等。

二　馆藏新书目录的运作情况

中国社会科学院图书馆对新书目录进行了多次修改和完善，并制定了样式、字体等准则。

（一）不断优化，去掉“ISBN、条码号、价格”项的馆藏目录

新书目录发布了几期之后，为了使表格中的书目信息阅读时更加简洁、清晰，去掉“ISBN、条码号、价格”这三项，而多卷书加上副标题或合并为一条。没有去掉“ISBN、条码号、价格”项的目录，看上去显得内容多且乱（见表 7-1）。改进后的馆藏目录，看上去显得简洁、清晰（见表 7-2）。

表 7-1　没有去掉“ISBN、条码号、价格”项的馆藏目录

索书号	题名	著者	出版社	ISBN	条码号	价格
R/B2-54/Z652/2013	中国哲学年鉴	谢地坤	哲学研究杂志社	1004-3462	SK00-00024239	158.00
R/B94-61/F571	实用佛学辞典	佛学书局	上海古籍出版社	978-7-5325-6685-3	SK00-00028103	198.00
R/TV882.1-54/S673/2013	黄河年鉴	胡志扬	黄河年鉴社	1007-0788	SK00-00028962	300.00
R/Z525.4/A532/2013	安徽年鉴	朱文根	安徽年鉴社	1004-5252	SK00-00026663	300.00

表 7-2　去掉“ISBN、条码号、价格”项，多卷书合并为一条的馆藏目录

索书号	题名	著者	出版社	出版年
I212.01/B796	中国文集日本古注本丛刊．第二辑（全 7 册）	卞东波	上海社会科学院出版社	2020
I212.01/B796	中国文集日本古注本丛刊．第三辑（全 6 册）	卞东波	上海社会科学院出版社	2020
I212.01/B796	中国文集日本古注本丛刊．第四辑（全 7 册）	卞东波	上海社会科学院出版社	2020
I217.62/L418	梁晓声文集（全 20 册）	梁晓声	青岛出版社	2015

（二）适时增加最新内容

从 2018 年第 1 期开始，陆续新增习近平新时代中国特色社会主义思想文库的文字宣传及图书目录，国家哲学社会科学文献中心的文字宣传及网址，图书馆的微信公众号和二维码。

（三）官网同步推送

从 2020 年第 7 期开始，为了方便读者及时了解图书馆所购新书，提高图书使用率，新书目录通过院内邮箱与图书馆官网同步推送。邮箱推送如图 7-1 所示，官网发布如图 7-2 所示。

图 7-1　中国社会科学院邮箱发布的新书目录

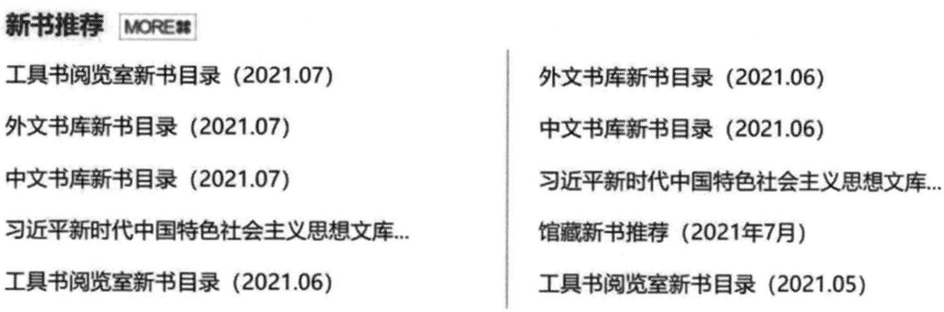

图 7-2　中国社会科学院图书馆官网发布的新书目录

（四）意识形态审查、采编质量把关

在群发之前进行意识形态把关、采购把关、编目质量把关和审查。新书目录为了扩大宣传，不仅在中国社会科学院图书馆 QQ 群和数字资源 QQ 群里推送，而且还请各个研究所的图资系列联系人进行宣传等。每期下载人次约为 80~200 人次，有时高达 800 人次。该项服务受到读者的称赞和好评，现已成为图书馆可持续的信息推送产品之一。

三　探索新书目录推送服务的改进思路

（一）采用灵活多样的新书目录推荐方式

网络的普及和计算机的快速发展，给图书馆服务方式带来了新的思考和途径，图书馆可充分利用网络环境和计算机技术，多途径宣传、推广新书目录，加快新书信息的传递速度。

第一，官方微信公众号是图书馆提供服务、塑造形象的一个重要平台。读者可利用微信公众号随时接收、查看推荐的书目，同时还能够让读者参与留言、讨论等，进而图书馆还可以了解读者对于新书目录的意见或建议。利用微信的分享功能将书目再分享给好友或朋友圈，扩大覆盖面，积累口碑。

第二，利用海报、宣传栏、公告、微博等移动社交媒体，为用户快捷、及时地推送新书目录。

第三，举办图书宣传月活动或专题书展。比如，利用每年 4 月 23 日的“世界读书日”开展宣传推广活动。

（二）为中国社会科学院科研课题或重大项目适时推荐相关专题书目

专题书目是指就某一专门问题或事件开出书目，发挥在某些专题方面的导读作用。专题推荐书目能够使读者有针对性、全面系统地对某问题进行了解和研究。1923 年，清华一批要出国留学的学生，为了得到短期国学常识，请胡适先生拟订了《一个最低限度的国学书目》，选择了涵盖哲学史、文学史等方面的书目。进入 20 世纪 80 年代后，著名学者蔡尚思、季羡林及文献学家王余光等，先后开列了《最能代表中国文化的 40 种书》《西学基本经典

书目》《中国古典名著导读书目》《中国近现代名著导读书目》等一批中外经典名著推荐书目。[①] 因此，在科研方面，中国社会科学院科研学者更少不了专题书目的帮助。

由于中国社会科学院科研人员承担的科研任务繁重，时间和精力有限，而每期的书目信息量大，大约有 1000 到 2000 种图书，并且是按中图法来分类排序的，翻阅书目信息时费时费力，如果能按分类号分别推送给相关专业研究所，效果会更好一些。比如，中图法的 K 类代表历史类，可以把此类图书推送给中国历史研究院的读者，I 类推送给中国社会科学院文学研究所的读者，也可以按照某一专题分别推荐图书给相应的课题组或项目组。这样做，不仅节约了他们的时间和精力，满足科研需求，也加深了他们对图书馆工作的了解和认同，同时让每本书发挥最大的价值。具体做法可采用问卷调查的方法，先了解一下在研课题或项目等，再进行有针对性的书目推荐。这种专题书目或个性化书目推送服务充分体现出图书馆“以人为本，服务第一”的服务理念。

（三）题名栏目设有链接

馆藏新书目录内容涵盖题名、责任者、索书号、出版信息以及馆藏信息，如果题名栏目设有链接，或者点击题名后系统自动弹出该书的相关信息，比如图书封面、内容简介或摘要、作者简介、获奖情况等，将有助于科研人员快速了解该书的其他信息，为是否借阅图书提供重要依据。

（四）网站栏目设置醒目

由于馆藏新书目录内容涉及的内容是新到馆的图书目录，栏目设置醒目才能吸引读者阅读书目信息，提高点击率。例如，在图书馆官网首页的一级栏目就设置了新书目录专栏以吸引读者点击和阅读，同时也显示图书馆对于新书目录推送工作的重视。

书目推荐一直是图书馆开展读者服务、资源推荐的重要方式之一。在书目推荐的同时，还应该选出重点图书进行展示，例如，在图书馆官网发布新

---

① 马育敏:《高校图书馆如何推荐书目》,《河南商业高等专科学校学报》2003 年第 5 期。

书目录的同时还设有馆藏新书推荐，除了有题名、著者、出版社、索书号、封面等，还增加了该书的内容简介。官网发布的新书目录是 PDF 格式，馆藏新书推荐图书的形式图文并茂。

（五）提供一站式新书借阅服务功能

馆藏新书目录信息只有索书号、题名等五项，读者在阅读书目信息时，很难确定图书是否需要借阅。而一站式新书借阅服务，是指借助于图书馆软件系统，在新书推送页面设置图书预约借阅功能，预约成功后，读者可在规定的时间内到图书馆借阅。新书推送和图书预约借阅服务相对接，成为新书推送服务发展的一项大趋势，是一种创新的服务方式。① 此项服务方便了读者，提高了图书利用率。

（六）图书馆应建立“馆藏新书目录”读者反馈机制

利用发放问卷或面对面调研等方法，并跟踪分析统计借阅量和关注量，分析读者的借阅倾向，是探索推广优秀图书书目的一个途径。因为外借量直接体现了推荐效果，是衡量书目推荐成效的一个指标。通过读者的反馈意见，让新书目录成为图书馆与读者之间沟通的桥梁和纽带，使新书目录推送工作更加完善。②

为读者找好书，为好书找读者，是图书馆推荐书目工作的服务宗旨，可以强化图书馆服务的针对性和主动性。图书馆在为读者服务中应创新服务方式，采用多种方法做好书目推荐工作。如果说书籍是海洋，那么书目是航标，图书馆要做好引路人。③

第三节　馆际互借服务

馆际互借是图书馆之间进行合作、实现资源共享的一项服务。这项服

① 石卫:《高校图书馆网络新书推荐服务研究——以吉林省 10 所大学图书馆调研情况为例》,《农业图书情报学刊》2015 年第 9 期。
② 吴晶娥:《高校图书馆新书推荐的有效途径》,《图书馆论坛》2000 年第 5 期。
③ 汪慧芳:《浅析高校图书馆推荐书目工作》,《鄂州大学学报》2017 年第 6 期。

务既是对本馆资源的有效补充，也是读者共享其他图书馆优质资源的重要渠道。中国社会科学院图书馆馆际互借历经十年的发展，构建起了有效的文献获取渠道，在中国社会科学院“三大体系”建设、智库服务以及科研工作中发挥着日益重要的文献保障作用。

一　文献合作馆发展历程

2010 年，院图书馆作为用户馆与国家图书馆签订了文献合作协议，自此，图书馆开启了馆际互借服务与参考咨询工作相结合的新局面。咨询也从最初的向读者提供文献线索发展为提供最终的文献信息资源——馆际互借完成了参考咨询中的“最后一公里”。图书馆参考咨询工作也由此迈上了一个新的台阶。为进一步提升文献保障能力，2014~2015 年，院图书馆同样作为用户馆又与上海图书馆、中国高校人文社会科学文献中心（China Academic Humanities and Social Sciences Library，CASHL）相继建立了文献合作关系，其中，CASHL 馆际互借成员馆包括了北京大学、清华大学、复旦大学在内的全国 34 家高校图书馆。也就是说，目前可以从 36 家公共、高校图书馆申请文献。这种多元化的、跨系统的文献合作方式，凸显了资源互补的优势，不仅满足了读者个性化的文献需求，同时也促进了图书馆馆际互借的发展。馆际互借实现了对本馆资源的有效补充。

二　馆际互借服务的必要性

（一）文献保障体系建设的需要

单个图书馆凭借自有资源无法满足读者所有的文献需求。1994 年，美国图书馆协会称，馆际互借是所有图书馆进行馆藏建设的一个组成部分。[①] 由此可见，馆际互借是图书馆文献保障建设中不可或缺的内容。它关乎一个图书馆的服务能力与服务水平。馆际互借既解决了图书馆因缺藏导致的不能向读者提供文献的问题，同时也解决了图书馆因丢失、借出等因素导致的图书

① 吕俊生:《网络环境下图书馆文献资源建设与文献保障体系》,《中国图书馆学报》2000 年第 2 期。

无法提供借阅的问题。可见，馆际互借可以有效地解决图书馆馆藏与读者需求之间的矛盾。因此，积极开展馆际互借服务是提高文献保障率的最佳途径。

（二）读者需求促进馆际互借发展

馆际互借在中国社会科学院历经十年的发展，已经形成相对稳定的读者群体，在这个群体中每年都有大约20%左右的新增读者，他们对文献不断增长的需求表明，馆际互借已成为其文献来源不可或缺的途径，读者对这项服务的需要与依赖，推动了图书馆馆际互借服务的不断发展。后续我们将继续利用宣传推广等方式，逐步提高读者对这项服务的认知度，通过挖掘读者的潜在需求，促进馆际互借的可持续发展。

（三）纸本书适合读者的阅读习惯

虽然数字资源比纸本资源有方便获取、易携带等优势，但是，使用过馆际互借服务的大多数读者表示，还是更习惯阅读纸本图书。

未来的阅读方式里，纸本书与电子书将是平分秋色，谁也无法取代谁。电子书的出现，只能是让人们多一种选择，而非纸本书的消亡。① 相比长时间阅读电子文献带来的视觉疲劳，纸本图书更符合读者的阅读习惯和研究需要。纸本图书的长期存在加上读者的阅读习惯，是纸本书馆际互借服务存在、发展的基础与动力。

三 馆际互借服务现状

（一）服务方便快捷

支持读者通过邮件、QQ、微信、到馆等方式提交借书申请，馆员在工作日就读者提交的申请及时响应并于24小时内进行处理。通常情况下，读者提交申请的第2天就能收到本地合作馆提供的文献，第3天可收到异地合作馆的文献。服务方便、快捷的程度超出读者预期，读者一致认为这项服务为他

① 韦力:《纸本图书的出路》,《博览群书》2013年第1期。

们的研究工作提供了便利。[①]

（二）文献保障能力提升

图书馆馆际互借服务经过10余年的积累，无论是文献保障能力，还是服务水平都取得了长足的发展。具体表现为三个方面：一是文献获取渠道大幅度增加，文献合作馆从1家发展到3家，其中既有2家实力雄厚的公共图书馆，也有包括34家成员馆在内的中国高校人文社会科学文献中心；二是馆员发现文献、获取文献的能力日益提升，除了提供馆际互借协议内的借书，馆员还力求在如何获取更多的文献上有所突破，在现有条件下通过拓展文献获取渠道进一步提升文献保障能力和自身的业务能力；三是图书馆的文献保障能力不断加强，文献满足率从2010年的77.9%上升到了2020年的94%左右。

（三）服务升级助力科研

2015年是图书馆“服务升级年”，为进一步服务读者、助力科研，推出馆藏文献复印、馆际互借和文献传递免费方案。从10月开始，图书馆取消了所有服务项目的收费，实现了补贴的一步到位，读者开始享受免费的馆际互借服务。免费服务一经推出，申请借书的人次以及申请的册数较之往年就实现了4倍的增长，图书馆的免费服务政策助推了读者馆际互借需求的增长，读者覆盖面也逐年上升，每年新增读者人数占全年读者总人数的20%左右。

（四）读者第一服务至上

坚持读者第一服务至上的服务理念，为读者提供无障碍服务：（1）为不同的读者人群提供多种馆际互借申请方式，读者可通过邮件、QQ、微信和到馆的方式提交借书申请；（2）馆际互借申请格式不限于填写馆际互借文献传递委托单，只需读者提供准确的书目信息即可；（3）在纸本书与电子书的选择上，优先考虑读者的阅读习惯；（4）对于读者申请的文献，既要考虑本馆补藏的需要，也要考虑读者对文献需求的急迫程度，选择外借还是荐购，视读者需求而定。馆际互借工作在遵循图书馆馆际互借规定的前提下，尽可能

---

① 吕俊生：《网络环境下图书馆文献资源建设与文献保障体系》，《中国图书馆学报》2000年第2期。

满足读者的个性化需求。

（五）工作流程严谨规范

馆际互借工作既烦琐又责任重大。虽然这是一项成熟的业务，但由于涉及的环节多（包括文献提供馆、读者、物流），借还周期长，加之其间还有续借、催还、过期罚款、丢书赔偿等问题，所以整个过程相对复杂。馆际互借图书从离开文献提供馆直至返还文献提供馆，整个过程馆员要全程跟踪，中间出现任何问题都要及时与对方沟通解决。为确保这项工作有序地开展和馆际互借图书的安全，图书馆也制定了相应的规定、办法和工作流程。

四　馆际互借使用情况

截至 2014 年底，图书馆的文献合作馆仅有国家图书馆 1 家，全年 41 人次提交了 86 个馆际互借申请，完成了 67 个，文献满足率为 77.9%。

2014 年底至 2015 年初，图书馆相继与上海图书馆、CASHL 建立了文献合作关系，文献获取途径从 1 家图书馆增加到 36 家图书馆，大幅提升了图书馆的文献保障力度。另外，2015 年 10 月开始，图书馆推出了免费服务方案。在合作馆规模不断扩大和馆际互借服务免费的双重作用下，2015 年当年馆际互借服务使用量较 2014 年就出现了显著的增长，馆际互借申请人次增加了 46.8%，申请量增加了 28.3%；文献满足率达到了 88.3%，比 2014 年增加了 10.4 个百分点。

2016 年馆际互借服务使用量出现了大幅度增长，与 2014 年相比，在申请人次上实现了 354% 的增长，文献申请量上实现了 313% 的增长，文献满足率也进一步提高，达到了 94.1%。使用馆际互借服务的读者人数也显著增长，2016 年读者使用人数较 2014 年增长了 126%，所涉及的单位也从 2014 年的 19 家上升到 2016 年的 28 家，这表明馆际互借的影响力在全院不断扩大。

随后的三年，馆际互借使用量逐年回落，2019 年的借书量较 2016 年下降了近 40%。馆际互借业务在免费政策刺激下实现的高增长，随着馆际互借免费常态化而日趋平稳。

此外，在合作馆完成的全部借书申请中，不同的文献合作馆提供文献保障的程度不同。国家图书馆提供了近80%左右的文献保障，余下部分由CASHL和上海图书馆提供。之所以存在如此大的差距，主要原因是：（1）由国家图书馆“中文求全、外文求精”的藏书政策决定的；（2）馆员在申请借书前要对文献提供馆的资源、费用及地域这三个因素进行综合考量，选择适合的图书馆申请借书。国家图书馆无论在资源上、费用上还是地域上，都是图书馆馆际互借首选的文献提供馆。

五　馆际互借存在的问题

（一）使用馆际互借服务的读者少

图书馆在2015年底推出免费方案，虽然申请馆际互借的人次和借书的册数是往年的4倍还多，但是相对全院研究人员总数来说，申请馆际互借的读者人数依然偏低。据2016年《中国社会科学院年鉴》统计，中国社会科学院2015年研究单位专业人员有2439人。这样看来，即便馆际互借服务使用量出现了大幅度增长，2016年全院也只有近3%的人用过该项服务。

（二）缺少联合目录检索系统

共知才能共享。联合目录是馆际互借工作的基础，也是读者发现资源、获取资源的重要渠道。网络环境下，联合目录检索系统是读者方便、高效地获取文献信息资源的重要平台。目前，图书馆尚未与文献合作馆开展深度合作，与合作馆的馆藏书目数据进行整合，形成集检索与获取于一体的联合目录检索平台。

（三）文献合作的深度、广度需进一步加强

国家图书馆、上海图书馆根据其文献的不同类型、不同年代，提供了不同的文献保障方式，资源开放程度高、保障力度强。CASHL仅向用户馆提供34家高校图书馆部分外文图书的借阅，而中文书和部分外文书是不提供馆际互借服务的，这在一定程度上影响了图书馆的文献满足率。目前，中国社会科学院图书馆没有对外提供馆际互借服务，这在一定程度上影响了图书馆与更多的兄弟单位、图书馆联盟建立深层次的文献合作关系，这也影响了图书馆的文献保障力度。

六 提升馆际互借服务的几点建议

（一）加强宣传推广力度

馆际互借服务在图书馆已经开展多年，但是，部分初次使用这项服务的读者依然表示，以前对此并不知情。由此可以看出，尽管之前在全院用各种方式宣传推广馆际互借服务，却依然有很多读者对这项服务不够了解。如何更加有效地推介这项服务，让更多的读者了解并用好这些资源，成为图书馆工作的当务之急。为此，图书馆在宣传上除了形式上要多样化之外，还要加强宣传的持续性、注重宣传的有效性，不断强化读者利用馆际互借获取文献资源的意识。

（二）继续推进馆际互借合作向纵深发展

2010 年图书馆推出馆际互借服务之初，我们就设定了馆际互借多元化、全方位发展的目标。经过 10 年的努力，馆际互借在文献合作的规模上，已经从最初的 1 家发展到现在的 3 家（2 家公共图书馆及 1 家包括 34 个图书馆在内的中国高校人文社会科学文献中心）；在合作模式上，既有与公共图书馆的合作，也有与高校文献中心的合作。文献满足率也从 77.9% 上升到了 94% 左右，读者满意度不断提升。有读者表示，在国外没有看到的书，在图书馆通过馆际互借居然能借到，这完全超出读者预期；也有读者认为，馆际互借是图书馆创新项目中最具价值的服务之一，这项服务为全院科研工作提供了文献保障和支持。虽然读者对我们的工作已经非常满意，但是，从 2016 年的统计数据可以看出，读者共提交 355 个馆际互借申请，其中有 334 个申请如期完成，仍有 5.9% 的申请没有得到满足。这也时刻提醒着我们，文献保障服务任重而道远，我们有责任继续拓展文献获取渠道，与不同类型的图书馆、图书馆联盟建立更为广泛的横向协作关系，推动馆际互借服务继续向多元化、全方位发展。[①]

（三）提升馆员责任心与业务能力

为满足用户的文献信息需求，图书馆馆际互借服务通过应用新技术、改

---

① 关志英:《“第 15 届 IFLA 馆际互借与文献提供会议” 综述》,《大学图书馆学报》2018 年第 1 期。

变工作流程、加入共享体系等举措，不断提升服务水平。然而，与其他因素相比，馆际互借馆员的责任心和业务水平往往是决定馆际互借服务质量的关键因素。因此，在馆际互借工作中，馆员需加强业务学习，重视业务能力的提升，同时还应积极参加同行的国内外交流，关注行业最新发展动态，在新的信息环境下不断探索适合本馆的服务模式。

（四）适度放开国际互借

读者需要的文献在国内找不到的情况下，申请国际互借是必然的选择，国际互借在各大图书馆也是“标配”的服务项目。由于国际互借费用较高，一般情况下，在图书馆要经过报批才能申请，此举通常令读者望而却步。建议通过完善相关制度，简化申请手续，满足读者对国外文献的需求。

综上所述，馆际互借作为图书馆馆藏建设的组成部分，是文献保障体系中的重要环节，也是图书馆提高文献保障率的重要指标，它与馆藏资源建设的地位同等重要。文献是科研工作的基础，中国特色哲学社会科学“三大体系”建设、智库服务都离不开基础的文献保障。重视文献保障建设，充分利用其他图书馆的资源，对图书馆提高自身的文献保障水平和服务能力至关重要。

第四节　推进全院图书馆系统通借通还服务

馆际互借是馆际协作的一种方式，旨在实现成员馆馆藏资源的共享，早在 1912 年美国图书馆协会就提出了《馆际互借办法草案》，1968 年正式通过了《全国馆际互借办法》。[①] 通借通还可被认为是馆际互借的一种扩展形式，从 20 世纪 90 年代起，国外就已经开展了馆际图书通借通还的研究和试验，并制定了有关的流通交互协议。[②] 目前高校图书馆由于校区的原因开展了馆藏图书的通借通还服务，如北京工业大学图书馆、陕西师范大学图书馆等，大型的公共图书馆如天津图书馆、重庆图书馆、首都图书馆等，由于包括的

① 赵瑛:《图书馆馆际通借通还存在的问题及对策研究》,《河南图书馆学刊》2017 年第 3 期。

② 麦敏华:《馆际文献通借通还服务现状及发展分析》,《图书馆论坛》2005 年第 4 期。

分馆数量众多也开展了通借通还服务。通借通还已经成为图书馆的重要服务方式。

馆藏图书的通借通还，顾名思义，包括通借和通还两部分，对读者来说，可以在参加通借通还服务的任意一个图书馆，通过网上、现场预约的方式在指定的取书地外借所有参加通借通还服务的图书馆的图书，也可以将所借图书归还至任一图书馆，图书馆采取物流的方式对书进行传递，最终实现各图书馆的资源共享。

目前来说，馆际互借是中国社会科学院图书馆与院外其他图书馆如国家图书馆、上海图书馆等进行书目共享的方式，通借通还则是中国社会科学院内各图书馆馆藏图书的共享方式，二者互相补充，最大限度地满足科研人员的图书需求。

一　中国社会科学院各图书馆系统馆藏现状

中国社会科学院是研究型单位，涵盖了哲学社会科学研究领域的众多专业，目前共有 10 个较大的图书馆或资料室，包括图书馆（即中国社会科学院图书馆总馆，又叫院图书馆）、国际分馆、经济分馆、法学分馆、民族分馆、历史院图书馆、当代中国图书馆、文学专业书库、中国社会科学杂志社图书馆、中国社会科学院大学图书馆，各图书馆都有自己独立的馆藏和收藏特色，馆藏专业性较强，主要服务于本专业的科研人员。由于现在跨学科研究较多，研究人员除了需要专业性较强的图书资料外，还需要获取其他学科的知识。

目前，全院各图书馆已实现了对全院科研人员开放阅览，科研人员可以在全院任一图书馆阅览该图书馆的图书和期刊。建立图书馆联盟开展图书通借通还，充分体现了以人为本的理念，既能方便读者，又能使各馆馆藏得到更充分合理的使用。对于读者来说，可外借的图书增多，学科种类也大大增加，科研人员可在就近的图书馆完成图书外借和归还，节省了时间，科研人员也愿意使用图书馆的图书，可以促进各图书馆图书的流通，增加各图书馆图书的使用率。

二　资源共建共享，建设更为专业的学科专业图书馆

对于中国社会科学院各图书馆来说，馆藏资源建设是服务好科研工作的重要保障。科研工作强调专业性，各图书馆在馆藏资源建设上，充分考虑相关学科的专业性，多以服务好本专业的科研人员为宗旨，以本专业科研人员的需求为资源引进需求。在资源引进的时候，既要考虑专业类图书，也需考虑综合类及跨学科图书，在购书经费有限的情况下，引进的图书不足以满足科研人员的全部需求。建立图书馆联盟开展图书通借通还，对于整个中国社会科学院来说，总馆藏量保持不变，但对于各学科图书馆来说，只需要引进本专业相关图书即可，在购书经费不变的情况下，可以收藏更多更全的专业图书，更好地满足专业科研需求。

三　全院统一读者证

建立图书馆联盟开展图书通借通还，除了馆藏资源建设外，统一的读者证也是重要的前提。中国社会科学院目前已经开始使用全院一卡通，全院人员包括退休人员、在读学生都办理院一卡通。目前一卡通已经实现人事信息、门禁、食堂的刷卡功能，图书借还功能也将实现。

四　面临问题及思考

（一）建立有效的协调机制

在管理模式方面，中国社会科学院的各图书馆可被认为是分散整合管理模式，[①] 各图书馆有自己的经费和馆藏，不存在隶属关系。这种模式下的通借通还服务，只是对各图书馆馆藏的虚拟整合，各图书馆馆藏存放位置和所有权不变。分散整合管理模式下各图书馆并行协调发展，横向的协调机制是图书通借通还服务的重要保障，成立协调小组，负责制定通借通还相关规章制度、对碰到的问题进行决策等，以保证通借通还的正常开展。

---

① 张晓源:《城市图书馆通借通还项目管理与体制创新研究》,《中国图书馆学报》2003 年第 6 期。

（二）建立统一的图书馆自动化集成系统

在各图书馆通借通还服务中，科研人员需要在馆藏书目检索系统中查找要借的图书，再通过网上预约的方式在选定的取书地点拿到图书。这样做的前提是所有图书馆的图书都可供检索，让科研人员知道各图书馆都有哪些书。图书馆自动化集成系统是图书馆的业务系统，图书的采购、验收、编目、流通都在系统里开展，将所有图书馆书目数据都包括在一个系统里，是开展通借通还的前提。

对于不同的图书馆自动化集成系统，可以建立一个第三方集成平台作为馆藏书目检索平台用于检索图书，这需要将异构系统打通，都纳入集成平台，才能保障所有图书馆的图书数据都在同一个平台中供检索。但缺点是，开发第三方集成平台，需要根据不同的自动化集成系统定制开发对应的接口，涉及接口规范的制定等，需要各系统公司的配合开发，开发周期较长，而且需要一定的开发费用和后期运维经费、人力支持。另外，集成平台要与各异构系统的书目数据发布保持同步，各系统的数据标准和数据转换，以及数据的完整性和准确性，都需要大量的人力和时间，这将是系统日常运行中的难点和制约点。

根据对现有资料的检索，目前已开展区域内图书通借通还的图书馆，包括一些国外的图书馆，其成员馆大都使用统一的图书馆自动化集成系统。在中国社会科学院各图书馆中，目前有 7 个馆在使用同一个自动化集成系统（Aleph500 系统）开展馆藏图书的共建，科研人员在馆藏书目检索系统中可对这 7 个图书馆的图书进行检索。在全院图书馆馆藏图书通借通还服务开展初期，可以采用分阶段开展模式，先在使用 Aleph 系统的 7 个图书馆中开展图书通借通还，边建设边改进，待运行稳定后再考虑异构系统的整合。

（三）统一的运行管理机制

统一的运行管理机制是保障全院图书馆通借通还服务顺利开展的制度基础。首先要制定严谨的通借通还服务的借还规则，对涉及的如预约图书的保留期限、已归还图书的返架再借期限等进行明确的规定；根据各图书馆的实际情况，由各图书馆决定哪些图书可以全院通借通还，哪些图书只对本专业人员外借；对于各图书馆最为关注的，图书外借后不能按时归还而给本专业科研人员外借带来麻烦，也需要制定出相关的对策进行约束。除此之外，各图书馆需要有专人负责通借通还相关工作，负责处理科研人员对其他图书馆图书的外借和归还。

（四）开展馆藏书目与书目数据大盘点，提高预约成功率

由于技术的不断发展，图书馆自动化集成系统也在不断地完善和升级，每次系统的升级换代都需要经历系统迁移，而数据迁移是其中最重要的部分，需要保证数据的完整性和准确性。图书馆在日常运行中，也会面临书库合并拆分、图书剔除等，这些都可能造成图书实体和书目数据不一致，存在有数据但是书找不到或者没有数据但是书确实存在的问题，这都会给科研人员找书带来一定的麻烦。

RFID 电子标签技术在图书馆的应用非常普遍，将图书信息储存在电子标签中，更容易完成馆藏图书盘点、图书查询定位、错架统计等工作，由于 RFID 具有无线实时传输数据的特性，一次可读取多个标签，使图书盘点工作和找书工作变得快速、准确、高效，大大节省人力和物力。将 RFID 技术与图书馆自动化集成系统结合起来，对馆藏图书进行大盘点，使图书实体与自动化集成系统里的数据保持一致，确保每本书都有数据，每条数据都有对应的图书，做好通借通还服务的数据保障，提高预约图书的满足率。

（五）做好图书物流的保障

在目前已经开展通借通还服务的图书馆中，在物流环节，首都图书馆包含分馆较多，通借通还数量较大，采取的是同快递公司合作，当被预约的图书达到一定量的时候，由快递公司集中取走送到各取书地。北京工业大学图书馆是在两个校区图书馆之间进行通借通还，充分利用了校区班车来流转外借图书。

目前中国社会科学院图书馆已经配备专车用于全院预约图书的流转，将科研人员向各图书馆预约的图书送至各取书地图书馆，由图书馆员通知科研人员到图书馆办理借书手续。为了保证流转过程中的图书安全，需要制定严

格的流转流程，在图书出库、运输、入库环节，做到有据可依、有据可查，确保图书准时到达科研人员手中。

第五节　纸本文献服务创新

近年来，中国社会科学院图书馆持续提升服务，呈现出服务形式不断拓展、阅览环境焕然一新、到馆读者增多的良好局面，读者服务再上新台阶。

一　制定并完善规章制度

读者服务作为图书馆业务工作的主要组成部分，其制度建设对图书馆服务职能的发挥具有重要的保障意义。图书馆历来有制定读者服务规章制度的传统，经常发布在网站上或张贴在馆内，早期的内容多为读者须知之类面向读者的规章制度。国家图书馆在 110 多年的发展历程中，读者服务规章制度几经演化和变迁。刘博涵梳理了国家图书馆读者服务规章制度的相关史料，归纳了其在读者服务体系构建中所发挥的作用，同时提出了进一步加强国家图书馆业务工作规章制度建设相关建议与思考。①

也有一些图书馆对各个业务环节做出明文规范。例如，2015 年出版的《山东大学图书馆规章制度汇编》汇编了山东大学图书馆的各项规章制度，包括职责范围与岗位职责、业务管理与细则、读者须知与管理、人事与行政、领导班子建设与党群工作等内容。其中，详细介绍了特藏文献的管理、古籍修复与数字化管理等内容。

2016 年东莞图书馆出版的《图书馆规范管理工作手册》突破了传统的“图书馆规章制度汇编”的思路，全面厘清管理脉络，创建了符合东莞图书馆发展特色的制度框架体系，为东莞图书馆开展各项业务工作提供了依据和指南，进一步促进了业务管理的规范化、标准化。原则上，延续以人为本、突出特色的思路，并重点将卓越绩效管理的理念融入制度体系，以理论指导

① 刘博涵，许京生：《国家图书馆读者服务规章制度的沿革与现实思考》，《国家图书馆学刊》2020 年第 3 期。

实践，以制度规范行为；结构上，全面、完整，从组织文化到行政管理再到业务规范，全方位涉及，并自成体系；时效性上，反映了东莞图书馆管理规范的研究成果，紧贴实际，并与国际上通行的卓越绩效管理与评估接轨，具有前瞻性。

中国社会科学院图书馆在近年的实践中也开始重视管理规定的制定，为强化内部管理、明确工作任务，为图书馆各项工作推进落实做好有力制度支撑，2016 年首次启动《中国社会科学院图书馆管理规定汇编》编制，2018 年印制成册。为进一步实现高水平服务和落实巡视整改要求以及中国社会科学院的文件精神要求，2020 年再次修订《中国社会科学院图书馆管理规定汇编》。

涉及读者服务的规章有《中国社会科学院图书馆报刊阅览室管理规定》《中国社会科学院图书馆典藏部工作人员服务规范》等 10 多个，包括部门职责、文明礼仪、借阅规则、环境卫生和书库管理，读者服务规定全面细致。以《中国社会科学院图书馆报刊阅览室规定》为例，写明了“报刊阅览室开馆时间为工作日 08:30~17:00，法定节假日闭馆。如遇特殊情况需要闭馆，遵照图书馆通知执行”，“读者凭一卡通、读者卡、工作证、学生证、退休证或其他有效证件登记后阅览。访问学者需持临时读者卡或经图书馆科研处书面通知方可阅览。非社科院读者须持本人二代身份证、单位介绍信阅览”，“读者需要复制资料时，可免费使用阅览室内的自助复印机和自助扫描仪。复制资料须遵守著作权法，复印完毕后到值班台登记”，“阅览室备有老花镜、放大镜，读者使用后放回原处，还为读者备有茶水、咖啡、饼干等茶点，读者食用时注意不要遗撒到报刊和地毯上，如有此情形发生，及时请值班馆员协助清理”。

图书馆工作人员人手一册《中国社会科学院图书馆管理规定汇编》，馆里组织了多次全馆学习、部门内学习，也纳入新职工入馆培训内容，切实做到了有章可循。

二　探索创新服务

图书馆的文献服务发展至今，国内外图书馆一直在探索创新服务，有很多图书馆的服务创新并未局限在协助检索、专题咨询、编制书目、索引、文摘等方面，还积极解决读者较为复杂的研究性需求，提供知识服务。中国社会科学院图书馆在做好传统的阅览、外借、复印等服务的基础上，也进行了类似的实践探索。

中国社会科学院图书馆从2013年开始依托中国社会科学院创新工程探索服务创新，遵循创新服务新理念，以用户为中心，联合共享，提供个性化、深层次的知识服务，通过与院内各所图书馆、国内外各类图书馆的合作，甚至积极寻求与非文献情报机构的合作拓展服务能力。

（一）智库服务

区别于传统学术研究，当前智库需求特点有决策服务、交办任务多、跨学科研究、团队合作、限时完成、特定文献而不是大量文献、注重成果的影响力等。交办项目可能出现研究者对该领域积累不多，限时完成导致不能依靠个人而需要团队合作的情况，积累不多、时间紧给了图书馆提供服务的好机会。

为此，图书馆推出了送书上门服务，内容包括但不限于图书借还上门服务、图书代查、上门办卡、馆藏新书目录等资源推介、电子书指导体验、数据库使用指导、文献传递与馆际互借等，以简单的送书上门服务为切入点，服务精细，以服务塑造品牌，逐渐探索服务的新方式，期望通过建立互动关系达到沟通需求、资源推介、专深服务。

接受委托提供文献检索等定题服务，主要是查找文献、提供文献目录，提供文献跟踪服务，主动为智库推送相关信息。紧密围绕中国特色哲学社会科学“三大体系”建设，开展主要面向院领导、智库团队的专题服务、个性服务，做到快速反应、精准服务，提供方便、快捷、一站式文献服务，减轻智库团队查找文献的时间，成为其得力的文献助手。

开展中国社会科学院院级重大项目的专题服务。尝试与科研局等合作，在中央交办任务、重大课题招标、国家社会科学基金课题等发布通知的文件上附加图书馆服务项目和联系方式，设立专人负责联系，在申报、项目实施全过程中持续跟踪，提供文献信息的深层次开发，提供知识、信息、经验、方法与策略的服务。此外，还为院里的重大活动或任务提供文献服务。

特别值得一提的是，国内其他图书馆的类似服务均为收费项目，不纳入基础服务范围。中国社会科学院图书馆在2015年底对所有项目实行全免费，包括复印、扫描、馆际互借等。这项服务受到读者的普遍好评，经常有读者专门来图书馆打印自己手中的论文等相关材料，现已成为提升图书馆服务形象的好举措。

（二）到所服务

开展形式多样的到所服务，走访研究所，面向研究室、科研团队、科研人员开展灵活多样的需求调研、资源和服务推介，内容包括但不限于数据库咨询、上门办卡、馆藏新书目录等资源推介、图书代查、文献传递与馆际互借等。积极推进主动服务、延伸服务和特色服务，实现从被动服务到主动服务、从文献服务到知识服务的重要转型。通过更多地嵌入读者的科研研究和知识发现的过程中，提供增值服务，达到提升馆员的知识挖掘和知识组织能力，也塑造用户口碑。

2019年图书馆集中开展调研和上门服务。为深入贯彻落实习近平新时代中国特色社会主义思想和党的十九大精神，落实“不忘初心、牢记使命”主题教育，适应加快构建中国特色哲学社会科学“三大体系”工作要求，由馆领导和党委委员分别带领有关部门负责人和业务骨干，分6组对全院40余家研究机构开展调研和上门服务。各个小组形成书面的调研报告，在馆内作大会交流，研究图书馆未能满足、读者主动提出的每一项需求及馆员发现的合理需求，凡图书馆具备条件可以做到的事项立即改进，其他事项纳入图书馆的调研范围、研究内容、年度计划等。

充分利用传统渠道如电话、网站、邮件等，同时扩展用户沟通交流的渠道如QQ群、微信群、微信公众号等，多途径服务线上读者。关注服务支持体系中的信息系统建设和应用，例如数字参考咨询系统、呼叫中心（或400热线）、常见问题库、自助问询系统等。牢牢把握服务科研的初心，对照图书馆行业发展的新趋势和新要求寻找差距，对照院属研究机构和科研人员的意见和建议进行整改，力戒形式主义和官僚主义，提升院内研究机构和研究人员对图书馆工作的满意度，提高图书馆在三大体系建设上的保障能力和服务水平。

三 “十四五”期间服务升级

俞月丽研究了中国国家图书馆、29 家省级图书馆和 15 家城市图书馆共 45 家图书馆的“十三五”规划文本，从形式特征、内容类目、热词等几个方面进行深入分析，研究发现合作、人才、交流、资源（包括文献 / 馆藏 / 特色）、古籍保护等是各馆“十三五”规划文本提及率前十的热词。与这些热词相关的图书馆合作交流、人才、文献资源、古籍保护仍将是各馆“十四五”期间关注的重要内容。除此之外，“十四五”规划还包含服务体系、服务效能、新媒体服务、全民阅读、阅读推广与社会教育、智库等 15 项内容。①

肖鹏提出在“十四五”时期，图书馆领域应当争取实现更高标准，构建更为科学、完善、创新的服务体系。他梳理了“十四五”时期图书馆领域需要着重关注的热点议题，包括：面向高质量发展的图书馆标准化与均等化；基层公共文化服务体系建设；图书馆特殊人群服务；图书馆馆员专业能力提升；社会力量参与；新导向下的图书馆评估；数据驱动的图书馆管理与服务；未成年人图书馆学；数字人文；世界化时期的中国图书馆经验总结。②

初景利在哈尔滨工程大学图书馆做题为“面向‘十四五’图书馆业务布局与能力建设”的专题报告，报告指出“十四五”图书馆业务规划重点要以“双一流”建设为契机，立足国内外一流图书馆建设目标，在调研与分析各类用户需求的基础上，高起点进行整体业务布局，加强资源建设，与网络中心合作，注重运用技术手段，以信息化（智能技术）统筹图书馆的建设。加强馆员团队与能力建设，在做好到馆用户服务（包括各类空间设计）和校园文化建设的同时，探索提供嵌入式学科情报服务，塑造图书馆在全校中的新能力、新形象与新地位，发挥图书馆在学校科研、教学与管理中的关键性作用。图书馆重点业务规划包括：富有吸引力的空间设计与布局、全面准确的

---

① 俞月丽:《公共图书馆“十三五”规划文本研究及“十四五”规划预测》,《图书馆研究与工作》2021 年第 1 期。

② 肖鹏、陈慧彤、何亚丽、方润菁:《我国“十四五”时期图书馆学研究的热点问题》,《数字图书馆论坛》2020 年第 4 期。

资源保障分析与保障机制、多样化的阅读推广与参与校园文化建设、成建制的信息素养教育与泛信息素养教育、面向学校管理层与职能部门的情报分析与平台建设、面向一流的馆员能力培养与具有激励作用的运行管理机制等。

广州图书馆“十四五”发展规划编制过程中的九个重点问题，包括：时代主题的基本判断、推动体系建设、提升知识服务、强化阅读推广、落实国家战略《粤港澳大湾区发展规划纲要》、完成功能转型、拓展服务领域、推动管理变革和强化人才支撑等。①

中国社会科学院图书馆为深入贯彻习近平新时代中国特色社会主义思想、党的十九大精神、习近平总书记“5 · 17”重要讲话、三次致中国社会科学院贺信精神，树牢“四个意识”、坚定“四个自信”、坚决做到“两个维护”，准确把握党和国家2035年远景目标和“十四五”时期我国发展的战略目标，贯彻落实中国社会科学院“十四五”规划精神，科学谋划图书馆“十四五”时期的规划和重点工作，制定了《中国社会科学院图书馆“十四五”规划》，明确发展的主要目标和重点任务，促进图书馆事业实现新的突破，建设国际一流、国内顶尖的专业图书馆。

在纸本图书文献服务方面，提出了以建设“国内顶尖、世界一流”的图书馆为目标，大力提高文献信息资源建设水平和推进服务能力现代化，重点打造符合中国社会科学院定位、适应中国社会科学院需要的“一馆两服务三平台”，建设智慧图书馆，提供专业化的文献信息服务，全面推进国家哲学社会科学学术信息整合共享平台、习近平新时代中国特色社会主义思想宣传和服务平台、全院古籍管理和利用平台建设，实现高质量发展，提供高水平服务。

重点工作围绕以下四个方面展开。

1. 建设智慧图书馆。用大数据、人工智能等技术，建设文献信息资源一体化应用平台，整合各类文献信息资源，促进文献、数据的细粒度挖掘、深度综合、可视化分析等数字化、智能化应用，支持数字学术、数字人文，嵌入学术研究全过程，构建方便快捷、优质高效的学术资源应用平台、学术研

---

① 方家忠:《广州图书馆“十四五”规划的重点问题》,《图书馆论坛》2021年第1期。

究支撑平台。应用 5G、互联网、物联网等技术，开展馆舍智能化升级，提升学术研讨、交流多功能，构建灵活舒适的学术研究空间。推进全院文献信息资源的开放共享，加强全院图书馆的协商协调，进一步完善通借通还方案，建立符合实际的制度和机制，建设相关平台，实现纸本图书的通借通还。

2. 建立完善的知识服务体系，提供专业化的文献信息服务。以需求为导向，制定合理的馆藏资源发展策略，分学科、分层次、分等级采选文献信息资源和数字资源，实现比例协调、重点突出、覆盖面广的馆藏结构。引进学科人才，设立学科馆员，面向学科、面向智库提供信息采集、情报分析服务，开展知识服务，嵌入科研流程，与学术研究深入融合，提高服务的学科化、知识化，提升精准化、专业化。开展点对点的学科服务，主动服务，加强与科研人员的联系，资源到所，服务到人，嵌入科研，融入学科，进一步提高服务水平。

3. 建设习近平新时代中国特色社会主义思想文库和研究数据库，打造习近平新时代中国特色社会主义思想宣传和服务平台。推进习近平新时代中国特色社会主义思想文库建设，收齐收全相关文献，建设多媒体馆藏，完善数据库内容和功能，进行立体化展示。建设习近平新时代中国特色社会主义思想研究数据库，打造马克思主义主流意识形态宣传阵地，为中国社会科学院研究阐释习近平新时代中国特色社会主义思想提供坚实服务保障。

4. 完善全院古籍管理和利用机制体制，建设特色古籍数据库，打造全院古籍管理和利用平台。完善古籍管理机制体制，加强古籍修复和保护，加大开发利用力度，持续推进古籍数字化，打造特色鲜明的古籍数据库，促进古籍的学术研究应用，为中国社会科学院的学科建设提供支持。

第八章
精准服务智库，探索信息监测与分析

建设中国特色新型智库是党中央立足党和国家事业全局作出的重要部署，是深入贯彻习近平新时代中国特色社会主义思想的重要举措。新时代背景下，科学有效的信息监测与分析服务是建设好高端智库的重要支持保障。中国社会科学院图书馆紧紧围绕中国社会科学院“三大体系”建设和“十四五”规划发展大局，结合情报学自身学科特点扎实开展信息监测与分析服务，为加快中国社会科学院高端智库建设、提升哲学社会科学领域话语权提供决策和数据支持。

第一节　舆情监测与分析助力高端智库建设

舆情是由个人以及各种社会群体构成的公众，在一定的社会空间内，对自己关心或与自身利益紧密相关的各种公共事务所持有的多种情绪、态度和意见交错的总和。[①] 而舆情分析是指根据研究特定问题的需要，对该问题的相关舆情进行深层次思维加工和分析研判，进而得到相关结论的过程。在建设中国特色新型智库进程中，舆情监测与分析服务能够以全新视角提供信息来源、观点立意、民意数据和决策基础，理清舆情工作与智库建设的关系至关重要。

---

① 刘毅:《略论网络舆情的概念、特点、表达与传播》,《理论界》2007 年第 1 期。

一　高端智库建设及其对舆情工作的要求

党的十八大以来，习近平总书记就建设中国特色新型智库、建立健全决策咨询制度作出一系列重要论述和指示，指明了我国智库建设的定位使命、方向路径、总体格局和发展理念。① 十八届三中全会通过的《中共中央关于全面深化改革若干重大问题的决定》明确提出，要“加强中国特色新型智库建设，建立健全决策咨询制度”。② 2015 年 1 月，中共中央办公厅、国务院办公厅印发《关于加强中国特色新型智库建设的意见》，提出到 2020 年“重点建设一批具有较大影响力和国际知名度的高端智库”，③ 高端智库建设被赋予里程碑式的意义。

建设国家高端智库的宏伟蓝图现已逐步成为现实。2015 年 11 月，随着《国家高端智库建设试点工作方案》出台，中国社会科学院等 25 家机构入选首批国家高端智库建设试点单位，④ 国家高端智库试点工作迈出实质性步伐。2020 年，中央全面深化改革委员会第十二次会议审议通过《关于深入推进国家高端智库建设试点工作的意见》，中央宣传部公布新增 5 家国家高端智库建设试点单位，国家高端智库建设试点工作稳步有序推进。⑤ 近年来，各高端智库紧紧围绕我国改革开放和社会主义现代化建设大局，在资政建言、理论创新、舆论引导、社会服务、公共外交等重大理论和现实问题研究领域取得了广泛成果，为党和国家决策提供了强有力的智力支持，发挥了重要作用。⑥

新时代背景下，高端智库建设是一项跨学科融合、多领域协同的系统工程，科学有效的舆情监测与分析服务是建设好高端智库的重要支持保障。随

① 马建堂:《推进新时代国家高端智库建设》,《人民日报》，2018 年 11 月 13 日。

② 《中共中央关于全面深化改革若干重大问题的决定（全文）》，2013 年 11 月 15 日，国务院新闻办公室网站，http://www.scio.gov.cn/zxbd/nd/2013/document/1374228/1374228.htm。

③ 《中共中央办公厅、国务院办公厅印发〈关于加强中国特色新型智库建设的意见〉》，2015 年 1 月 20 日，中央政府门户网站，http://www.gov.cn/xinwen/2015-01/20/content_2807126.htm。

④ 《25 家机构入选首批国家高端智库建设试点单位》，2015 年 12 月 4 日，中国社会科学网，http://www.cssn.cn/zk/zk_jsxx/zk_zx/201512/t20151204_2741912.shtml。

⑤ 《新增国家高端智库建设试点单位名单公布》,《浙江大学报》2020 年 3 月 27 日。

⑥ 《中国社会科学院国家高端智库建设工作座谈会在京举行》，2018 年 5 月 30 日，中国社会科学院网站，http://cass.cssn.cn/tupianxinwen/201805/t20180530_4312326.html。

着互联网的普及和大数据等技术的飞速发展，网络舆情已成为社会舆情传播的重要表现形式，是需要着重加强意识形态管理的重要领域。舆情服务是新形势下高端智库为服务党和政府决策的新需求催生出的新兴方向，通过人工智能、数据挖掘等技术手段对网络舆情开展监测与分析，对于提升高端智库产出成果和建言献策的全面性、准确性、高效性至关重要。

二　舆情工作对智库建设的必要性分析

（一）基于海量数据进行舆情动态监测，切实拓宽智库信息渠道

随着互联网参与主体规模增长和信息传播方式变革，网络数据呈现爆发性增长趋势。一方面，中国互联网络信息中心（CNNIC）第46次《中国互联网络发展状况统计报告》显示，截至2020年6月，我国网民规模达9.40亿，互联网普及率达67.0%，[①]逐渐形成了涵盖近乎各年龄层次、各学历水平、各职业背景的网民结构梯队，“网络参政”覆盖群体更广更全。另一方面，信息传播不再局限于传统的报纸、广播、杂志等媒介，新型的信息传播载体已然取而代之，特别是近年来微博、微信、自媒体、短视频、论坛、贴吧等社交网络平台的崛起，逐渐丰富了民众在互联网中表达意见的途径，形成了海量的反映社情民意的舆情网络数据。

基于海量互联网数据的舆情监测服务，通过对海量数据信息进行搜集、存储和处理，能够为高端智库建设提供全方位、多视角的信息获取渠道。与传统的基于特定政策规章或传媒报道的对策研究相比，通过合理利用全网海量数据开展舆情监测服务，高端智库的调查研究工作更加全面、准确，可以在一定程度上降低因基础信息不对称而导致的决策失衡或偏差概率，能够提供更加贴合实际社情民意的决策支持。

（二）通过智能技术开展舆情分析预测，有效促进智库科学决策

大数据时代是一个“信息爆炸”的时代，在网络数据呈现几何级数式增长的同时，也存在数据规模大、流动快、形态多元化、价值密度低以及真

① 《第46次〈中国互联网络发展状况统计报告〉》，中国国家互联网信息办公室网站，http://www.cac.gov.cn/2020-09/29/c_1602939918747816.htm。

实性不高等特点，依据传统的调查筛选等数据统计方法效率低下且取样覆盖率不高，辅助决策的客观性、真实性不强。[①] 如何在海量数据中甄别提取浓缩的增值信息以掌握社会动态，提升研判分析预测能力以建立监控和引导机制，对于高端智库的决策研究具有十分重要的现实意义。

正确的决策来源于正确的判断，而正确的判断则取决于对客观事实详尽的调查研究。舆情服务以直接、综合、量化和前瞻的特点成为高端智库实施科学决策、制定政策策略的重要依据和基本手段。通过综合运用大数据、数据挖掘、人工智能等新型技术，舆情服务能够实现超大规模的数据采集、去伪存真的信息提炼、客观量化的统计分析，可以对社会舆情进行可视化呈现、实时监测、预测预警等，如对微信、微博的互动舆情数据进行挖掘分析，可反映出各社会阶层的用户画像、价值取向和话语情绪，为防范重大舆论风险提供有力的数据支撑。对于高端智库建设而言，舆情服务能够实现紧紧围绕事关改革发展稳定的重要问题、事关全局工作的重要决策部署、民众所关心的热点难点，及时反映舆情动态，深入分析舆情走势，科学预测未来发展，提出有效对策建议，为促进高端智库的科学决策提供重要依据，发挥着“耳目”和“参谋”作用。[②]

（三）应对即时突发事件实施舆情快速响应，强力提升智库建言献策效率

网络舆情信息丰富、表达快捷、渠道多元、传播急速，互动性、即时性、自主性传播特点突出。舆情热点或者议题一旦触发，就会点线面、全通道式传播扩散，特别是对于重大突发的公共卫生事件、公共维权事件等，因网络组织动员成本较低，舆情热点、焦点、沸点异常复杂多变，极易造成群众恐慌或线上线下相联动的群体性事件。[③] 如果能够通过实时响应预警，及时决策解决有关问题，很大程度上可以避免负面事件影响的扩大，促进网络传播系统与社会行为系统和谐共振。

---

① 夏火松、甄化春：《大数据环境下舆情分析与决策支持研究文献综述》，《情报杂志》2015年第2期。

② 杨玫：《舆情分析：图书馆为领导决策服务的新探索》，《图书馆论坛》2006 年第 5 期。

③ 张红光：《网络舆情传播的七大特征》，《网络传播》2017 年第 6 期。

舆情服务可以针对特定时间、特定事件，对舆论动向、群体行为、社会态度、公众情绪、社会认知等进行实时准确的监测和响应，使不同层次和类别的信息整体化、连续化，能够在第一时间提供给决策者一种经过优化组合后的，有对比、有分析、系统化的精准信息，从而有助于在短时间内启迪决策思维，提高决策效率。

第二节　国内外舆情监测与分析现状

在学术研究领域，舆情监测与分析的研究工作经历了缓慢起步、快速发展、趋于稳定三个阶段。一方面，在中国知网平台，以“舆情监测”或“舆情分析”为主题词对近 15 年的期刊、博硕士论文等进行检索（见图 8-1），总计文献量为 7509 篇，其中 2008 年以前的相关研究成果较为稀少，2009~2014 年发文量上升趋势明显，2014 年至今保持相对稳定的水平，这在一定程度上印证了该领域研究热度与互联网的发展历程，特别是海量互联网数据的形成趋势密切相关，显现出数据驱动舆情监测与分析研究的发展规律。另一方面，国家社会科学基金、国家自然科学基金资助的文献量分别为 344 篇、289 篇，远超其他类型的基金资助项目，体现了国家层面的高度关注和重视，也展现出该领域“国家主导引领、地方辅助配合”的研究支持格局。

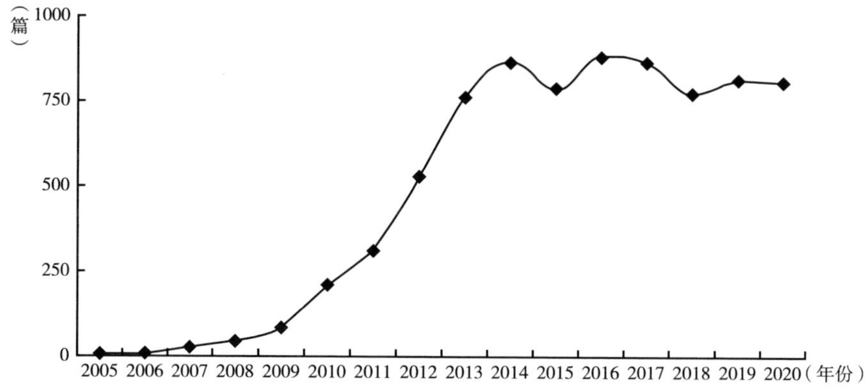

图 8-1　舆情监测与分析领域 2005~2020 年发文量统计

在应用实践领域，舆情服务大致经历了传统舆情服务、网络舆情服务和大数据舆情服务三个阶段，当前已初步形成了涵盖舆情决策支持系统、舆情定制咨询服务的舆情服务产业链，商业公司、专业机构等均有广泛参与。

在网络舆情决策支持系统方面，商业公司以出众的研发能力和突出的技术优势主导了系统设计市场。国外开展舆情监测与分析业务起步较早，特别是近年来对 Twitter、Facebook 等社交网络平台的研究和统计分析越来越深入，在政治选举、公共卫生事件预测、“意见领袖”行为分析等领域，实践应用较为丰富，目前最具代表性的舆情监测系统主要有 Mention、Buzzsumo、EpicBeat、Reputation Defender、Sentiment Metrics 等。国内方面，受限于互联网访问权限等因素，大部分平台主要聚焦基于国内舆情信息的市场化产品设计，中科点击“军犬舆情系统”，北大方正“智思互联网舆情监控系统”，蚁坊软件“鹰击、鹰眼、鹰领舆情系统”，红麦聚信“unotice 舆情监测系统”、乐思软件“乐思舆情监测云服务”和谷尼大数据“谷尼互联网舆情监测系统”等均为应用较为广泛的舆情监测系统。传统互联网企业推出的百度舆情、腾讯舆情、新浪舆情等重点服务于政企用户，相关舆情服务产品已初具规模。相比于内地平台，中国香港地区的“慧科”新闻检索平台收录了港澳台地区、东南亚和部分欧美地区的媒体数据，以独特的媒体资源优势占据了一定的市场份额。

在舆情定制咨询服务方面，专业机构依托自身学术资源优势和独特的学科视角成为提供定制化舆情产品的主体。不同于商业公司基于自身技术平台推出的批量化、同质化的初级舆情定制产品，专业机构往往具有雄厚的科研实力和专业化人才队伍，能够长期聚焦特定研究领域，借助商业平台生成的初始舆情数据开展深层次的分析研判工作。经文献查询，天津社会科学院舆情研究所是国内最早一批成立的专门从事舆情研究的专业机构，[①] 其他专业机

① 赵珞琳、何笑然、田丽：《我国网络舆情系统存在的功能性问题及对策》，《图书情报知识》2016 年第 3 期。

构如社会科学院、党校行政学院、高校、军队等智库单位均陆续开展了舆情研究工作，[①]向党政机关报送了大量的内参、对策研究、咨询报告等定制咨询服务成果。依托国家级通讯社成立的人民舆情、新华舆情等，以独家媒体优势开展了舆情分析报告定制、慕课培训等相关业务。近年来，各类图书馆通过创新服务模式也逐渐开展了舆情服务工作，收到良好效果。美国哈佛大学图书馆系统通过设置专职“智库馆员”、开发“智库搜索”功能等措施推出定制化的智库服务特藏资源，提供包含智库研究舆情在内的一系列服务策略。[②]

第三节　图书馆信息监测与分析

2017 年 7 月 26 日，习近平总书记在省部级主要领导干部“学习习近平总书记重要讲话精神，迎接党的十九大”专题研讨班开班式上发表重要讲话，站在时代和全局的高度，科学分析当前国际国内形势，深刻阐述党的十八大以来党和国家事业发生的历史性变革，深刻阐述新的历史条件下坚持和发展中国特色社会主义的一系列重大理论和实践问题，深刻阐明未来一个时期党和国家事业发展的大政方针和行动纲领，提出了一系列新的重要思想、重要观点、重大判断、重大举措，具有很强的思想性、战略性、前瞻性、指导性，为党的十九大胜利召开奠定了重要的政治基础、思想基础、理论基础。[③]以此为契机，中国社会科学院主要领导同志就学习贯彻习近平总书记“7 · 26”重要讲话精神提出要求时指出，“由信息化管理办公室牵头，图书馆、中国社会科学杂志社配合，召开专题工作会议，对党的十九大前后网络舆情动态进行密切监控”。

① 贾玲:《新形势下地方社科院图书馆加强舆情信息服务工作的思考》,《天府新论》2011 年第 6 期；孙雯雯:《党校图书馆基于舆情系统的知识服务探索》,《中共珠海市委党校珠海市行政学院学报》2011 年第 3 期；王军杰、黄黎辉:《高校网络舆情特征与应对策略》,《传媒》2020 年第 14 期；陶静、李勇:《网络舆情中军队形象建设的对策》,《南京政治学院学报》2017 年第 2 期。

② 梁宵萌:《哈佛大学图书馆面向智库的服务策略与启示》,《图书馆论坛》2019 年第 7 期。

③ 《求是》评论员:《充分认识习近平总书记“7 · 26”重要讲话的重大意义》，求是网，http://www.qstheory.cn/dukan/qs/2017-08/15/c_1121478818.htm。

2017 年 10 月，中国社会科学院图书馆瞄准舆情领域组建专门的信息监测与分析工作团队，对党的十九大以来国内国际热点领域和关键时期的热点信息进行监测与分析。三年多来，为更好地服务于中国社会科学院的科研工作和智库建设，图书馆从自身情报学学科特点出发，依托信息化信息监测分析平台，探索性地开展相关领域信息监测分析，形成了一整套的信息监测研究、报告审查呈送等规章制度，向院所两级领导同志报送了大量相关报告，提供及时有效、针对性强的信息监控、分析和专题报告撰写等服务，为加快中国社会科学院高端智库建设，提升哲学社会科学领域话语权提供决策和数据支持。

一　图书馆信息监测与分析整体建设情况

（一）指导思想

以习近平新时代中国特色社会主义思想为指导，贯彻落实习近平总书记“5 · 17”重要讲话精神和三次致中国社会科学院贺信精神，按照党的十九大报告中提出的“提高新闻舆论的传播力、引导力、影响力和公信力”和习近平总书记在党的新闻舆论工作座谈会上的重要讲话精神，结合中国社会科学院新闻媒体单位例会部署，始终坚持正确的政治方向和学术导向，围绕“三大体系”建设，为中国社会科学院领导和专家提供及时、有效的信息监测与分析成果，为建设高端智库提供数据信息支撑。

（二）信息监测和分析的主要领域

信息监测内容主要围绕党的十九大以来的热点和焦点问题展开，监测主题涵盖人文与社会科学各个领域。

（三）信息监测主要途径

图书馆信息监测的主要途径包括“慧科”新闻检索平台，中国社会科学院引进的外文报刊数字资源，国内有影响力的公众号，国外知名智库等。

其中，“慧科”新闻检索平台功能最为全面、使用频率最高。“慧科”新闻检索平台为全媒体平台，涵盖近 10000 家媒体资源，包括 1100 多家报刊，8000 多个网站、客户端、论坛、博客及社交媒体等的新闻资讯，媒体覆盖区域包括中国大陆及港澳台地区、东南亚及部分欧美地区。通过该平台可大范围、广地域地以主题词的方式监测分析各类热点、焦点事件，并可以通过可视化方式从时间、地域、发布媒体等多个视角展现事件发展变化和受关注情况等分析。

对于图书馆引进的报刊数字资源，国外的资源主要有美国 NewsBank 公司提供的《世界各国报纸全文库》（Access World News）、朝日新闻数据库（闻藏 II Visual）等。《世界各国报纸全文库》可以提供 1800 余种世界各地主要报纸（其中包括 200 家左右主要通讯社与 10 余家主要电视台），以英语为主，时效性强，每天更新，内容全面，涉及经济、商业、财政、政府、政治、环境、科技、文化、教育、体育、艺术、健康等领域。

国内智库资源主要有新华社提供的《新华社政务专供信息》、社会科学文献出版社提供的国别区域与全球治理数据平台、中国社会科学院的智库报告数据库等资源。《新华社政务专供信息》充分利用新华社遍布全球的信息采集网络及与国际知名信息机构的协作网络提供信息咨询产品及用户增值服务，主要内容包括每日快递、经济信息、热点专题、新华社报刊、战略性行业、舆情监测、用户点题等。国别区域与全球治理数据平台围绕国别研究、区域研究、国际组织、全球智库等领域，全方位整合基础信息、一手资料、科研成果，文献量达 30 余万篇。智库报告数据库是国内唯一系统收集海外智库研究中国报告的专题数据库，主要汇集 2012 年之后海外著名智库和研究机构关于中国问题的研究报告。

此外，图书馆也跟踪国外专门的智库网站和国内影响力较大的专业微信公众号，了解关注其研究热点和动向，监测分析其观点和意见，汲取和参考其提出的分析结果和决策建议。

（四）信息监测与分析工作的组织和制度保障情况

信息监测与分析工作自开展以来受图书馆党委的高度重视。在图书馆领导亲自指导下初步形成了一套较为规范严谨的选题、撰写、制作、递送机制和相应的组织保障机制，从政治要求、意识形态要求、保密要求等方面对此项工作指导思想、监测范围、信息收集、报告制作递送等方面做出明确要求。

二 信息监测与分析主要方法

开展信息数据分析是一项复杂工作，需要从大量的互联网媒体报道信息中，梳理监测事件发展脉络，归纳事件主要内容，总结媒体和专家主要意见观点，挖掘热点事件在媒体传播方面的内在规律，从而形成内容详实、数据准确、观点鲜明的各类信息监测与分析报告。目前主要的分析方法有传统统计学方法、网络热点事件分析方法、数据可视化方法等。

（一）传统统计学方法

常用的统计学方法[①]主要用于掌握信息整体情况，分为以下三种方法。

1. 时间序列对比

对于突发事件或重要活动影响情况，可以以时间为坐标，通过一段时间内信息数量（新闻篇数、微博发帖数量或转发量、微信或论坛评论数量等）来动态跟踪信息态势，确定起因、峰值出现时刻和消退周期。对于一些重要研究问题，如中美贸易战、美国大选等议题，可以通过长期追踪统计，持续累计数据序列，实现发展变化趋势的回溯，并可以建立相关预测模型预计发展变化趋势。

2. 横向事件对比

通过横向事件对比可以在一个或多个领域，描绘舆论场整体情况。在国际关系传播中，可以针对某一领域或围绕相关热点综合比较多个话题，在给定时间段内，通过不同观点信息数量变化情况对比，实现话题细分、情感倾向评估等一系列分析，进而快速勾勒基本轮廓。

3. 数据关联分析

在同一时间从多个角度分析影响因素的内在关联，适用于在无关的信息之间找出潜在的依赖关系，同时挖掘出起重要作用的间接关系，进而实现精准的研判分析。在“慧科”新闻检索平台中，可以通过对媒体主题排名、媒体报道数量地域排名、媒体排名、作者排名等数据，对某个热点或专题进行

① Xu W W, Sang Y, Blasiola S, et al, “Predicting Opinion Leaders in Twitter Activism Networks: The Case of the Wisconsin Recall Election”, *American Behavioral Scientist*, 2014, Vol.58, No.10.

分析，实现发文、评论、关注人群的地域特征分析，特别是可以找出热议话题在传统媒体报道和社交平台间的关联关系。

（二）网络热点事件分析方法

当前常用的网络热点事件分析方法主要有网络调查方法、基于统计规则的模式识别方法、基于内容挖掘的主题监测方法等。[①] 网络调查方法是传统社会调查方法在互联网上的应用、移植；基于统计规则的模式识别方法是通过统计理论实现某段时间内用户所关注信息点的记录，构建互联网内相关分析模式和判据；基于内容挖掘的主题监测方法主要通过信息采集、过滤、语句分析等过程，实现信息处理和话题识别。

另外，基于人工智能和语言学领域的交叉研究也是当前常用的方法，例如自然语言处理（Natural Language Processing，NLP）、量化文本分析方法等。由于信息的复杂性、社会性和不确定性，需要大数据与智能技术密切结合，开展各种分析技术交叉融合创新，通过技术方法上的创新，更为精准了解公众意见和诉求，更为深度分析公众舆论，为建设安全和谐的网络环境和社会环境提供支撑。

（三）可视化方法

数据可视化是通过图表、曲线的形式对各方面统计数据综合分析或深入挖掘，从而实现对整体趋势或局部特征的具体直观展示。下面以 2019 年 2 月“翟天临学术不端事件”为例来进行说明。

1. 传播声量走势分析（媒体报道量变化曲线）

运用时间序列对比，通过一定时间内的数据变化趋势描绘、分析整个事件的起始经过，找出整个事件的开端、高潮和趋于平静的时间点。一般而言，由于事件经常由某一报道引发，并在多个媒体或社交平台转发，其变化常呈现爆发的趋势，中间若披露新的关联事件，则会持续引起关注，而呈现多个高潮点，后期随着大家关注度下降，该事件会呈现逐渐平静的趋势（见图 8–2）。

① Kia Jahanbin，Vahid Rahmanian，“Using Twitter and Web News Mining to Predict COVID-19 Outbreak”，*Asian Pacific Journal of Tropical Medicine*，2020，Vol.13，No.08.

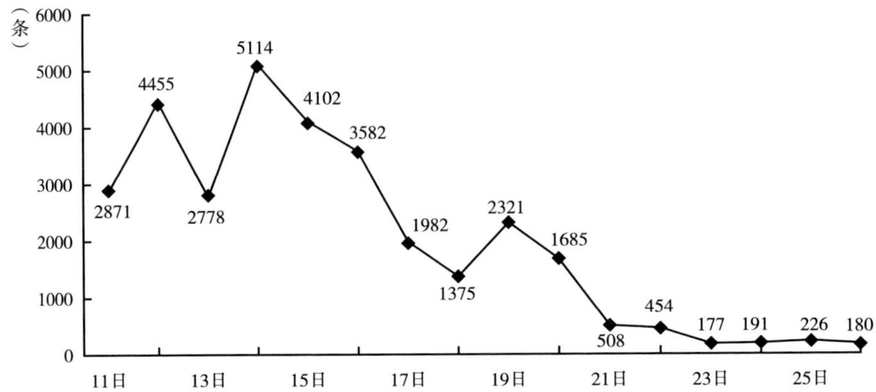

图 8-2 “翟天临学术不端事件”媒体关注度时间走势

2. 热词词频统计分析可视化

词频分析（Word Frequency Analysis）针对热点事件信息中重要词汇出现的次数进行统计与分析，是文本挖掘的重要手段。它是文献计量学中一种传统的、具有代表性的内容分析方法，基本原理是通过词出现频次多少的变化来确定热点及其变化，常见的方式有热词词频统计表和词云图等。这里，使用在线网页制作词图工具 tagxedo 生成词频统计表（见图 8-3）和词云图（见图 8-4）。

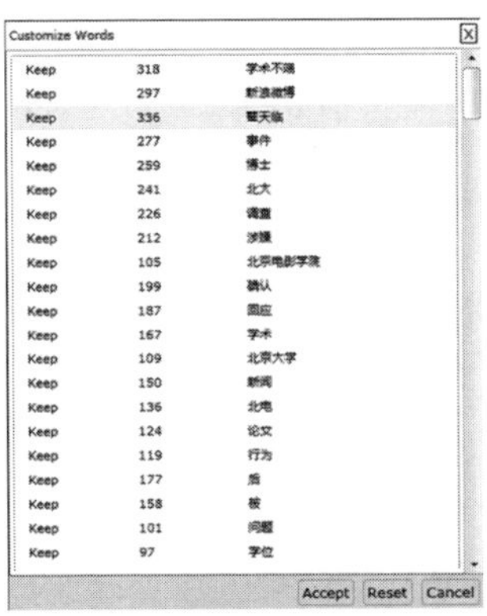
Customize Words

Keep	318	学术不端
Keep	297	新浪微博
Keep	336	翟天临
Keep	277	事件
Keep	259	博士
Keep	241	北大
Keep	226	调查
Keep	212	涉嫌
Keep	105	北京电影学院
Keep	199	确认
Keep	187	回应
Keep	167	学术
Keep	109	北京大学
Keep	150	新闻
Keep	136	北电
Keep	124	论文
Keep	119	行为
Keep	177	后
Keep	158	被
Keep	101	问题
Keep	97	学位

Accept Reset Cancel

图 8-3 “翟天临学术不端事件”媒体报道词频统计

图 8-4 “翟天临学术不端事件”媒体报道词频词云

3. 情感特征可视化

通过网络发布和获取的信息常常包含发布者或评论者的感情或者意见的信息，这些情感信息的发布和传播对我们了解公共事件的影响力及人们对事件的反应起到了指示器的作用，能够预测某一事件是向好的方向发展还是向坏的方向发展。同时，这些情感信息对于用户来说也是非常重要的，不仅可以给出人们在网络世界的情感快照，而且对不同层面的人来说都有潜在的经济学和社会学价值。其中，最为简单的是评价负面或非负面的看法意见。在“慧科”新闻搜索平台中采用的方法是：预先构造负面或非负面情绪的词库（如通用负面词库，包含违反、违规、违法、违纪等词汇），再通过抓取、分析该主题检索结果中不同信息的主要关键词，判断该信息是否负面。其可视化形式主要包括情感倾向占比饼状图、情感演变图、情感值极性分析等。

4. 事件时间线分析

网络热点事件呈现动态演绎和多元表达等特点。在若干具体的热点事件中不难发现，“时间”是事件信息价值衰减的重要影响因素。借助事件时间线来分析事件进程，可以更为快速、准确、科学地掌握数据信息，掌握事件中各个重要影响因素的作用，来进一步判断事件传播的敏感性和严重度，也可以对预判传播中可能隐藏的风险起到辅助分析的作用。

另外，数据可视化还有基于地域分布的关注度（热度）分析、基于人群年龄分布的关注度（热度）分析等，均可从不同角度深度挖掘时间背后的作用和影响因素，实现对信息的层级、类别以及热度的解剖，为应对信息监测与分析提供综合研判和辅助建议。

三　2017~2020 年相关研究成果情况

2017 年 10 月至 2020 年 11 月，图书馆完成相关监测与分析报告共计 184 期，90 余万字，涉及国际国内有关政治、经济、文化等多个领域热点焦点事件。通过在该领域深耕细作，为中国社会科学院高端智库研究和各级领导决策提供了有力的信息支持。

（一）成果数量逐年递增

自2017年起，图书馆的信息监测与分析工作呈现监测主题数量逐年攀升趋势，研究热点既聚焦国内又放眼国际，成果数量逐年递增，具体情况如图8-5所示。2017年，工作聚焦国内外，共完成相关报告20篇；2018~2019年，分别关注了国内国际数十个主题，形成了多元化多维度的监测机制；2020年，进一步在监测时效性、分析研究广度深度等方面进行探索和创新，完成的研究文章数量达到142篇。从图8-6可以看到，四年间，年度完成报告量从2017年的3.17万字发展到2020年的57.78万字，研究成果数量增长迅速。

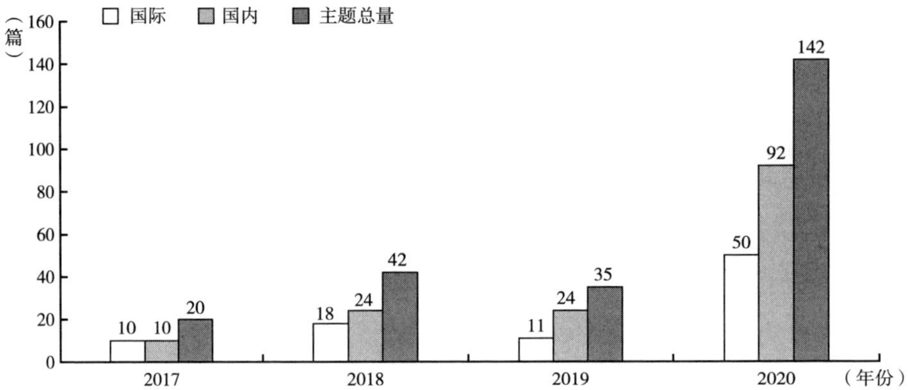

图8-5　2017~2020年主题数量

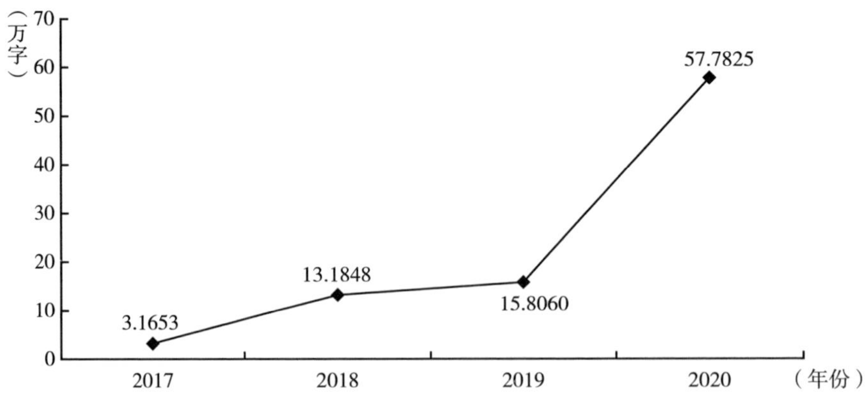

图8-6　2017~2020年报告字数

（二）研究的深度和广度不断拓展

随着社交平台的快速发展，网民意见表达、互联网信息规模呈几何级数式增长。图书馆的信息监测与分析主题涉及国内和国际政治、经济、文化等各个方面，研究的深度和广度不断延伸。2017 年，图书馆聚焦“党的十九大和意识形态”相关热点，重点跟踪监测了国内外报刊、网站、社交平台等各类媒体对“党的十九大”的舆论观点和热点。2018 年，研究主题已经拓展到中美关系、国际会议、国内政治、经济、文化、民生、外交等 11 个领域，如图 8-7 所示。

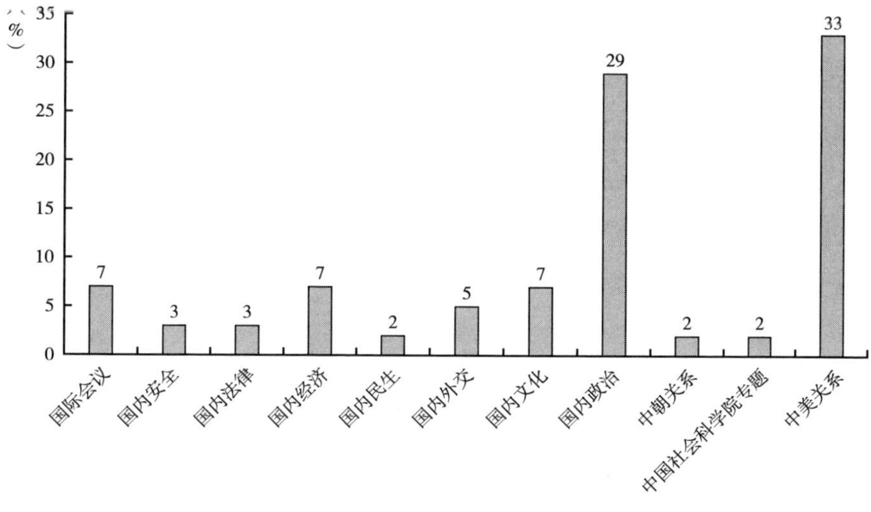

图 8-7　2018 年研究主题分布

2019 年，图书馆继续在信息监测与分析方面下大功夫，在中美关系、中国香港问题、中国社会科学院专题和国内政治等多个方面进行了进一步的深入探索，如图 8-8 所示。在中美关系上，2019 年中美关系呈现“两头缓中间急”的形态。由于 2018 年底两国元首在阿根廷 G20 峰会上达成通过谈判解决分歧的共识，2019 年前 4 个月，通过谈判解决问题是两国关系的主基调。但是，自 5 月初谈判破裂后，中美之间经贸领域的矛盾斗争急剧升温，并以极快的速度向其他领域扩散。在中国香港问题上，2019 年香港特区走过了极不平凡的一年，旷日持久的“修例风波”令香港地区经历了自回归以来最严峻的局面，社会动荡、法治受损、民生受创。在饱受暴力活动之苦的同时，香港地区也在直面社会深层次矛盾，下决心解决民生“老大难”问题，力争搭上国家发展快车，融入大湾区建设的快车道。

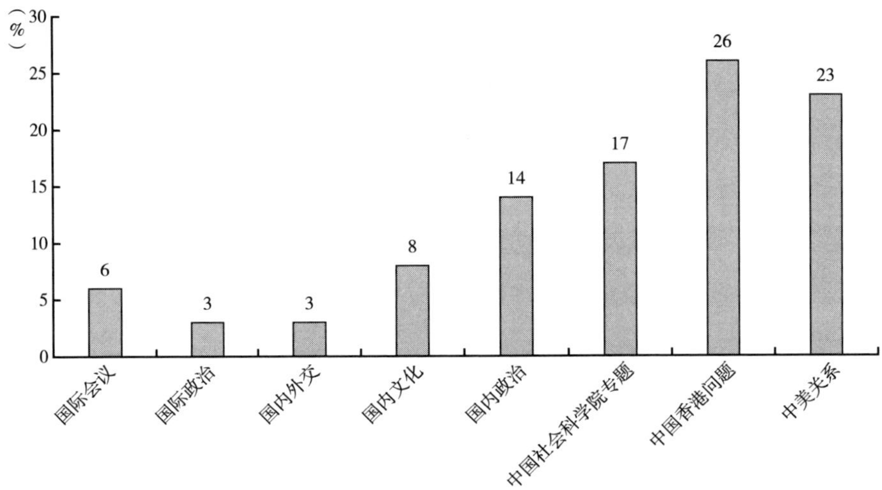

图 8-8　2019 年研究主题分布

针对这些媒体和民众共同关心的问题，图书馆进行了重点跟踪研究和分析，其中有关香港问题的分析文章 9 篇，占全年成果量的 26%；有关中美关系的分析文章 8 篇，占全年成果量的 23%；有关中国社会科学院专题的分析文章 6 篇，占全年成果量的 17%。

2020 年，图书馆坚持以问题为牵引、以需求为导向，围绕为科研提供支撑、为领导提供决策的要求，重点选取新冠肺炎疫情，涉疆涉藏问题和香港台湾地区的焦点事件，中美贸易战、技术战、舆论战和美国大选等议题进行信息监测与分析，如图 8-9 所示。截至 2020 年 11 月，图书馆全年共计撰写、呈送相关报告 112 期，专题研究文章 141 篇，近 60 万字。其中，排名靠前的主要研究领域包括：国内新冠肺炎疫情专题文章 58 篇，占比 41%；涉及中美关系的分析文章 15 篇，占比 11%；美国大选研判文章 10 篇，占比 7%；中国台湾问题相关分析文章 10 篇，占比 7%；中国香港问题分析文章 8 篇，占比 6%。

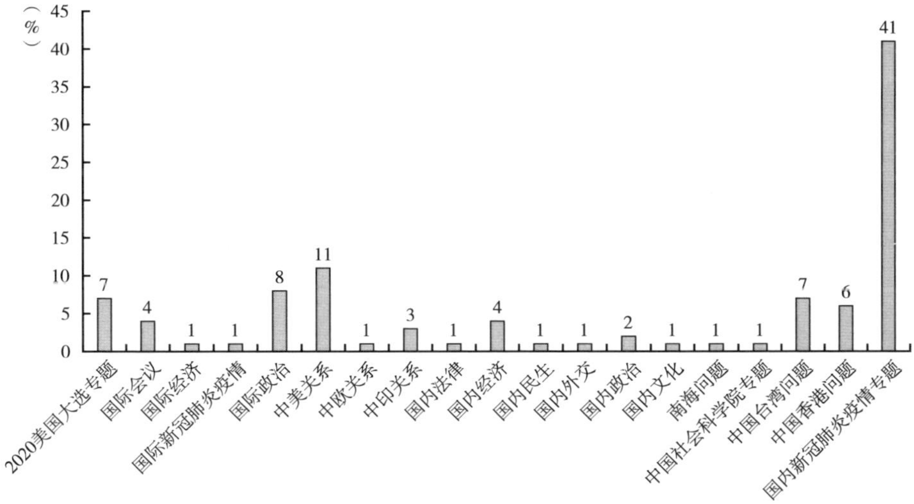

图 8-9　2020 年研究主题分布

（三）研究时效性不断提升

按照建设情报类专业智库的发展要求，在图书馆党委领导下，信息监测与分析工作在监测时效性方面进行探索和创新，力争做到“快速提供动态、快速提炼观点、快速挖掘内容，快速形成建议意见”。自 2020 年 8 月起，逐步加快研究节奏，缩短跟踪周期，每周固定完成 2 期报告，每期含 1 篇快讯及 2~3 篇专题研究报告。专题研究报告集中针对当时突发新发的焦点热点事件开展内因分析、趋势研判并提出意见建议，第一时间为领导专家研究决策提供支撑。

（四）服务形式多样

服务科研和智库建设是图书馆信息监测与分析工作的中心，也是重心。2019 年，图书馆分别在“军民融合”“生态文明智库”影响力分析等方面为中国社会科学院智库学者提供服务，共收集整理相关信息监测与分析内容和资料 20 余万字。2020 年，为中国社会科学院学者搜集整理 2013~2020 年 13 个金融类智库的媒体报道和成果发表情况，完成《金融智库影响力分析报告》2 期共 4 万余字。同时，重点针对院、馆两级重大成果发布和重要活动，以及每年国家哲学社会科学文献中心成果发布等活动提供媒体报道情况跟踪分析，并提供相关数据支持，便于院、馆两级掌握活动的影响情况。

图书馆信息监测与分析业务开展三年多以来，在图书馆党委的正确领导下，已逐渐形成符合图书馆特色的信息监测与分析服务模式。在此基础上，图书馆信息监测与分析工作将继续围绕服务中国社会科学院高端智库建设的有关要求，有效服务决策，有力服务科研，逐步实现从“以监测分析为主体”向“以研究预测为主体”的模式转变。下一步，提升信息化水平，完善服务体系将是我们努力的方向。

第四节　图书馆信息监测与分析工作的未来发展设想

一　提升信息化水平

（一）结合大数据技术发展，搭建监测与分析技术平台

大数据技术在监测与分析领域的应用可以分为三个层面。一是数据搜集层面。针对某一关键词源或特定内容，通过多个途径、平台进行各类数据的搜索和采集。二是数据加工层面。对第一层面的数据进行打通、整合、分类和归纳，并筛选出有价值的信息。三是数据应用层面，结合社会背景、大众心理、类似事件规律，对数据进行分析和研判。

当前，随着信息网络和通信技术的飞速发展，大数据所提供的网络化、便利化、智能化、实时化的信息服务模式成为未来信息监测的主要趋势。借助大数据技术全方位监控互联网上的海量信息，实时进行信息跟踪和深入智能分析，可以从根本上解决传统信息监控系统的诸多弊端。

然而，大数据的海量规模、多样化和动态性为信息监测工作带来挑战，

同时可能涉及的隐私外泄和国家安全等问题，也是大数据应用中可能出现的隐患。未来，在健全完善监测与分析的技术平台之时，应在以下四点做出努力：一是保证共享数据的安全和可靠；二是建立可持续的数据观测模式；三是推进多个数据渠道便捷的互联互通；四是促进数据支持系统同专家智库决策的融合。

（二）开发特色信息产品，为高端智库提供专业的研判分析

未来，图书馆应结合中国社会科学院科研工作需求，以及为高端智库提供专业研判的定位，在数据库建设和特色信息产品开发方面进行重点投入。一是构筑提供全方位信息化服务的技术平台，将信息产品加工制作和发布过程数字化；二是采用信息推送与数据库定制相结合的方式，为客户端提供信息收集、加工、分析、传递的“一条龙”服务；三是在图书馆远程访问客户端建立独立数据端口，可使中国社会科学院科研工作者通过关键词搜索，实现信息的抓取和获得直观化数据结果；四是开发点面结合的信息产品，将微观研究与宏观研究、归纳性研究和推测性研究、特定时期研究和历时性研究相结合；[①]五是继续优化传统纸质信息监测与分析报告，使数据库建设和纸质报告互为补充。

二　完善信息监测与分析服务质量

（一）瞄准学科体系建设，充分开展专题研究

目前，图书馆信息监测与分析服务内容主要包括采集、监测、分析等，可以对领导和专家了解国内外热点问题及发展态势起到一定的辅助支持作用，但由于缺乏学科体系建设的专业性，不足以引导和支撑中国社会科学院科研工作者利用信息监测与分析解决学科性问题。在今后的工作中，图书馆应瞄准学科体系建设，将收集的信息整合分类后细化到二级学科，特别是应重点聚焦哲学社会科学学科领域的社会信息。在报告撰写方面，应充分开展国内经济和国际关系专题研究，形成“一人一领域”的撰写模式，某一领域

① Dubois E, Gaffney D, “The Multiple Facets of Influence: Identifying Political Influentials and Opinion Leaders on Twitter”, *American Behavioral Scientist*, 2014, Vol.58, No.10.

的固定撰写人不仅需要及时报告该领域的突发事件，也要对某一持续性事件进行长期追踪和报道。

（二）情报学和图书馆学相结合，提供有图书馆特色的信息监测与分析服务

从学科意义上讲，信息监测与分析应属于情报学范畴，而情报学属于一级学科图书馆情报档案管理门类，与图书馆学并列为该一级学科下属的二级学科。图书馆开展信息监测与分析工作，应充分考虑图书馆自身的学科特点，将情报学和图书馆学相结合，一方面可以促进学科的交叉与互补，丰富学科内涵，拓展研究范畴；另一方面可以为相关科研人员提供不同于传统研究机构、有图书馆自身特色的信息服务。图书馆特色服务应突出以下三方面内容。

一是服务对象大众化。图书馆事业的定位是社会公共文化事业，目的是促进信息与知识获取的自由和平等，而情报事业有别于图书馆的公益性，是为情报需求者提供情报服务和为决策者提供智力支持。因此，图书馆特色服务应突破特定对象限制，致力于为社会公众提供无偿情报共享、分析与决策建议。

二是信息获取渠道多元化。中国社会科学院图书馆拥有线下传统纸本资源库 7 类，分别为中文书库、外文书库、工具书库、方志库、期刊库、习近平新时代中国特色社会主义思想文库和中国社会科学院学者文库；线上数字资源 8 类，分别为电子期刊库、电子书平台、古籍数据库、资料和报告数据库、数值数据库、报纸库、引文数据库、论文库。纸本资源是传统情报信息研究机构所不具备的，图书馆提供的信息获取渠道应为线下与线上、纸本资源与数字资源相结合，搭建全方位复合型信息网络。

三是信息监测与分析内容重点围绕哲学社会科学领域。中国社会科学院是中国哲学社会科学研究的最高学术机构和综合研究中心，图书馆信息监测与分析应着眼于党中央对中国社会科学院的职能定位，紧紧围绕中国社会科学院“三大体系”建设总体要求和国家哲学社会科学文献中心等重大建设任务，重点聚焦哲学社会科学领域相关信息。

（三）开展协作，实现对中国社会科学院科研、决策工作的信息支持

中国社会科学院图书馆的核心职能是提供科研辅助服务，宏观层面上服务于中国社会科学院的“三大体系”建设，微观层面上服务于中国社会科学院高端智库及学者、专家。图书馆提供的信息监测与分析服务应立足于服务科研的出发点，针对国内外重大热点问题及国际关系领域的突出问题，为全院科研人员提供业务辅助，为领导层提供决策支持。

未来，图书馆信息监测与分析服务可以同院内外相关单位合作，更好地承担科研辅助任务。今后，图书馆既可以在相关报告撰写方面同中国社会科学院信息情报研究院继续开展合作，又可以在信息监测方面与院办公厅开展合作，还可以在智库评估领域与中国社会科学评价研究院进行合作，同时可以在国内和国际重点问题研究方面与院属各研究所和院外其他相关单位进行合作。

此外，图书馆信息监测与分析部门还可以发挥“桥梁纽带”作用，通过与社会专业机构等展开合作，将权威机构或专家提供的数据、分析和解决方案等嵌入中国社会科学院科研决策过程之中，以帮助决策者快速、全面掌握相关信息，提高研判精准度。

当今世界正经历百年未有之大变局，我国正处于实现中华民族伟大复兴的关键时刻，党的十九届五中全会审议通过《中共中央关于制定国民经济和社会发展第十四个五年规划和二〇三五年远景目标的建议》，为我们勾勒出美好的发展前景。开展新时代信息监测与分析，掌握社情民意，反映人民意愿，及时了解人民群众所想所盼，对于更好维护意识形态安全、推动宣传思想工作守正创新、服务治国理政，都具有十分重要的意义。图书馆结合自身职能定位和独特学科特点开展信息监测与分析，能够更好地服务中国社会科学院高端智库建设、服务领导科学决策。下一步，图书馆信息监测与分析工作将继续坚持以习近平新时代中国特色社会主义思想为指导，始终保持正确的政治方向和政治立场，密切关注国内国际大事，精确把握经济社会发展大势，坚持稳中求进、务求实效，坚持与时俱进、改革创新，以高标准、高质量的信息监测与分析服务，发挥建言献策、资政启民的作用，把图书馆信息监测与分析服务打造成中国社会科学院知名的情报类智库品牌。

第九章
图书馆空间服务，以空间再造促服务提升

近年来，图书馆空间服务成为图书馆领域研究和实践的重要问题。当图书馆的资源优势不再是无可替代、不足以保持其吸引力的时候，图书馆的知识服务走向多元化，尤其以空间的开放性、舒适性、便捷性、灵活性、多功能、智慧化为特色，成为其无可替代的优势，从而具备了无可替代的吸引力。[①] 图书馆的空间逐渐从一个载体转变为一种特有的资源，逐步从“服务空间”转变到“空间服务”。

中国社会科学院图书馆大楼2000年建成，经过20多年的使用，设施陈旧、空间拥挤、线路老化，已不能满足科研人员的空间需求，到馆人员数量逐年下降。图书馆克服种种困难，在保持开馆、持续服务的前提下，从2017年起，逐步完成了大楼现有服务空间的升级改造。通过馆舍改造，中国社会科学院图书馆形成了“一个中心、两个文库、三个特藏库、四类文献阅览室”的格局，空间布局更加合理，设施更加便利，环境更加舒适，到馆率大幅回升。

第一节　建设一个中心：国家哲学社会科学文献中心

为贯彻落实习近平总书记2016年5月17日在哲学社会科学工作座谈会上的重要讲话精神，中国社会科学院图书馆建设了国家哲学社会科学文献中心（www.ncpssd.org），面向国内外提供开放型、公益性、权威性的文献信息服务。

① 江芸、蒋一平、诸葛晴怡、于文艳：《图书馆空间的变革与发展趋势》，《图书馆杂志》2021年第5期。

图 9-1　国家哲学社会科学文献中心掠影一

图 9-2　国家哲学社会科学文献中心掠影二

第二节　建设两个文库：习近平新时代中国特色社会主义思想文库和中国社会科学院学者文库

一　习近平新时代中国特色社会主义思想文库

文献总量超过 1.8 万件，全面收集了习近平总书记的文章、专著、讲话单行本、论述摘编等，以及宣传、研究、阐释习近平新时代中国特色社会主义思想的各类成果和资料，为系统深入学习研究习近平新时代中国特色社会主义思想提供文献信息服务。

图 9-3　习近平新时代中国特色社会主义思想文库掠影一

图 9-4　习近平新时代中国特色社会主义思想文库掠影二

二　建设中国社会科学院学者文库

集中收藏和长期保存中国社会科学院学者的学术成果，展示学术成就，传承学术精神，促进学科交流，更好地服务“三大体系”建设。重点收藏了中国社会科学院第一届至第十届优秀科研成果奖获奖成果、院创新工程重大成果、院学部委员（荣誉学部委员）研究成果以及各学部专家学者的学术成果，总量超过 2.3 万册。

图 9-5　中国社会科学院学者文库掠影

图 9-6　中国社会科学院学者文库阅览室一角

第三节　建设三个特藏库：古籍特藏库、学位论文特藏库及地方志特藏库

一　古籍特藏库

收藏古籍线装书 1.3 万余种、12 万多册，另有大量民国文献，含民国书万余册、民国刊 4000 余册和大量民国报纸。

图 9-7　古籍特藏库掠影一

图 9-8　古籍特藏库掠影二

二　学位论文特藏库

中国社会科学院图书馆是国务院学位办公室指定的全国哲学社会科学博硕士学位论文的收藏单位。学位论文特藏库收藏了自 1984 年以来各学位授予单位的哲学社会科学学位论文共约 60 万册，具有重要学术价值。

图 9-9　学位论文特藏库掠影一

图 9-10　学位论文特藏库掠影二

三　地方志特藏库

收藏大量新方志及地方志稿、人口史资料、组织史资料、旧地方志整理本、旧地方志影印本及家谱等 7 万余册，大至一国一省，小至一村一镇，涵盖历史沿革、地理形势、行政建置、财赋收入、乡土风俗等各个方面。

图 9-11　地方志特藏库掠影

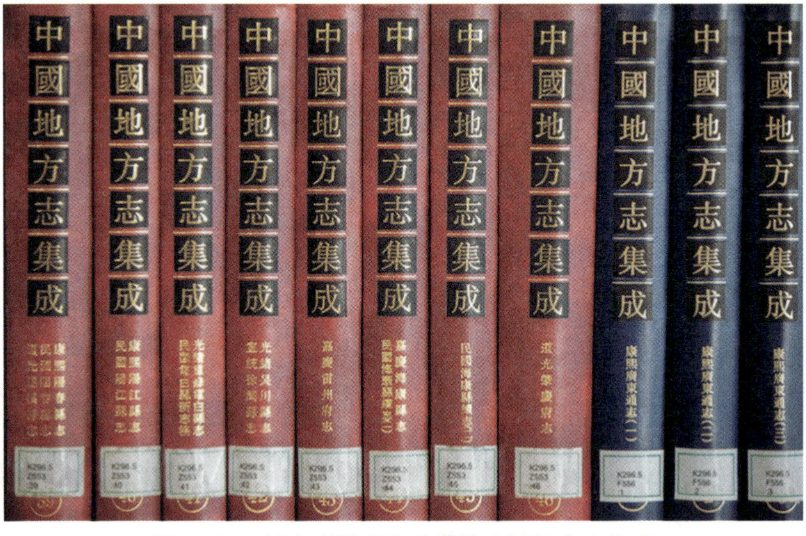

图 9-12　地方志特藏库收藏的中国地方志集成

第四节　建设四类文献阅览室：中文书库、外文书库、工具书阅览室和期刊阅览室

一　中文书库

藏书25余万册，设有中文马列文献专架、中文新书展示架，实行藏阅一体，全部开架外借。内设12个阅览座位和多个可移动会议椅，配备检索终端、打印机、扫描仪等设备供免费使用。

图9-13　中文书库掠影一

图9-14　中文书库掠影二

二　外文书库

藏书 23 余万册，设有外文哲学类展示书墙、外文新书展示架，实行藏阅一体，全部开架外借，配有检索终端、打印机、扫描仪等设备供免费使用。

图 9-15　外文书库掠影一

图 9-16　外文书库掠影二

三　工具书阅览室

收藏中外文百科全书、外汉－汉外词典、年鉴、机构名录、人名录等各类工具书 7 万余册。实行开架阅览，可按架标自行选书、扫描、复印。

图 9-17　工具书阅览室掠影

四 期刊阅览室

以哲学社会科学类现刊为主，中文报刊 1398 种，进口报刊 756 种，涉及中、英、俄、法、德、日及其他小语种。提供约 15 万册过刊合订本闭架阅览，过刊从创刊号开始完整收藏，最早为 20 世纪 50 年代。

图 9-18 期刊阅览室掠影

第四篇

网络安全与信息化建设及服务保障

第十章
提供安全可靠的基础设施，加强网络安全与信息化建设

面对当前纷繁复杂的国际形势，新冠肺炎疫情带来的不确定性以及大数据、云计算、5G、IPv6等新技术的普及应用，我国网络的访问载荷和运转任务日趋繁重；网络黑客攻击、个人隐私信息滥用等网络安全问题层出不穷，对我国网络空间安全、意识形态领域话语权的掌控等方面造成了较大的负面影响。加强网络建设与信息安全日趋重要，这不仅对个人、单位影响巨大，亦成为事关国家政治安全、经济安全、社会安全、文化安全和国防安全的重要课题。①

中国社会科学院是中国哲学社会科学研究的最高学术机构和综合研究中心，为党和国家领导人提供了重要的决策支持。信息技术为科研人员的学术研究提供重要的支撑，已经成为其不可或缺的研究手段之一。中国社会科学院图书馆承担全院网络安全保障和信息化设施建设的基本职能。在馆党委的正确领导下，图书馆加强网络基础建设，构架安全可靠的网络基础环境，为全院“三大体系”建设保驾护航。

第一节　我国网络基础建设和网络安全现状

一　网络基础建设现状

受制于技术水平，长期以来，我国的网络建设水平与发达国家存在较为

① 《保密工作》编辑部:《传达学习习近平在全国网络安全和信息化工作会议上的重要讲话中央保密办、国家保密局召开理论学习中心组会议》,《保密工作》2018年第5期。

明显的差距。一方面，我国网络用户量巨大，对于高性能网络设施的需求仍在高速增长；另一方面，由于起步较晚，我国整体的信息化水平不高，人均带宽低于国际平均水平，核心技术受制于人。2018 年 4 月，在全国网络安全和信息化工作会议上，习近平总书记深入阐述了网络强国战略思想，明确了一系列方向性、全局性、根本性、战略性问题，同时对当前和今后一个时期的网络建设工作作出重要战略部署。[①]

随着 4G、5G、局域网超高频交换等新型通信技术的研发与普及，我国网络规模化程度显著提升。CNNIC 发布的第 46 次《中国互联网络发展状况统计报告》指出，截至 2020 年 6 月，我国网民规模达 9.40 亿，互联网普及率已达 67.0%。各互联网企业也加强了对先进核心技术的研发和应用，整体行业发展势头良好，涌现出一批如华为、阿里巴巴、百度等的行业领军企业，其效益进一步提升，并在国际科研和行业标准制定中掌握了一定的话语权。[②]

同时，伴随着信息化程度的大幅提升，硬件接入设备数量呈指数级增长，用户对于低时延、高效率的网络资源需求大幅度增长，新一代的网络技术发展方向也更加清晰。以大数据、云计算、区块链等技术为核心的下一代网络应用技术对网络基础设施的带宽、存储、运算等提出了更高的要求，这对未来我国网络基础设施的规划设计提出了挑战。

二　网络安全现状

网络安全是我国网络信息化产业发展的热门方向和网络主权安全不可忽视的一环。党的十八大以来，习近平总书记提出了关于网络安全的重大战略决策，网络安全已上升为国家战略，国家出台了一系列相关法律法规。2016 年 11 月 7 日第十二届全国人民代表大会常务委员会第二十四次会议上，通过了《中华人民共和国网络安全法》，全文明确了我国网络空间主权原则、网络运营、管理、服务职责和义务，以及监管和网络突发事件的处置流程，完

① 教富利：《习近平关于网络安全重要思想研究》，东北农业大学硕士学位论文，2019。
② CNNIC：《第 46 次〈中国互联网络发展状况统计报告〉》，《互联网天地》2020 年第 10 期。

善了个人信息保护制度，健全了关键信息基础设施保护体系，为我国国家安全观提供了基础支撑，为网络安全提供法律保障。

2019 年 12 月 1 日，网络安全等级保护 2.0 标准正式实施，2.0 标准同时适应云计算、大数据、物联网、移动互联网、工业控制系统等新技术、新应用、新领域的个性化安全保护需求，提出安全扩展要求，并形成新的网络安全等级保护基本标准。该标准对于推动网络安全等级保护和关键信息基础设施安全保护工作、健全国家网络安全综合防控体系起到积极意义。①

据 2020 年中国网络安全产业高峰论坛测算，“十三五”期间，我国网络安全产业呈高速增长态势，2020 年产业规模预计将超过 1700 亿元，较 2015 年翻一番。②

第二节　中国社会科学院网络基础建设和网络安全现状

中国社会科学院自 1998 年建网以来，一直致力于为全院科研工作提供支持服务。近年来，中国社会科学院信息化不断发展，网络应用需求激增，为了更好地服务用户，对全院主干链路进行了技术提升，优化了整体网络环境，网络基础设施建设不断完善，主要包括：现已经形成独立 BGP 自治域模式、电信联通双网出口各 800 兆带宽、千兆网络到桌面的网络基础环境；建立 4 个高标准智能化监控机房，以及具有 300 多台网络设备、7000 余个网络节点，下联 20 个学科片局域网络的大型城域网；建立了以防火墙设备、上网认证设备，流量控制设备为核心的网络安全管理系统。

中国社会科学院高度重视网络安全建设，为保障全院业务系统、内部网络安全运行，建立了包括网络防火墙、流量控制和上网认证等检测系统，安全扫描评估系统等在内的网络安全系统。院相关单位信息化建设及应用水

① 甘清云:《国标〈信息系统安全等级保护基本要求〉修订浅析》,《网络安全技术与应用》2019 年第 12 期。

② 韩鑫:《2020 年网络安全产业规模预计超 1700 亿元》,《人民日报》2020 年 12 月 1 日。

平不断提升，面对新形势下互联网环境中科研人员对网络视频、会议直播、文件下载的需求量逐渐增多，为更好地服务全院科研人员开展学术研究，推进“三大体系”建设，中国社会科学院以高质量发展、高水平服务为宗旨，不断提高网络技术水平，提高网络质量，做好网络流量实时监控与管理，面对突发流量及时处置，根据学科片流量变化情况及时调整带宽，合理分配流量使用；每月根据流量数据形成流量报告，作出合理的分析与判断；同时对数字资源使用量进行统计，方便了解全院学者的使用需求，服务好科研工作；在节假日及重大会议期间均安排专人值守，做好网络监控保障工作；协助托管单位进行设备运维、搬迁、网络规划设计和安全防护。

一　网络环境不断改善

近年来，为了更好地服务科研，针对院部及各学科片网络设备老旧问题，中国社会科学院启动了信息化基础设施建设项目。在几年间，将院部科研楼、档案楼、图书馆楼大小报告厅、各大学科片的老旧线路及网络设备进行了逐批次更换，逐步将原有百兆基础网络升级为现在的千兆网络。同时对主干网络进行升级改造，实现双线上联，对 DMZ 区所有服务器进行 PVLAN 模式改造升级，清晰网络边界，强化网络安全；对骨干网络 DNS 系统进行升级，优化用户访问体感；对防火墙策略进行梳理，细化访问路径，加强各区域间安全防护；通过计费系统、流控系统，对全院各种应用进行精细化管理，保证单位及用户的信息化应用需求。

随着信息化水平的提升，各类会议的网络需求陆续增加，因此导致高并发状态，也对网络的承载能力和网络的质量进行了考验。网络会议需求主要包含外网连接需求和网络视频会议技术支持。在综合衡量院内外网络带宽需求的基础上，运用科学的实时流量监控和动态带宽分配策略，对网络的出入口进行预先调试，圆满地完成了各类中大型网络视频会议需求的技术保障任务。

二　网络保障稳定可靠

在信息化工作中，保障全院网络及信息系统的正常运行是最基础也是最重要的工作。院图书馆严格按照相关标准，在日常工作的各个环节之中，严把质量关，在日常运维上下功夫，不断提升用户满意度，得到了院属各单位的高度认可。

中国社会科学院现有机房作为重要的信息化基础设施，承载着全院网络系统、邮件系统、中国社会社科网和国家哲学社会科学文献中心等重要的信息化系统。近年来，在运维保障的过程中，中国社会科学院网络出口区、机房设备核心区、所有片所均正常运转，无重大生产安全事故发生。同时防患于未然，通过日常巡查及时发现潜在威胁并审慎周密地完成整改，为科研人员提供稳定、流畅的网络环境，方便、快捷的邮件收发以及精准、海量的信息检索等服务；为院属单位提供设备托管服务，解决了各单位信息化系统建好后没有优质运行环境的后顾之忧，同时，逐步提高设备托管工作业务水平，完善安全管理制度，努力为院属各单位信息化系统提供安全、可靠的运行环境。

为了增加全院科研人员信息获取渠道，提升科研辅助能力，于2019年在院部区域建成了卫星电视系统，向科研人员提供包括法国、美国和俄罗斯等国家的卫星电视信号。2020年，根据收看反馈信息再增加了英国和日本两个国家的卫星电视信号，现已建成拥有8套卫星电视节目，内容涵盖文化传播、财经新闻和即时新闻等诸多领域，为科研人员提供了高效获取境外事件和新闻的信息渠道。

运维过程中切实做到“四有”，即有依据、有记录、有总结和有汇报。在认真完成运维工作的同时，对技术性的过程文档做好留存，以备事后查阅，并且对同类型的运维文档进行归纳总结，做好知识的积累和培训。通过多年来的不断努力，图书馆为全院用户提供了稳定、可靠的信息化基础环境。

三　网络安全管理工作

五年以来，中国社会科学院贯彻落实习近平总书记“5 · 17”重要讲话、三次致中国社会科学院贺信精神和党的十九大以来系列重要讲话精神，增强“四个意识”，坚定“四个自信”，做到“两个维护”，坚持以服务科研为中心，以理论武装头脑，积极开展网络安全工作。中国社会科学每年配合网信办、国家保密局、公安部、国家应急响应中心等相关安全部门处理安全事件及风险预警几十起，涉及终端用户数以百计。通过积极有效的应对和防治勒索病毒、钓鱼邮件、病毒木马等，确保全院各应用系统、个人终端安全平稳运行。

2018年初步建设完成中国社会科学院安全威胁态势感知平台，实现全院网络安全应急处置工作从被动等通知到主动报警防御的转变。根据国家邮件安全整治工作要求，结合全院电子邮件系统实际情况，2020年完成全院邮件系统安全加固项目，提升了全院电子邮件系统的安全性和稳定性，增强对钓鱼邮件及恶意木马的防御能力，减少敏感信息泄漏事件，实现了入口有防护、出口有审计、邮件有归档、异常有提醒，为全院科研人员提供良好的邮箱使用环境。

目前全院共有等保二级系统17个，等保三级系统1个。近两年来，中国社会科学院与国家同期开展以"网络安全为人民、网络安全靠人民"为主题的安全宣传周活动。通过宣传周活动，全院整体安全意识得到了明显的提升。近些年来，不断加强各种管理制度建设，将责任落实到人，先后调整了《中国社会科学院网络使用管理规定》，规范了《中国社会科学院电子邮件管理规定》，完善了《中国社会科学院机房设备托管工作管理规定》，制定并下发了《中国社会科学院网络安全应急响应》和《中国社会科学院网络管理员职责》；定期开展应急演练工作，检验设备切换时间和畅通性；对重要系统开展渗透测试、漏洞扫描、风险评估工作，实现各系统上线前开展安全检查工作，防止"带病"上线；定期开展对托管设备的安全监测，将发现的漏洞和风险告知相关单位并限期整改。

第三节　中国社会科学院网络基础建设和网络安全面临的主要问题

习近平总书记强调："网络安全和信息化是事关国家安全和国家发展、事关广大人民群众工作生活的重大战略问题。""网络安全和信息化是一体之两翼、驱动之双轮，必须统一谋划、统一部署、统一推进、统一实施。”中国社会科学院高度重视网络安全与信息化建设工作，在院党组的正确领导下和图书馆党委的直接指挥下，取得了显著的工作成效。但同时，随着信息技术水平的快速发展和网络接入设备的迅速增加，中国社会科学院的网络基础建设和网络安全工作也面临多种挑战，需要逐步解决。

一　钓鱼邮件事件持续增多

利用社会工程学伪装的钓鱼邮件越来越逼真，除了仿冒网站、邮件页面之外，黑客会在了解受害者职业、爱好、家庭基本信息后，贴合热点事件伪装钓鱼邮件。比如使用“国际会议邀请函”“请尽快提交报告材料，具体内容见附件”等高相关度的语句。在网址链接和邮件链接方面，伪装者仿冒与原链接高度相似的内容，伪装成管理员等特殊身份人员，其目的都是为了诱导受害者点击链接，通过链接中提前植入的木马，神不知鬼不觉地让受害者上当受骗。

2020 年中国社会科学院处理钓鱼邮件近千封。重点保障时期，如全国“两会”、十九届五中全会等期间，钓鱼邮件数量较平日呈直线上升趋势，占全年网络安全事件总数量二成以上。

二　分布式拒绝服务攻击（DDoS）多次发生

国家互联网应急中心发布的《2019 年中国互联网网络安全报告》指出：“我国发生攻击流量峰值超过 10Gbit/s 的大流量攻击事件日均约 220 起，同比增加 40%，且攻击我国目标的大规模 DDoS 攻击事件中，来自境外的流量占比超过 50%。”在这些攻击中攻击组织的目的性十分明确，主要针对政府门户网站、关键基础设施等，企图通过短时大流量造成门户网站和关键系统的无法访问。

据不完全统计，2020 年度全院收到的 DDoS 告警数量达到数十次，这些告警多在链路运营方就加以拦击，未对全院的实际链路环境产生影响。

三　安全专业人才和安全意识不足

在当今哲学社会科学大繁荣大发展的时代，中国社会科学院“三大体系”建设蓬勃发展，科研成果每年大幅增加，中国社会科学院的影响力不断增强，这也引来不法分子对中国社会科学院网络基础设施和科研成果的高度关注，网络安全事件频发。对这些网络安全事件进行判断和处置，归根结底需要依靠信息化人员。在全院各单位每年的网络安全基本情况摸底中发现当前全院信息安全人才队伍建设还存在一些突出问题：一是专业网络安全从业人员短缺、数量严重不足，部分单位还存在人员兼职的情况；二是从事网络安全的人员中处于初级专业水平较多，非专业人员较多；三是网络安全人员培养机制还不够完善，缺乏完善的培训体系和职业晋升途径。

随着攻击手段的不断更新，攻击方式更加多样化，更加具有伪装性，因此，对广大科研人员和管理人员的安全意识宣传还应持续加强，要让每位科研人员和管理人员时刻筑牢安全意识防线，思想上绷紧安全风险这根弦，才能防患于未然。

四　内部网络故障时有发生

用户误操作或中病毒，在网络中形成广播风暴之类的攻击，从而影响全院其他用户正常上网，主要包括以下四种情况。

一是抢占网络 IP 地址。由于信息化的普及，全院人员对网络基础知识的认知正在整体提高，个人用户对网络配置有所了解，可以独立配置设备地址。但是由于网络设备 IP 地址的唯一性，私自更换会引起其他使用 IP 地址的用户无法上网。

二是私自调整办公室网络结构导致环路死锁现象。由于全院办公用房环境有限，部分单位房间内办公人员较多，因而内部自己增加集线器或路由器进行网口分流上网。但有时由于操作不当，一根网线在两个网口进行连接，从而导致上联端口锁死无法上网。

三是访问问题网站导致主机设备中毒。随着网站域名注册的普及化和商业托管服务器价格的逐步下降，钓鱼网站和挂马网站层出不穷。各式病毒木马已经不以破坏的形式出现，而主要以潜入、隐藏的方式盗取用户信息。

四是对服务器管理不当，未打安全补丁或者弱密码，导致服务器被入侵。全院多家单位保有对外发布的服务器，其日常管理均有产权单位自行负责，但由于产权单位管理人员管理不当或安全意识不高，造成服务器被黑客入侵的现象屡见不鲜。

五　外部公网攻击和托管设备安全隐患

试探或针对性地对中国社会科学院网络出口或发布服务器地址进行漏洞扫描或攻击。此类网络攻击主要由链路供应商和网络安全设备进行保护防御。在个人用户无法判别的情况下，黑客通过入侵控制个人用户的联网设备，此时个人用户设备便成为了黑客开展网络攻击的媒介，在个人用户无意识的情况下调动其网络资源对目标发起攻击。黑客攻击用户的工具主要有以下三种。

一是恶意软件。恶意软件是黑客为造成破坏或盗窃数据而开发的恶意软件代码。当恶意软件已知时，技术人员就可创建签名来帮助识别、过滤和拦截它们之后的部署企图。而此时，黑客就会篡改代码，创建新的未知恶意软件。

二是安全漏洞。黑客致力于利用软件或操作系统中的缺陷，而几乎所有应用都会存在缺陷。

三是移动设备。如智能手机、iPad 等其他移动设备本身被劫持后，黑客便可以通过这些设备入侵单位网络。

除个人用户的设备外，托管设备也成为外部攻击的重要目标。由于托管设备管理权限较为分散，存在以下安全风险问题：部分托管单位没有固定的托管设备负责人；部分托管单位将设备托管至机房后安全意识和责任意识不强，对托管设备疏于管理，存在较大的网络安全隐患。目前，网络安全形势不容乐观，在日后的工作中对托管设备需加强管理，需严把网络安全关，为全院建设一个安全、高效的网络运行环境。

第四节　中国社会科学院网络基础建设和网络安全保障的主要措施

一　规范个人用户网络利用行为

规范个人用户对网络设备的使用方式和网络的接入行为，包括以下三个方面。

1. 用户首次接入内网。首次设置网络配置时应由网络管理员分配指定 IP 地址，并建立 IP 地址分配管理台账，及时更新。

2. 做好设备的安全性能检查。定期查杀毒，升级系统补丁，使用安全浏览器上网，访问大型正规网站，不使用非法代理工具。

3. 规范服务器管理制度和流程。定期对服务器、管理机打安全补丁、杀毒、更换密码，减少维护设备数量，维护和发布服务器需一对一操作。

二　加强网络安全管理与保障工作

认真学习贯彻习近平总书记关于网络强国建设的重要论述，以及关于信息化和网络安全重要讲话精神，落实《网络安全法》和《网络安全等级保护条例》的相关要求，做好以下四个方面的工作。

1. 完善管理制度，强化安全事件预警、通报和应急处置。根据中国社会科学院实际情况，完善院所两级安全保障工作机制，强化安全事件预警和通报工作。全院各单位按照“谁主管谁负责、谁运行谁负责、谁使用谁负责”的管理模式，切实将责任和任务分解到部门、岗位和人员，最大限度地预防和减少信息系统安全事件的发生。建立信息通报制度，专人负责，一事一报，形成了网络安全“事事有人管、层层抓落实”的工作格局。按照“横向到边、纵向到底”的要求，建立“决策组统一指挥、部门单位分级负责、预警处置主动及时”的应急管理工作体系，形成处置突发信息安全事件指挥有力、责任到人、防范到位、处置高效的工作机制。院属各单位应重视网络安全管理工作，认真落实《网络安全法》《网络安全等级保护条例》等网络安全管理条例。按照中国社会科学院网络安全与信息化领导小组要求，建立健全网络安全配套制度，提升网络安全业务水平，提高网络安全意识，共同守卫全院网络空间安全。院属各单位建立健全网络安全管理制度等相关信息化管理办法，做好统筹规划，制定总体方针和建设目标，并根据实际执行情况适时修改和完善管理办法。

2. 进一步加强日常安全管理。建立并落实资产管理制度，明确专人负责，有完整的资产发放、维修维护和报废信息记录。建立并落实岗位网络安全责任制度，不同岗位安全责任明确，与重点岗位人员签订网络安全与保密协议，严格执行《人员离岗离职安全管理规定》，包括终止系统访问权限、收回软硬件设备、收回身份证件和出入证件等。建立并落实外包服务安全管理制度，与参与信息系统设计开发、系统集成、运行维护和安全评测的第三方机构、人员签订保密协议，严禁泄露系统数据和预留系统后门，严格控制信息系统和生产数据访问权限，严禁超越权限访问，做到现场服务均有详细服务记录。

3. 持续做好网络安全意识宣传。持续组织院属各单位信息化主管领导、信息化工作人员、科研人员和科研管理人员参加多层次多形式的安全知识和防范技能培训。充分利用好国家网络安全宣传周这一契机，同步加强全院相关人员的安全意识、规范相关人员的安全操作行为，提高全院工作人员的安全意识和防范技能。

4. 加大网络安全投入和加强专业人员培养。面对日趋严峻的国内外网络安全形势，继续积极争取落实信息安全保障经费，保障软硬件设备及其他教育培训支出，将相关信息系统安全管理、重要信息系统等保测评、网络安全设施运维等工作经费纳入年度预算，增加信息安全资金投入。优秀的信息化安全防护态势，归根结底需要专业人才队伍的支撑，并加强信息安全人才队伍建设和网络安全人才储备。在全院网络安全人才比较匮乏的背景下，要加快培养信息化专业人员，建立信息化人才梯队。在信息化人才规划上要提前谋划，提供人才培养的政策环境；加强专业技能培训，持续提供系统培养学习；为人才选拔任用、职业晋升提供支撑保障；强调实战化演练如攻防演习等。

三　信息化技术体系

1. 加强电子邮件系统防护，为邮件用户守卫好第一道门。电子邮件系统已经成为全院用户办公、科研、交流不可或缺的信息化手段。电子邮件系统本着安全、易用、稳定、人性化的原则向用户提供服务，截至 2020 年 12 月，服务用户近万人。在提供优质服务的同时，中国社会科学院对邮件系统的安全加固也在同步进行中，完成了国家网络安全等级保护二级备案和整改工作。

电子邮件为全世界用户提供便利沟通渠道的同时，也引来了不法分子的关注。近五年，电子邮件安全事件持续增多，中国社会科学院协查处理涉嫌传播敏感信息，清查钓鱼及勒索邮件等多起邮件安全事件。

随着网络安全形势日趋严峻，需要加强院邮件系统的安全管理，包括部署具有垃圾邮件拦截、病毒附件拦截、防钓鱼预警机制（黑白名单、神经网络学习等）和防 DDoS 攻击的邮件安全网关；提供动态验证码、多因素安全认证、密码安全控制、异地登录提醒等多方位的账号防护，实现邮件服务器之间信息加密方式传送数据；关闭自动转发和自动回复功能，降低安全风险；同时在全院范围内定期开展邮件账号清查工作，逐一进行核对和修正，对已离院人员和长期不用的邮箱进行注销或停用处理；要求全院用户务必做到“上网不涉密，涉密不上网”。这一系列举措，有效提升邮件系统使用效率和安全性。

2. 对信息系统全生命周期进行安全设计。做好信息系统的顶层规划，在设计、研发、运维等各个阶段考虑信息系统的安全防护，建立起全生命周期的安全管理思想。

从需求分析阶段对网络通信安全防护、敏感数据保护进行设计；在系统开发阶段，对常见的高危漏洞进行防护处理，如 SQL 注入、跨站攻击、弱口令攻击、文件上传等，对错误数据返回的参数进行过滤等。

在测试阶段，除了对系统功能、性能进行测试外，也要对安全性开展详尽测试。系统上线后，要对系统权限、端口、服务等内容按需开放，优化安全策略；及时安装防病毒软件，做好漏洞补丁更新工作，并按照《网络安全法》和《信息安全等级保护管理办法》开展等保定级工作。

在信息系统上线运维阶段，要按照流程和管理规定执行，定期开展漏洞扫描和修复、模拟渗透测试等周期性安全评估。

3. 建立联动的安全态势感知系统。在新兴的信息技术环境下，新的攻击形态层出不穷，攻击变得更复杂、更隐蔽，攻击手段更加高明，传统的被动式防御手段和体系容易被攻击者绕过，持续的安全监测能力需要进一步完善，主动防御成为主流。① 尤其是在大国博弈中，高级可持续威胁（APT）成为国家间网络对抗的主要手段，传统的防御手段如入侵检测（IDS）、入侵防御（IPS）等在面对大规模的结构化应用系统时防御能力略显不足，网络安全态势感知系统是变被动防护为主动防护，变查找已知威胁到未知威胁的综合防御系统。②

网络安全态势感知系统可以在发生恶意攻击与数据窃取事件时，第一时间快速发现、阻断与溯源分析，让攻击事件和攻击行为"可发现""可看见""可追溯"。引入安全主动发现与监测技术，加强并提升全院 APT 主动感知、监测预警和应急处置能力，进一步提高全院网络安全的检测能力、预判攻击与威胁响应能力以及对攻击进行追溯的能力，同时贯彻落实《国家网络安全法》的要求，对院内网络安全意识的显著提高起到积极作用。

网络安全态势感知系统部署的流量采集器获取网络流量信息，通过分析比对本地网络风险事件以及云端威胁情报信息中心数据库的内容，提取相应特征分析攻击事件，判断事件的危险级别；而威胁情报中心对应的数据库内容将为后续分析判断提供数据基础保障。联动的网络安全态势感知系统可以从云端获取更新更快的数据，就可以最大限度提高监测预警能力，因此判断

① 王文成、王青红：《新形势下三甲医院如何做好信息安全建设》，《中国冶金工业医学杂志》2020 年第 6 期。

② 董聪、姜波、卢志刚等：《面向网络空间安全情报的知识图谱综述》，《信息安全学报》2020 年第 5 期。

的处理结果会更加精确有效，能够及时发现网络中的安全问题并采取相应措施，为网络管理人员提供决策依据。

第五节　新时期中国社会科学院信息化建设工作展望

在新冠肺炎疫情的影响下，为响应党中央、中国社会科学院党组的疫情防控要求和号召，全院的工作模式较以往产生了巨大的变化，由线下工作的传统方式逐步转换为线上线下相结合的工作模式，线上工作比重加大，同时对信息化的需求也达到了一个新的高度。《中共中央关于制定国民经济和社会发展第十四个五年规划和二〇三五年远景目标的建设》明确指出“构建系统完备、高效实用、智能绿色、安全可靠的现代化基础设施体系。系统布局新型基础设施，加快第五代移动通信、工业互联网、大数据中心等建设”。① 根据中国社会科学院的实际需求并结合关于“十四五”规划建议的具体要求，图书馆在信息化建设方面做出科学的前瞻性规划和技术预研。

一　建设安全高效、互通流畅的大数据存储、共享平台，实现多学科多层次数据信息的共享

中国社会科学院处于哲学社会科学研究的前沿阵地，在学科融合发展的大方向下，对各个学科的数据共享有很大的需求。然而，从外部环境看，在现阶段数据平台的建设中，存在最普遍的现象是数据平台孤岛化；② 从全院情况看，各个学科片相关研究数据库尚未做到共享共通；各研究所与职能部门、院各职能部门间信息传递尚未做到及时有效，从而导致业务流程复杂化，严重降低了沟通效率和工作的灵活性。因此，要改变这一现状，需建设大数据存储、共享平台。在数据采集终端和数据分析需求量不断上升的背景

① 中国共产党第十九届中央委员会:《中共中央关于制定国民经济和社会发展第十四个五年规划和二〇三五年远景目标的建议》，http://www.gov.cn/zhengce/2020-11/03/content_5556991.htm。

② 杨宏伟、滕建、刘淑梅:《智慧校园背景下高校信息化建设的研究与实践》，中国计算机用户协会网络应用分会 2020 年第二十四届网络新技术与应用年会，2020 年。

下，以安全、高效为出发点，建立全院的大数据处理中心，[①]将全院人事、固定资产以及科研规划等方面的信息深度整合；建立个人用户中心，对用户的使用行为进行人物画像；通过对全院的信息分析和预测，为院党组及相关单位作出科学决策提供有力的技术支撑。

二　提升基础信息化硬件建设，利用云计算技术进行算力挖掘，提升数据处理效能

图书馆是中国社会科学院中负责信息查询、科研成果交流、海量数据存储和大数据分析的重要机构，更是全院智能化建设的重要一环。图书馆建设不仅是对原有的工作流程的优化，为读者提供更加便捷优良的服务，同时也需要解决海量数据分析问题。云计算技术可以将分散的算力集中，从而降低了对单体高性能运算设备的依赖；考虑到成本与业务需求的相互平衡，利用云计算技术在现有网络节点中对运算能力进行充分的调用，可以最大化地满足日常办公和科研工作的需要。[②]同时，可以结合云计算算力较为集中的特点，在未来的网络安全工程建设中，发展基于云计算技术的主动式网络安全防御系统，从而提高全院网络系统的整体监控、预测以及防护的能力。[③]

三　对于行业内热门的技术如区块链技术进行预研，为版权、著作权申请保护交流，财务办公系统优化等方面提供技术储备

区块链技术的特点在于去中心化的存储方式、不易篡改以及灵活的交流途径。目前，以区块链技术为核心的数字化版权、著作权交易已成为我国科技发展的重要方向并得到了国家相关机构的大力支持。[④]图书馆作为全院最大的图书、数据库采购单位，未来对数字化版权、著作权的支持是十分必要

① 李佳、张牧:《高校大数据中心构建研究》,《电脑知识与技术》2020 年第 16 期。

② 赖群、黄力、刘静春:《借助“物联网”与“云计算"技术构建智慧图书馆》,《新世纪图书馆》2012 年第 5 期。

③ 顾立强:《信息网络建设的安全防御系统》,《无线互联科技》2012 年第 2 期。

④ 吉宇宽:《区块链技术下的版权运营对于图书馆的机遇与挑战》,《图书馆建设》2021 年第 1 期。

的。同时，中国社会科学院作为全国最大的哲学社会科学研究机构，每年会有大量的科研成果以多种形式向外发布，亦存在对于新兴的区块链版权、著作权技术的大量需求。在财务办公系统方面，因区块链技术的优势明显，对于相应数据的存储也存在高度的适配性。因此，对区块链技术的预研，能够为中国社会科学院的未来的发展提供足够的技术储备。

四　加强基础网路设备规划建设的前瞻性，结合 5G 网络灵活度高、低时延且传输速率高的特点，为未来可能大幅度增长的硬件接入设备提供足够的升级空间

5G 通信技术正在我国大量普及，其特点是传输速度更快、与互联网深度融合并支持高清视频传输。在数字化图书馆的建设中，5G 通信为用户的便捷访问提供了稳定的技术保障，院图书馆可以更加有效地引进例如 MOOC 等跨平台数字资源，为用户提供优良的远程交互式服务，同时 5G 通信技术使图书馆建设中的多传感器点位接入成为可能，降低了对于传统有线通信的依赖和整体施工的难度。在可以预见的未来，5G 通信技术将可以通过多平台、多渠道、多层次为用户提供广泛的应用。①

① 岳和平：《5G 技术驱动的图书馆智慧服务场景研究》，《图书与情报》2019 年第 4 期。

第十一章
保障平稳运行，加强网站管理与技术保障

第一节　中国社会科学院网站平台建设背景

网站是互联网上固定向全世界发布消息的地方，由网站域名（即网站地址）和网站空间构成，通常包括网站主页和其他具有超链接的页面。在高速发展的信息化时代，网站成为机构或个人发布信息、展示形象、进行宣传、提供服务及互动交流的重要平台和窗口，是人们了解信息的主要来源之一。企业通过网站，可以更方便快捷地展示企业产品、提升企业形象、降低营销成本，进而为企业提供更多发展契机。政府通过网站，则可以发布政府信息、提供在线服务、与公众进行互动交流，进而提高行政效能、提升政府公信力。

中国社会科学院作为中共中央直接领导、国务院直属的中国哲学社会科学研究的最高学术机构和综合研究中心，目前拥有六大学部，近 60 个研究院所、职能机构、直属机构等所局级单位，180 余个非实体研究中心，主管全国性学术社团 100 多个，并代管中国地方志指导小组办公室。随着中国社会科学院信息化建设的发展，中国社会科学院及下属各单位于 2000 年后陆续建设了自己的单位官网以及其他对外宣传网站，网站建设数量日益增长，网站发布信息不断增多，这对中国社会科学院起到了一个很好的宣传作用，也推动了各方面工作的开展。

2010 年下半年，为了进一步加强院及下属单位等研究机构对外的网络宣

传和交流，扩展对公众和社会各级机构的服务渠道，中国社会科学院提出了建设中国社会科学网的任务，旨在通过信息化技术和互联网渠道，打造国内外一流的哲学社会科学专业学术名网，使之成为马克思主义思想阵地、党和国家决策机关的智囊、互联网上的中国社会科学最高学术殿堂。

但是，随着中国社会科学网建设需求的提出，以及全院网站建设与信息发布数量的增加，中国社会科学院在网站建设与维护中存在的各种问题也日益凸显，主要包括：一是网站建设技术落后，无法满足中国社会科学网及更多网站建设的功能需求；二是网站管理和分布零乱，信息发布机制不完善，网站更新发布不及时；三是各网站数据信息标准不统一，大部分网站基本都是独立建设的，网站之间无法方便快捷地实现信息共享；四是网站的安全性难以保证，大部分网站在建设及维护时未充分考虑网站各方面的安全技术，更谈不上遵守国家关于信息系统等级保护的相关要求，导致不时出现各种安全问题；五是网站后期维护工作分散投入，维护人员专业性不强，总体维护费用较高。上述问题如何得到有效的解决，也成为了中国社会科学院信息化建设中面临的重要问题。

根据机构职能分工，中国社会科学院图书馆作为中国社会科学院网络安全、信息化建设和运维工作的主要责任单位，负责网站平台整体的日常运维和安全保障，为全院各单位提供网站技术支持服务，为中国社会科学网及院属各单位网站的对外宣传发布提供安全可靠稳定的发布平台。

第二节　中国社会科学院网站平台作用与架构

网站群是指由若干个按照一定隶属关系组织在一起的网站集合，这些网站建立在统一的技术架构基础上，具有统一的标准和规范，相互之间可以进行信息和资源群共享，既保证了各个网站之间的联系和配合，同时又对各个网站特定的权限信息进行了划分，既能够实现统一的管理，又给各个网站留有自主管理和维护的空间。网站群模式自 20 世纪 90 年代被提出，共经历了六个阶段。目前第六代集约化网站群是指基于顶层设计的，技术、功能、结构统一，资源向上归集的，面向多服务对象、多渠道、多层级、多部门门户网站的一站式集群平台，由多个构建在同一数据体系上的门户网站群构成。与以往相比，目前网站群的特点是：既保证了平台的统一性，同时又延续了子站的个性化功能需求，采用“权限集”的权限管理方式，能更好地应对日趋复杂的网站群权限管理需求。

通过建设一个统一的、成熟的、安全的网站群平台，运用网站群平台的特点和优势，不仅可以有效地解决上述问题，使全院网站之间不再孤立，信息实现共享，还可以更好地对网站进行维护和管理，实现信息采集方便灵活、编辑功能强大完整、审核流程准确清晰、发布便捷且形式多样、安全技术防护全方位等要求。在此基础上，依托中国社会科学院丰富的研究资源，建设以中国社会科学网为龙头的全院网站群，使之成为中国社会科学的权威门户，可以更好地满足中国社会科学院及下属研究机构对外的网络宣传、信息服务和互动交流需要。

根据网站建设以及网站群管理需求，中国社会科学网发布平台于 2012 年下半年开始建设，2013 年上半年网站平台投入运行使用，下半年完成最终验收。建成后的网站平台整体架构分为核心网络区、发布区、业务区、数据存储区、安全管理区等区域，主要设备均位于院中心机房。

该网站平台作为全院网站群统一管理发布平台，主要运行着中国社会科学网及全院所有网站群的核心业务，所有网站的访问群体为互联网用户。网站管理员与编辑人员通过安全控制措施登录平台发布系统完成网站信息的采、编、审、发等工作；运维人员对平台实施整体维护工作。网站平台正式使用后，2014 年至 2018 年，先后经过两次整体迁移工作，将中国社会科学院旧网站系统上的所有对外网站以及各单位自建网站均迁移至新的网站平台上，实现了“全院一网”。“十三五”期间，中国社会科学院逐步形成了以中国社会科学网和中国社会科学院网为龙头，以全院各研究所、研究中心及其他专业网站为支撑的中国社会科学院理论学术网站集群。截至 2020 年 12 月，建设和运行在该平台上的中国社会科学院单位机构网站和专业网站站点已超过 110 个。

第三节　中国社会科学院网站平台功能特点

一　网站平台的功能

建成后的网站平台系统功能包括稿件采集、稿件编辑、稿件审核和信息发布等基础功能，以及相关的管理、检索、资讯采集、互动交流、统计分析、综合监控等辅助功能。主要有以下六类功能模块。

1. 内容管理

内容管理是整个网站群运行管理的核心，是管理站点和信息的支撑平台，能实现信息内容高速无延迟传送，方便用户快速搭建网站、创建专题，完成信息采集、编辑、发布。

2. 身份管理

身份管理集账号管理、授权管理、认证管理和综合审计于一体，实现统一的资源访问入口、集中账号管理、集中身份认证和集中访问授权等功能。

3. 网站检索

实现对网站各类结构化和非结构化数据的统一检索功能，实现各类高级检索功能，提供对检索结果进行分析排序等辅助功能。

4. 视频发布

实现对视频资源的采集、加工转换、管理、审核、发布、检索、点播、直播等功能，提升网站的多媒体应用功能和效果。

5. 特色选件

实现表单制作、专题制作选件、问卷调查等特色功能。

6. 流量分析

实现网站的流量分析，方便用户了解网站被关注的程度、范围，并以此作为网站内容改进的依据。

二　网站平台的特点

建成后的网站平台具备以下五个特点。

1. 统一安全架构

网站平台安全框架、授权体系、安全体系、监控服务、运维的管理可统一实现，从整体上制定数据备份、防篡改、防攻击、防病毒的网络安全措施，尽可能降低网站安全风险，将网站群的安全级别提升到可有效管理的层次。

2. 易用性好，技术门槛低

网站平台提供可视化的建站方式，可内置多套主题模板，直接导入即可快速新建站点，无需专业的程序知识就能轻松完成网站的日常运维和管理工作，方便网站的新建和日常维护。

3. 资源互通共享

在网站平台上可同时构建、承载多个站点，各站点在逻辑上相互联系，可将社科院各站点信息资源集中起来，打破各网站之间存在的信息孤岛现象，实现信息、资源的互通共享。

4. 扩展性强

网站平台具备优越的扩展性和高度的开放性，可按照实际需求对一些后续的功能进行扩充或二次开发，方便集成系统管理、会员管理、统一认证、在线互动等系统应用。

5. 减少重复投入

网站平台建设完成后，形成了统一安全架构管理的网站群管理平台，通过这一个网站平台就可解决全院所有单位的主要网站建设问题，可有效减少各单位网站单独建设及运维时的重复投入，节约全院整体的信息化经费支出。

第四节　中国社会科学院网站平台安全体系

根据国家网络安全等级保护制度的相关要求，在网站平台建设同时，网站平台的安全架构体系也需要进行同步规划、同步建设。

一　等级保护级别的确定

为了明确网站平台作为信息系统的等级保护级别，按照等级保护制度原则要求，首先需要对网站平台的业务信息安全情况和系统服务情况分别进行分析。

第一，由于网站平台上承载着中国社会科学院作为国家机构对外发布的各种信息，当其业务信息安全受到破坏时，受到直接影响的客体是中国社会科学院自身权益及相关机构、公民、法人的合法权益，同时对社会秩序和公共利益可能造成严重损害，影响范围很大，侵害程度为严重损害，因此确定网站平台业务信息安全性保护等级为第三级。

第二，由于网站平台的主要作用为对外发布网站信息，当系统服务受到破坏后，将给中国社会科学院相关工作造成困扰，影响相关业务处理的效率和效果，影响相关工作职能，对中国社会科学院合法利益和公共利益的侵害程度为一般损害，因此确定网站平台系统服务安全性保护等级为第二级。

由于信息系统的安全保护等级由信息安全等级和系统服务安全等级较高者决定，因此最终确定网站平台系统安全性保护等级为第三级。

二　安全体系的原则

根据网络安全等级保护制度要求，需要针对各种网络安全风险，在物理安全、网络安全、系统安全、数据安全、应用安全、终端安全、管理安全等不同层面上采取可靠的安全防范措施，建立行之有效的网络安全管理制度和流程规范，形成一套完整的安全保证体系，实现严密、多渠道的安全控制，确保网站平台整体的安全可靠。因此，网站平台安全体系的设计及实施要满足以下五个原则要求。

1. 合规性

符合国家网络安全等级保护政策和标准规范要求，即满足信息系统网络安全性保护等级第三级要求，且通过专业等级保护测评机构的测评。

2. 可管理性

综合信息发布服务与监管体系实际需要，在安全建设管理、安全运维管理、安全技术管理等各个方面全面考虑并实施。

3. 整体性

全面覆盖信息安全的技术和管理，设计并建立整体的安全保障体系框架。

4. 可扩展性

具有一定的可扩展性和灵活性，可满足相当长时间内网络的发展和应用系统的升级需要。

5. 合理性

建立合理的技术与管理相结合的安全防护体系，避免“过保护”和“弱保护”。

三　安全技术的实现

在网站平台的安全技术方面，通过架设一系列安全设备以及实施一系列安全策略来满足网络安全性保护等级第三级要求。

1. 通过在网站平台系统边界处部署防火墙进行逻辑隔离和访问控制，只允许相关业务服务器按照业务需求与其它区域中的业务应用的指定端口相互访问，不仅可以有效地保护内部网络中的系统和数据安全，还可以防止各网络之间有意无意的探测和攻击行为。除了通过设置安全策略增加对服务器和内部网络的保护外，同时还启用防火墙日志服务器记录功能记录所有的访问情况，对非法访问进行监控，对发生的攻击行为进行审计。

2. 对网站平台系统旁挂部署入侵检测系统，帮助安全管理员及时发现对服务器的入侵行为，实时监控网络连接，并对非法的数据包产生报警和日志记录，扩展了安全管理员的管理能力。

3. 对网站平台系统透明部署网页应用防火墙系统，通过透明转发方式，串联接入系统链路实现对所有网站站点访问进行控制，提高网络安全运行系数，能够帮助安全管理员及时发现针对网站发布服务器的入侵行为，实时监控网站的访问，并对非法的数据包产生报警和日志记录，提高信息安全基础结构的完整性。

4. 通过旁路监听方式以双机联动模式部署远程访问设备，在院网站发布平台防火墙处直连端口实现对网站发布平台内部所有应用服务器的登录控制，提高网络系统安全运行系数。

5. 通过旁路监听方式部署数据库审计设备，在核心设备处直连端口实现对内网所有数据库流量、信息、操作、策略下发进行审计与监控。通过审计策略从网络中获取数据库审计信息，可有效监控数据库安全状况。

6. 通过旁路监听方式部署安全管理平台，镜像核心及发布区交换机所有端口流量实现对所有数据流量、协议信息进行审计与监控。通过审计策略从网络中获取审计信息，可有效监控网络安全状况，及时发现异常行为。

7. 通过旁路方式部署堡垒机，在核心交换机处直连端口实现对系统内部所有设备操作的安全审计工作。

四　安全管理体系的制定

在网站平台的安全管理上，按照网络安全性保护等级第三级要求，制定了一系列网络安全管理制度，形成了由总体方针、安全策略、管理制度、操作规程、记录表单等构成的较为全面的网络安全管理制度体系。其中，由网络安全执行组织负责安全管理制度的制定，对制度的制定和发布、格式要求及版本编号进行了规定，制度经审核批准后正式发布。还会定期对安全管理制度的合理性和适用性进行评估，并对不足或需要改进之处进行改进。

网站平台安全管理制度的主要内容包括：网络安全方针明确了网络安全目标是建立和完善网络安全的策略体系、组织体系、技术体系和运作体系，保障业务发展和促进业务目标的实现；网络安全工作管理规定明确了网络安全工作的展开办法，指导开展网络安全工作；岗位职责说明书明确了相关岗位人员的岗位工作内容及要求；机房管理规定规范了机房的安全管理，以加强对机房的安全防护；网络和系统安全管理规定规范了操作系统及数据库运维的安全管理，以加强系统层防护；设备管理规定规范了设备的配置和使用，以降低由于设备的使用不当而给中国社会科学网平台系统造成的风险；安全补丁管理规定规范安全补丁的识别和安装过程，以降低安全漏洞带来的安全风险，提高系统的抗攻击能力；病毒防护管理规定规范病毒防护的安全管理，以加强对生产终端以及生产服务器病毒的防护；变更管理规定明确加强系统配置变更安全管理，规范系统配置、变更的安全操作，以降低滥用、越权等带来的风险；应用系统开发安全管理规定规范系统内部自行软件开发、外购软件的开发、测试及运营安全过程，以降低系统风险；外来人员安全管理规定提供外来人员（非本单位员工）活动所要遵守的行为准则，以加强和规范对外来人员的安全管理，有效防范外来人员访问网站平台系统带来的安全风险；安全事件管理规定规范了安全事件的响应和操作流程；安全补丁管理流程、安全事件处理流程、应急响应流程、变更流程则分别规范了相应的网站平台相关活动流程。

第五节　中国社会科学院网站平台日常维护

一　网站运维的目的

通过对网站平台进行各方面的日常维护，中国社会科学院才能保证网站平台的正常稳定运行，运维的总体目标是提供“事前可预防、事中可控制、事后可恢复”和“即时发现问题、即时解决问题”的系统保障需求，实现“零事故”的工作要求，具体目标包括：全面梳理系统总体运行现状，分析排查系统运行及安全隐患；出现故障时，分析排查故障原因，快速解决故障；提升运维应急响应能力，及时有效地应对突发故障及安全事件；完善运维保障体系，提升信息系统的运维保障水平；优化运维管理机制，开展运维管理工作；持续优化运维文档及技术资料，提升运维水平。网站平台运维需要遵循的原则有以下六点。

1. 标准性

运维实施应依据国内或国际的相关标准进行。

2. 规范性

运维实施过程和相关文档应具有很好的规范性，便于跟踪和控制。

3. 整体性

运维实施范围和内容应整体全面，包括系统涉及的各个层面，避免遗漏造成的系统隐患。

4. 可控性

运维实施方法和过程应严格按照工作计划执行，确保其可控性。

5. 最小影响性

运维工作如补丁升级、漏洞修补、系统升级等应尽可能小地影响网站平台系统和网络的正常运行，不能对系统的正常运行产生明显影响。

6. 保密性

运维需要及产生的各项数据信息应内部掌握控制，不得随意泄露给其他无关人员。

二　网站运维的内容

除了网站内容更新、网站功能更新、网站页面设计更新等内容维护工作外，网站平台的技术性维护工作主要包括以下四个方面。

1. 系统运维

网站平台的日常系统运维工作包括：全面了解平台的硬件及软件构架及配置，形成系统运行维护档案；监控和定期检查平台的设备及系统的工作状态，发现运行中存在的隐患，并及时作出相应的处理，以提升系统设备使用率；根据业务系统需求，及时调整优化设备及系统相关的配置及参数。

（1）硬件设备维护。主要工作包括：硬件设备要安放在合适的机房相应位置，保证机房环境通风干燥、恒温恒湿；定期对设备进行检查，查看设备外观，查看所有指示灯、风扇运转情况是否正常；登录设备进行信息收集，查看设备连续工作时间、系统时间、设备温度，CPU、内存、磁盘空间、端口使用情况及系统日志情况、网卡进出流量是否正常；针对异常现象，按流程要求采取维护措施，及时更换故障部件。

（2）操作系统维护。主要工作包括：及时升级操作系统软件和杀毒软件病毒库；定期巡检，登录系统查看进程状况、存储空间使用情况、系统网络配置、持续运行时间、系统时间、异常账户、异常端口及系统日志情况，查看补丁程序是否满足需求，查看文件系统、逻辑卷运行、内存交换区、数据备份情况；查看系统错误报告，并针对报告进行分析、记录和清理；加强服务器管理员帐户和密码保护管理，所有管理账户都要设置位数超过 12 位、数字和字母混合的强密码，密码要 3 个月更改 1 次；根据应用需要，关闭一些不用的端口和服务；定期查看、检查和分析服务器系统日志，确保系统日志程序正常运行，有效地掌握服务器的运行状态，发现和排除运行过程中的错误原因，了解网络用户的访问情况等。针对异常现象，按流程要求采取维护措施。

（3）数据库维护。主要工作包括：定期对数据库系统进行巡检，查看数据库系统空间、系统备份、系统日志情况、系统监听状态、数据库实例、表空间状态、数据缓存、数据字典命中率；漏洞修补和补丁升级；针对异常现象，按流程要求采取维护措施；数据定期备份等。

（4）设备更新。结合设备使用情况，针对使用年限较长、已无法质保以及功能或性能落后设备，定期进行必要的设备更换升级。

2. 安全运维

随着黑客人数日益增长和一些入侵软件的猖獗，网站的安全日益遭到很大的挑战，如 SQL 注入、跨站脚本攻击、文本上传漏洞等安全事件时有发生，相关安全运维工作日趋重要。目前来看，网站的安全隐患主要是源于其漏洞存在，而世界上不存在没有漏洞的网站，所以网站安全运维的关键就在于及早发现漏洞和及时修补漏洞。基于此，主要的安全运维工作包括以下六个方面。

（1）日常安全运维。是针对网站平台实施的日常安全运维工作，包括系统安全巡检、日志查看分析、安全策略优化调整与备份、故障处理、应急响应和相关安全服务等，如发现异常及时进行相应的处理，以保障网站平台系统安全、稳定、不间断的运行。

（2）漏洞扫描和修补。对网站平台内所有系统和设备定期进行安全漏洞检测，目的是找出网络上的数据库、主机和网站系统中的配置错误及漏洞信息，发现网站的安全弱点，采取措施及时修补相关漏洞，以免数据库、主机和系统的漏洞信息被攻击者利用，给业务系统带来危害，以保证系统的稳定。主机系统漏洞检测内容包括通信端口识别、服务类型识别、安全漏洞识别、弱口令识别等，Web 应用漏洞检测内容包括 SQL 注入攻击漏洞识别、XSS 跨站攻击漏洞识别、高危脚本安全漏洞识别等。

（3）渗透测试。渗透测试，也叫白客攻击测试，是一种从攻击者的角度来对网站平台系统的安全程度进行安全评估的手段，在对现有信息系统不造成任何损害的前提下，利用已经掌握的安全漏洞和安全检测工具，采用工具扫描 + 手工验证的方式，模拟入侵者对系统和网络进行非破坏性质的攻击性测试，验证漏洞的危害程度，提出整改建议，从而保障网站平台系统的安全正常运行。

（4）风险评估。风险评估主要是分析网站平台系统整体的安全状况，全面了解和掌握网站平台面临的网络安全威胁和风险，明确采取何种有效措施，降低威胁事件发生的可能性或者其所造成的影响，减少系统的脆弱性，从而将风险降低到可接受的水平；同时，为后期安全规划方案的提出提供原始依据，并作为今后其他工作的参考。

（5）安全加固。安全加固是一个配置软件系统的过程，技术人员针对服务器操作系统、网络设备的软件系统，通过打补丁、强化帐号安全、加固服务、修改安全配置、优化访问控制策略、增加安全机制等方法，堵塞漏洞及“后门”程序，在保障应用正常运行的前提下，合理进行安全性加强，提高其健壮性和安全性，增加攻击者入侵的难度，软件系统安全防范水平得到大幅提升。安全加固工作降低了威胁事件发生的可能性或者其所造成的影响，减少了网站平台系统的脆弱性，从而将风险降低到可接受的水平。

（6）应急演练。应急演练是模拟突发事件发生后，按照应急预案处置事件的预防性演习活动。应急演练可以提高所有参与人员的应急处置能力，增强人员之间的配合、协作能力，强化人员安全意识与执行应急预案的意识。通过演练总结、完善应急预案和工作流程，还可以检验相关应急机制和人员应急反应情况，为系统的安全运行工作打下了良好的基础。

3. 故障处理

网站平台在运维过程中会产生各种故障，在全面掌握平台系统的整体状况及做好日常运维工作的基础上，建立系统信息文档以及故障处理的应急预案。一旦网站发生紧急故障，应立即启动应急预案，结合系统整体架构，依据应急预案及时对故障进行逐步排查评估，确定故障的“病源”，采取必要技术措施掐灭“病源”，完成故障处理，恢复系统的正常运行。如发生重要文件因遭遇病毒或攻击而被破坏，则需要使用备份数据及时通过技术手段进行恢复。

一般的故障处理流程如下：一是故障问题识别，对故障表现的清楚掌握是分析网络故障的前提，这样才能知道其更深层次的原因，对此进行识别；二是规划故障诊断流程，排列各种原因，此时上一步收集的情况可以在这一步帮助技术人员排除不可能的原因，比如从硬件上收集的信息表示硬件一切正常时，就可以集中排查系统方面的原因；三是故障的处理，通过综合分析，明确故障原因，根据预案和操作流程进行相应的操作，直至系统恢复正常运行。事后还需要根据故障处理情况，深入分析原因，总结经验，形成相关文档，为以后的故障处理工作提供可参考的依据。

4. 系统优化

网站运行的过程，也是不断进行优化维护的过程。随着系统业务的发展，应当按照要求对网站的功能和设计进行持续的优化，开展网站模板改错及优化、站点设置优化、系统配置优化、数据库优化等工作，增强了网站平台运行的稳定性，提高运行效率，减少故障发生次数。

经过一定时期的运行使用后，随着数据量的增加和日志的积累，要根据网站平台系统需求、运行情况及故障情况，及时调整数据库系统相关配置及参数，进行数据库的优化。如调整数据库系统全局区的数据缓冲区、日志缓冲区和共享池的大小，调整程序全局区的大小，调整硬盘输入输出配置，调整输入输出的负载均衡，优化调整操作系统参数和使用资源管理器，进行SQL语句优化，接口竞争状态诊断，回滚段优化，数据块效率提升等。

三　网站平台升级扩容

2017年，根据中国社会科学网及全院网站群的业务发展需求，遵循安全性和可靠性的原则，中国社会科学院开展了网站平台的升级扩容工作，着重解决了网站平台在具体使用中发现的问题，包括浏览器兼容性问题、后台登录问题、采编系统相关问题、选件系统相关问题、采编系统权限管理问题等，同时在考虑维护成本和运行稳定率的情况下，在主机系统中增加若干台物理服务器，将运行在虚拟环境中的平台主要业务系统迁移至新增物理服务器中运行，减少了虚拟机资源池占用，提升主机系统的运行效率，增强网站平台整体的稳定性，为平台应用的拓展预留一定空间。通过网站平台的升级扩容，进一步完善功能、提升性能，增强使用的便利性和稳定性，便于应用与管理维护，保证了网站正常访问及发稿高峰时的业务操作，提升了平台的承载量，满足中国社会科学网及院属单位网站未来几年内的发展需要。

四　网站内容维护

在做好网站平台运维的基础上，对于网站来说，还需要不断地更新内容，才能保证网站的生命力，起到更好的宣传效果，否则反而会对自身形象造成不良影响。如何能更好地进行网站内容维护，也是网站建设和维护面临的主要难题之一。

1. 确保网站维护的资金和人力

在网站建设初期，就要对后续维护给予足够的重视，要保证网站后续维护所需资金和人力，才能保证网站能长期持续稳定地运维下去。

2. 制定网站维护规定，将网站维护制度化、规范化

首先需要领导重视，要从管理制度上保证信息渠道的通畅和发布流程的合理。网站上的各栏目信息往往来源于多个业务部门，要进行统筹考虑，确

立一套从信息收集、信息审查到信息发布良性运转的管理制度。既要确保信息的准确性和安全性，又要保证信息更新的及时性。

3. 做好网站栏目和内容规划

在建设过程中要对网站的栏目及内容进行尽量细致的规划，明确哪些栏目内容相对稳定，哪些栏目内容需要经常更新，对于不同更新要求的栏目采用不同的维护机制，相对稳定的网页内容及模板不用经常改动，重点关注需要经常更新的栏目，这样有利于后续维护。

4. 科学管理信息

对经常变更的信息，尽量采用结构化的方式进行管理，比如建立数据库、规范存放路径等，以减少工作量以及避免数据杂乱无章的现象。

5. 选择合适的网页编辑工具

信息收集起来后，采用不同的方法进行网页发布，效率也会大大不同。比如使用可视化编辑工具比使用简单的文本编辑器，效率自然要高很多，因此在维护网站时要注意选择合适的网页编辑工具。

第六节　中国社会科学院网站建设发展方向

按照中国社会科学院“十四五”信息化规划要求，“十四五”期间要建设一体化的全媒体传播平台，实施哲学社会科学学术网站建设提升工程。因此，要充分发挥网站平台的信息集成共享作用，进一步完善系统功能，提升使用便捷性，增强网站平台的安全防护能力，为哲学社会科学的传播提供有力的支撑。

一　夯实支撑基础

夯实网站的支撑基础一是提高网站适配性，实现多平台兼容运行，保障用户基本的访问体验。在网站建设开发中采用前后端分离模式进行网页开发，可以极大地简化网站建设的复杂性，也可以使前后端的耦合性弱化，增强一些数据的重复利用性。应用 JavaScript 制作前端的交互动效，应用

HTML5 和 CSS3 技术布局和优化用户视觉界面，保证前端编程代码在不同浏览器的内核中完整兼容运行，实现真正的跨平台运作。二是加强网站信息资源库建设，丰富网站信息储备，汇聚平台数据，按照基础库、主题库以及文字库、图片库、视频库等不同的管理方式进行科学分类、规范管理，为网站创新应用提供数据支撑。三是建设统一运维监控管理平台，将网站平台资源监控、运维管理、日志采集分析融合于一体，结合大数据和人工智能技术对平台运维情况进行实时监控、提前预警，做到开发、运行、维护、访问等全过程管控。四是加强网站平台安全体系和能力建设，把安全发展贯穿网站建设各阶段和全过程，深化各类安全防护技术应用，筑牢安全屏障。网络安全已经全面进入智能防御时代，融入人工智能技术成为网络攻防的新常态。安全威胁的不断变化升级，迫切需要自动化防御手段高效地检测和处置威胁。近些年来，云计算、物联网、人工智能快速发展，这些技术可以极大地提高工作效率，但是也为黑色产业进行网络攻击提供了技术支撑。在这种情况下，依赖人工去处理大量的攻击事件是不现实的，因此，未来将会有更多的安全技术与人工智能技术紧密结合，互相促进，逐渐成熟。人工智能也将成为网络安全产业未来发展必备的关键技术。

二　完善保障机制

完善网站的保障机制一是持续强化顶层规划设计，以数据资源为核心，以创新应用、在线服务为目标进行统一规划设计，做到目标一致、标准统一，坚持以集约化、数字化和智能化为主要原则，以规范、健康、创新发展为主要思路，打造“数据有速度、服务有温度、用户有黏度”的新型网上平台。二是不断完善日常监管机制，充分发挥集约化平台的统一支撑和监管优势，不断提升日常监管的自动化、智能化水平。三是建立健全考核评价体系，建立以资源提供效果、服务创新能力、数据利用实效、用户满意度等为主要内容的考核评价机制，推动网站从提供简单的信息服务向以数据资源驱动、创新应用为主要特征的新格局发展。

三 提升创新能力

提升网站的创新能力一是要坚持以人民为中心的发展思想，紧扣发展趋势，将提供的服务拓展到手机、平板、自助机、户外大屏、有线电视等各种终端，打造“网站 +”的应用生态圈，充分发挥各类信息资源的价值和优势。目前，5G 技术在持续推动社会变革，移动互联网已经成为人们日常生活的一个必需品。人们通过平板电脑、手机等终端不断拓展社会消费市场，网络消费逐步向个性化、多元化方向发展，网站建设也要考虑能够更大程度、更高效率地为使用者提供服务。二是要坚持以用户“管用、爱用、受用”为衡量标准，加大精品功能开发力度，策划贴合用户需求的功能板块，缩短开发制作周期，推动网站服务从“可用、能用”向“好用、爱用”转变，实现随手可用、随时管用。当前，国内手机浏览器性能不断改进，移动终端的硬件性能也在逐步提升，开展跨平台的移动网站开发应用会使得用户群体拓展，带给客户更多不同的体验，充分地满足客户的多元化需求。三是要坚持以智能化建站的办网思路，用好 5G、物联网、大数据、云计算、区块链、人工智能等新技术应用成果，加强新技术在网站搜索、推送、问答、建站等方面的应用与推广，以先进技术驱动网站创新发展。

第五篇
传播平台建设

第十二章
讲好中国故事，加快文化传播平台建设*

2016 年 5 月 17 日，在哲学社会科学工作座谈会上，习近平总书记发表重要讲话，提出加快构建中国特色哲学社会科学，在指导思想、学科体系、学术体系、话语体系等方面充分体现中国特色、中国风格、中国气派，为我国哲学社会科学的发展指明了前进方向。中国社会科学院与时代同发展、与人民齐奋进，努力建设马克思主义理论阵地，发挥为党和国家决策服务的思想库作用。中国社会科学院党组高度重视贯彻落实习近平总书记在哲学社会科学工作座谈会上的重要讲话精神，启动学科体系、学术体系、话语体系“三大体系”建设，并落实中宣部部署，建设了“国家哲学社会科学文献中心”，整合学术资源，传播中国学术；开展了古籍清理核实，启动古籍数字化，传承中华文明，厚植文化基础。为深入贯彻落实党的十九大精神，院党组指导建设了“习近平新时代中国特色社会主义思想文库”，打造思想宣传阵地，研究宣传阐释习近平新时代中国特色社会主义思想。

2019 年 9 月，习近平总书记在给国家图书馆老专家的回信中指出，图书馆是国家文化发展水平的重要标志，是滋养民族心灵、培育文化自信的重要场所。同时指出，图书馆要坚持正确政治方向、弘扬优秀传统文化、创新服务方式、推动全民阅读、更好地满足人民精神文化需求。习近平总

* 本文采用了发表在2020年1月16日《中国社会科学报》上的《牢记初心使命 实现创新发展》一文的内容，进行了适当修改。

书记的重要论述对新时代图书馆工作提出了根本要求，也为新形势下中国社会科学院图书馆的工作提供了根本遵循。中国社会科学院图书馆认真学习领会习近平总书记回信精神，紧密结合贯彻落实习近平总书记在哲学社会科学工作座谈会上的重要讲话精神和三次致中国社会科学院贺信精神，努力把习近平总书记的要求融入服务和传播中国特色哲学社会科学的初心使命，在中宣部和中国社会科学院党组的正确领导和亲切关怀下，牢固树立服务党和国家工作大局的意识，立足全院，面向全国，着眼全世界，创新发展思路，勇担具体建设习近平新时代中国特色社会主义思想文库、国家哲学社会科学文献中心的重任和古籍整理保护的任务，牢记中央政治局常委王沪宁同志来中国社会科学院图书馆调研时的嘱托，撸起袖子加油干，打造权威的思想宣传阵地，建设一流的传播平台，服务水平、传播能力再上新台阶。

第一节 打造思想宣传阵地，建设习近平新时代中国特色社会主义思想文库

习近平新时代中国特色社会主义思想，以全新的视野，从理论和实践上系统回答了新时代坚持和发展什么样的中国特色社会主义、怎样坚持和发展中国特色社会主义这个重大时代课题，把对共产党执政规律、社会主义建设规律、人类社会发展规律的认识提升到新高度，实现了马克思主义中国化又一次历史性飞跃，为实现中华民族伟大复兴的中国梦确立了思想灯塔、精神航标和行动指南。为深入贯彻落实党的十九大精神，宣传好研究好习近平新时代中国特色社会主义思想，在中国社会科学院党组的领导和重视下，习近平新时代中国特色社会主义思想文库于 2018 年 5 月 17 日建成并面向大众提供服务。

文库总面积 200 平方米，不仅有宽敞明亮、庄重典雅的硬件环境，更具备内容丰富的文献资料。经过中国社会科学院图书馆的不懈努力，截至 2021 年 11 月，文库文献总量超过了 1.8 万件，较为系统地收集了习

近平总书记在党的十八大以前发表的文章、编著的图书，很多文献已经比较罕见，以及党的十八大以后的讲话单行本、论述摘编、讲话文集等，收集了习近平新时代中国特色社会主义思想研究阐释的相关成果，以及习近平总书记的相关新闻报道、相关文献记载，为系统深入地学习研究习近平新时代中国特色社会主义思想提供全面文献，为深入理解习近平新时代中国特色社会主义思想的发展脉络提供丰富资料。文献种类丰富多样，不仅有图书、期刊、报纸，还有讲话单行本、画报、年鉴、方志和组织史料。文库已经成为习近平新时代中国特色社会主义思想重要的宣传阵地和党建平台，不仅为研究人员研究阐释习近平新时代中国特色社会主义思想提供文献信息服务，也受到国内外相关机构和学者的高度关注，截至 2020 年 11 月，接待了国内外机构和学者参观来访 170 多批 2000 多人次。国内机构覆盖党政机关、社科院系统、高校系统、公共图书馆系统、军队系统等，国外机构包括重要图书馆和国际大型出版商，还有多个批次的海外汉学家。

为提供更加便捷的服务，2018 年底，中国社会科学院图书馆启动文库数字化工作。目前该数据库已建设完成，大幅提升了习近平新时代中国特色社会主义思想文库的应用价值和使用便捷性。专题数据库的建成为后续建设数字化的习近平新时代中国特色社会主义思想研究平台打下坚实基础，为利用大数据、人工智能等新技术，在网络环境下，促进习近平新时代中国特色社会主义思想的多媒体传播和研究方式方法创新提供有力支撑。

2019 年底，习近平新时代中国特色社会主义思想文库（专题书库和数据库）被评为中国社会科学院创新工程 2019 年度重大科研成果。

第二节 建设学术传播平台，国家哲学社会科学文献中心影响力持续快速扩大

为深入贯彻落实习近平总书记在哲学社会科学工作座谈会上的重要讲话精神，2016 年 9 月，中宣部部署，由中国社会科学院建设国家哲学社会科学

文献中心，中国社会科学院图书馆负责具体建设任务。

中国社会科学院党组高度重视国家哲学社会科学文献中心建设。谢伏瞻院长多次作出重要指示，强调一定要按党中央要求建设好国家哲学社会科学文献中心，努力做到“国内顶尖、世界一流”，“以更高标准建设好”，为全社会提供好服务。在院党组的领导下，在全国哲学社会科学工作办公室的支持下，中国社会科学院图书馆认真学习领会习近平总书记重要讲话精神，认真贯彻落实王沪宁同志调研讲话精神，以最大的决心、最大的毅力，不断加大力度建设国家哲学社会科学文献中心。

2016 年底上线以来，国家哲学社会科学文献中心坚持正确的政治方向和学术导向，坚持公益开放的宗旨，不断整合哲学社会科学文献资源，面向全社会，在世界范围内提供公益免费服务，努力促进学术信息资源的开放共享和我国优秀学术成果的世界传播，影响力迅速扩大，成为世界上最大的、公益免费的中文哲学社会科学信息平台。受到中共中央政治局常委王沪宁、国务院副总理孙春兰、全国政协副主席梁振英、时任国务院副总理的刘延东等党和国家领导人的关怀和肯定，被中央电视台等重要媒体多次报道，先后获得了新闻出版广电总局（现国家新闻出版署）“全国媒体融合创新案例 20 佳”、中国图书馆学会“中国最美图书馆故事之创新案例”、第九届中国数字出版博览会“国际合作奖”等荣誉，将习近平总书记“5 · 17”重要讲话精神落到了实处。

第三节　传承中华文明，古籍数字化迈出新步伐

习近平总书记在哲学社会科学工作座谈会的讲话指出：“绵延几千年的中华文化，是中国特色哲学社会科学成长发展的深厚基础。”古籍是重要的国有资产，也是宝贵的学术资源。中国社会科学院收藏的古籍品种和数量在全国位居前列，堪称国内古籍收藏重镇。其中善本古籍达 9000 多种，海内外孤本 30 余种，《重编广韵》等 20 种古籍列入《国家珍贵古籍名录》。

中国社会科学院党组高度重视古籍保护工作，不断加强古籍工作领导，

推进古籍管理制度化建设，改善古籍收藏条件。中国社会科学院图书馆建成了古籍收藏中心，并启动全院古籍清理核实。在院党组领导下，全院各古籍收藏单位克服重重困难，经过 2018 年、2019 年的不懈努力，基本完成清理核实工作，摸清了全院古籍数量，对古籍收藏数量和分布情况有了详实的把握，为今后进一步做好古籍保护和开发利用工作提供可靠的数据支持。

为贯彻落实好党和国家领导人相继提出的进一步加强古籍数字化的指示，根据中国社会科学院党组的要求，中国社会科学院图书馆组织召开全院古籍数字化建设协调会，就如何加快推进全院古籍数字化建设进行专题讨论。在调研讨论、专家咨询、征求各单位意见的基础上，图书馆制定了切实可行的全院古籍数字化工作实施方案，并经院务会讨论通过，正式启动。古籍数字化工作将系统梳理传统文化资源，充分挖掘和传播我国的优秀传统文化，“让书写在古籍里的文字都活起来”，[①] 综合运用大众传播、群体传播、人际传播等多种方式展示中华文化魅力，为增强文化自信提供历史文献支撑。

第四节　汇集学术成果，建设中国社会科学院学者文库

为了深入贯彻落实习近平总书记在哲学社会科学工作座谈会上的重要讲话精神和三次致中国社会科学院贺信精神，在中国社会科学院党组的高度重视下，中国社会科学院图书馆筹划建设了学者文库。学者文库的建设，不仅能集中收藏、长期保存学术成果，全面展示学术成就，而且能够持续传承学术精神，深入推进学术交流，更好地促进中国社会科学院中国特色哲学社会科学“三大体系”建设。

截至 2021 年 11 月，学者文库已经收藏了中国社会科学院第一届至第十届优秀科研成果、院创新工程重大成果、院学部委员（荣誉学部委员）研究专著以及各学部专家学者的学术成果，还收藏了“皮书系列”图书、智库报

① 习近平：《出席第三届核安全峰会并访问欧洲四国和联合国教科文组织总部、欧盟总部时的演讲》，人民出版社，2014 年 4 月。

告以及中国社会科学院创办的 90 余种 3600 余册期刊和不同时期的报纸，各类学术成果近 2.4 万件，全面展示了中国社会科学院的学术成就。

中国社会科学院学者文库将与科研成果数据库一起，形成线上线下立体传播展示格局，有力促进中国社会科学院学术成果传播。

第十三章 成为宣传与服务阵地，加快建设习近平新时代中国特色社会主义思想文库

在习近平总书记在哲学社会科学工作座谈会上的重要讲话发表两周年之际，习近平新时代中国特色社会主义思想文库在中国社会科学院建成。2018年5月17日，中国社会科学院院长、党组书记谢伏瞻与中宣部有关部门领导共同为文库揭牌。建设习近平新时代中国特色社会主义思想文库是中国社会科学院贯彻落实习近平新时代中国特色社会主义思想和党的十九大精神的重要举措。①2019年，文库被评为中国社会科学院创新工程重大科研成果。目前，文库已成为国内习近平新时代中国特色社会主义思想相关文献收藏品种最全、收藏量最大的专题书库。

第一节 习近平新时代中国特色社会主义思想文库建设背景

一 党的十九大把习近平新时代中国特色社会主义思想写入党章，确立为党必须长期坚持的指导思想

2017年10月18日，中国共产党第十九次全国代表大会在北京开幕，习近平总书记代表第十八届中央委员会作了题为《决胜全面建成小康社会 夺取

① 韩卓吾:《习近平新时代中国特色社会主义思想文库揭牌仪式举行》，http://www.cssn.cn/zx/bwyc/201805/t20180517_4256748.shtml。

新时代中国特色社会主义伟大胜利》的报告。党的十九大报告把十八大以来党的理论创新成果概括为习近平新时代中国特色社会主义思想，再次实现了党的指导思想与时俱进。

习近平新时代中国特色社会主义思想是马克思主义中国化的最新成果，是党和人民实践经验及集体智慧的结晶，是中国特色社会主义理论体系的重要组成部分，是全党全国人民为实现中华民族伟大复兴而奋斗的行动指南。这一思想树起了新时代中国共产党人的思想旗帜，谱写了马克思主义的新篇章，为建设美好世界贡献了中国智慧、中国方案，具有重大的政治意义、历史意义、理论意义、实践意义。

自党的十八大以来，以习近平同志为核心的党中央将理论与实践结合，系统地回答了在新时代坚持和发展什么样的中国特色社会主义、怎样坚持和发展中国特色社会主义这一重大时代课题，取得重大理论创新成果，形成了习近平新时代中国特色社会主义思想。党的十九大把习近平新时代中国特色社会主义思想确立为我们党必须长期坚持的指导思想，这是党的十九大最重要的政治成果、最深远的历史贡献。

二　习近平新时代中国特色社会主义思想对哲学社会科学研究的指导意义

习近平新时代中国特色社会主义思想赋予辩证唯物主义和历史唯物主义新内涵，谱写了马克思主义政治经济学新篇章，开辟了科学社会主义新境界。[①]习近平总书记指出："坚持以马克思主义为指导，是当代中国哲学社会科学区别于其他哲学社会科学的标志，必须旗帜鲜明加以坚持。"[②]在当代中国，坚持习近平新时代中国特色社会主义思想是广大哲学社会科学工作者指导实践、推动工作、凝聚同心构建中国特色哲学社会科学的首要任务。

习近平总书记"5 · 17"重要讲话深刻阐释了哲学社会科学的地位和作

① 谢伏瞻:《书写新时代哲学社会科学发展新篇章》，http://www.cssn.cn/zx/bwyc/201904/t20190429_4871613.shtml。

② 习近平:《在哲学社会科学工作座谈会上的讲话》，人民出版社，2016年5月。

用，明确提出了加快构建中国特色哲学社会科学的战略任务，对我国哲学社会科学长远发展的一系列根本性问题做出了科学回答，开启了新时代中国哲学社会科学发展的新篇章。2017 年 3 月，党中央印发《关于加快构建中国特色哲学社会科学的意见》，对加快构建中国特色哲学社会科学“三大体系”作出全面部署。

党的十九大报告明确提出，“深化马克思主义理论研究和建设，加快构建中国特色哲学社会科学，加强中国特色智库建设”三大战略任务。①党中央对哲学社会科学重视程度之高，推动力度之大，在我们党领导哲学社会科学事业的历史上是罕见的。

中国特色社会主义进入新时代，对我国哲学社会科学提出了新的更高要求，开辟了哲学社会科学大作为、大发展的光明前景。②当代中国马克思主义的创造性发展，新时代我国社会主要矛盾、人民群众社会生活的深刻变化，中华民族伟大复兴的战略全局和世界百年未有之大变局，如何科学认识和处理我国经济发展遇到的问题等，都向哲学社会科学研究者提出了一系列重大课题。

三　学习研究阐释习近平新时代中国特色社会主义思想是中国社会科学院首要政治任务和理论任务

（一）学习研究阐释习近平新时代中国特色社会主义思想是中国社会科学院工作的重中之重

习近平总书记 2019 年 2 月为第五批全国干部学习培训教材作序时指出：“要加快推进马克思主义学习型政党、学习大国建设，坚持把学习贯彻新时代中国特色社会主义思想作为重中之重。”③

① 习近平:《决胜全面建成小康社会夺取新时代中国特色社会主义伟大胜利——在中国共产党第十九次全国代表大会上的报告》，人民出版社，2017 年 11 月。

② 王春燕:《观大势 谋全局 求实效 编制好全院“十四五”哲学社会科学发展规划 中国社会科学院召开 2020 年度暑期专题研讨班》,《中国社会科学报》2020 年 8 月 21 日。

③ 全国干部培训教材编审指导委员会:《第五批全国干部学习培训教材》，人民出版社，2019 年 3 月。

习近平总书记对中国社会科学院高度重视，分别为中国社会科学院建院40周年、中国历史研究院和中国非洲研究院成立发来贺信，充分体现了总书记和党中央对哲学社会科学的高度重视和对中国社会科学院的亲切关怀。

中国社会科学院院长谢伏瞻在中国社会科学院2020年度暑期专题研讨班上的讲话中指出：中国社会科学院作为推动党的理论创新的重要研究机构，必须要在学习贯彻习近平新时代中国特色社会主义思想方面走在前、作表率，在加强对习近平新时代中国特色社会主义思想的研究阐释上要有新作为，在加快构建中国特色哲学社会科学“三大体系”上要有新担当。中国社会科学院要全面贯彻习近平总书记在哲学社会科学工作座谈会上的重要讲话、致中国社会科学院建院40周年贺信精神、致中国历史研究院成立贺信精神和致中国非洲研究院成立贺信精神，把习近平新时代中国特色社会主义思想落实到哲学社会科学各个领域、各个方面，切实贯穿到学术研究、课堂教学、成果评价、人才培养等各个环节，促进党的创新理论与各个学科、概念、范畴之间的融通，使党的重大理论创新成果真正融入哲学社会科学中去。

中国社会科学院要大发展，必须贯彻执行习近平总书记对中国社会科学院提出的战略要求，加快构建中国特色哲学社会科学“三大体系”，推出真正代表我国哲学社会科学最高水平的科研成果，更好地履行中国社会科学院的职责使命，在国内国际学术界具有权威性，不断提升中国社会科学院的学术力、思想力、影响力。

中国社会科学院要完成总书记嘱托的职责使命，要在着力加强马克思主义理论阵地，着力建设哲学社会科学最高学术殿堂，着力建设党和国家重要思想库智囊团，着力打造哲学社会科学研究人才高地，着力提升中国学术的国际影响力，着力发挥在学术规范和学术评价方面的引领作用，着力建设具有重要影响力的学术平台等方面奋发有为，勇于创新。未来，中国社会科学院必将在发展21世纪马克思主义、当代中国马克思主义，构建中国特色哲学社会科学“三大体系”，加强中国特色智库建设等方面做出新贡献。

（二）成立中国社会科学院习近平新时代中国特色社会主义思想研究中心

党的十九大闭幕后，为学习贯彻习近平新时代中国特色社会主义思想，进一步深化对习近平新时代中国特色社会主义思想的研究阐释，经党中央批准，在中共中央党校、教育部、中国社会科学院、国防大学、北京大学、清华大学、中国人民大学、国家发展改革委、生态环境部、中国法学会和北京市、上海市、广东省、江苏省、浙江省、福建省、山东省成立了17家习近平新时代中国特色社会主义思想研究中心（院）。

中国社会科学院习近平新时代中国特色社会主义思想研究中心于2017年12月29日在京成立。研究中心主要职能是发挥中国社会科学院特色与优势，以研究习近平新时代中国特色社会主义思想为主攻方向，通过组织在中央“三报一刊”发表理论文章、开展课题研究、举办学术研讨会等形式，系统全面地研究阐释宣传习近平新时代中国特色社会主义思想。研究中心将按照中央要求，在中宣部和中国社会科学院党组领导下，力争建设成为21世纪马克思主义理论创新智库，成为习近平新时代中国特色社会主义思想研究国家高端中心，成为全国习近平新时代中国特色社会主义思想研究的重要思想库、资料库，在全国习近平新时代中国特色社会主义思想研究方面发挥示范带动作用。

第二节　习近平新时代中国特色社会主义思想文库建设

党的十九大胜利闭幕后，按照习近平总书记对哲学社会科学事业和中国社会科学院提出的战略要求，中国社会科学院深入贯彻习近平总书记重要讲话和三次致中国社会科学院贺信精神，加快构建中国特色哲学社会科学学科体系、学术体系、话语体系。中国社会科学院图书馆党委遵照院党组指示精神，以习近平新时代中国特色社会主义思想为指导，聚焦中国特色哲学社会科学“三大体系”建设目标，开拓创新、锐意进取，建设了习近平新时代中国特色社会主义思想文库，为研究宣传阐释习近平新时代中国特色社会主义思想，为马克思主义阵地建设和高端智库建设做出了新贡献。文库的建成是继中国社会科学院习近平新时代中国特色社会主义思想研究中心成立后，全院贯彻落实习近平新时代中国特色社会主义思想和党的十九大精神的又一项重要举措。

一　习近平新时代中国特色社会主义思想文库概况

2018 年 5 月 17 日，中国社会科学院图书馆正式建成习近平新时代中国特色社会主义思想文库，由谢伏瞻院长、中宣部有关部门领导共同为文库揭牌。文库建成后，受到中央部委以及国内外研究机构和学者的高度关注。2019 年 7 月 25 日，中央领导同志在院领导陪同下专程到文库调研，对文库建设工作给予了高度肯定和赞许。2019 年底，完成了习近平新时代中国特色社会主义思想文库数字化，建成了习近平新时代中国特色社会主义思想文库数据库。

文库位于院图书馆楼四层南侧，总面积 200 平方米。大门正对着的是文库主题墙，米黄色的大理石墙面上镶嵌着“习近平新时代中国特色社会主义思想文库”18 个金色大字。文库整体装修风格简约典雅、庄重大气。文库在靠墙壁处使用实木书柜，共 15 个；中央主体部分和靠窗位置使用低实木书架，共有 48 个，实木大阅览桌 4 张，文库整体布置庄重大气、视野通透。经过不懈努力，截至 2020 年 11 月，文库文献总量已经超过 1.8 万件。其中，较为系统地收集了党的十八大以前习近平总书记发表的文章、撰写或主编的图书，以及相关的年鉴、方志和组织史资料，为深入理解习近平新时代中国特色社会主义思想的发展脉络提供了丰富的第一手资料；全面收集了党的十八大以后习近平总书记的文章、专著、讲话单行本、论述摘编等，以及宣传、研究、阐释习近平新时代中国特色社会主义思想的各类成果和资料，为系统深入地学习研究习近平新时代中国特色社会主义思想提供全面文献信息服务。

文库以提供权威、全面、丰富的习近平新时代中国特色社会主义思想文献信息服务为宗旨，以成为习近平新时代中国特色社会主义思想学习宣传阵地、研究支撑平台为目标。目前，文库已发挥了积极作用，不仅为研究人员研究阐释习近平新时代中国特色社会主义思想提供文献信息服务，也接待了大量国内外相关机构和学者的调研学习及来访。2019 年底，习近平新时代中国特色社会主义思想文库（专题书库和数据库）被评为中国社会科学院创新工程 2019 年度重大科研成果。

二　习近平新时代中国特色社会主义思想文库建设筹备情况

（一）筹建“习近平新时代中国特色社会主义思想文献展区”

党的十九大胜利闭幕后，中国社会科学院图书馆党委按照院党组部署，深入学习贯彻习近平新时代中国特色社会主义思想。针对院内科研人员对党的十九大相关文献需求迫切的情况，图书馆党委指示典藏部在图书馆楼八层原中文书库设置专架，用于集中展陈习近平总书记著作及宣传、阐释习近平新时代中国特色社会主义思想的图书，以方便读者借阅。

典藏部认真筹备抓落实，调整书架，采购相关图书，设置专门展区集中展陈相关文献。2018 年 2 月 7 日，由时任中国社会科学院党组成员的张英伟为“习近平新时代中国特色社会主义思想文献展区”揭牌。展区陈列习近平总书记著作和习近平新时代中国特色社会主义思想相关图书 327 种 438 册，并编制了图书书目详单。展区设立后，为中国社会科学院干部职工、科研人员进一步贯彻落实党的十九大精神，更好地学习习近平新时代中国特色社会主义思想发挥了重要作用。

（二）建设“习近平新时代中国特色社会主义思想文库”

在中国社会科学院干部职工、科研人员迅速掀起学习宣传贯彻党的十九大精神热潮的形势下，根据院党组指示精神，在前期“习近平新时代中国特色社会主义思想文献展区”的基础上，图书馆党委决定由典藏部牵头筹建“习近平新时代中国特色社会主义思想文库”。在图书馆党委书记王岚亲自谋划、亲自指挥下，典藏部撰写了文库建设方案，并组织相关部门人员多次到中共中央党校出版社、中央文献出版社、人民出版社、中共党史出版社、中国言实出版社等多家重要党政理论宣传部门的出版社，以及新华出版社、外文书店、民族出版社、中国社会科学出版社等搜集采购相关图书，完成了文献收集任务。图书馆相关部门积极配合，短时间内完成了文库选址、装修改造、书柜采购、文库布置、图书采选、展陈规划、卫生清扫、图书分类上架、揭牌仪式方案等各项筹备工作。2018 年 5 月 17 日，在习近平总书记在哲学社会科学工作座谈会上的讲话发表两周年之际文库建成，由中国社会科学院院长谢伏瞻揭牌后正式对外开放。文库建成后暂由典藏部负责文库的管理工作，2019 年 6 月交由文库管理部负责管理。

三 加强习近平新时代中国特色社会主义思想文库内容建设，使文库成为研究阐释习近平新时代中国特色社会主义思想的文献基地和支持平台

（一）文库馆藏文献类型

1. 学术期刊类

文库系统地收集了习近平总书记在党的十八大以前撰写的学术论文 119 篇，如习近平总书记在中国社会科学院院属学术期刊上发表的 5 篇文章，包括《与时俱进的浙江精神》（《哲学研究》，2006 年第 4 期）；《以科学发展观指导浙江新发展》（《经济管理》，2004 年第 1 期）；《浙江培育和发展自主品牌的调查与思考》（《经济管理》，2006 年第 17 期）；《社会主义市场经济和马克思主义经济学的发展与完善》（《经济学动态》，1998 年第 7 期）；《论中国农村市场化进程测度》（《经济学动态》，2001 年第 11 期）。

2. 专著（含主编）类

作为文库最重要的特色馆藏，文库收藏了习近平总书记在党的十八大以前出版的专著（含主编）20 部。

文库收藏了党的十八大以后发行的习近平总书记专著《习近平谈治国理政》等 18 部，并收藏有多语种外文译本，包括英语、法语、日语、德语、俄语、阿拉伯语、西班牙语、葡萄牙语、匈牙利语、朝鲜语、乌兹别克语、蒙

古语、乌尔都语、阿尔巴尼亚语、泰语、意大利语、土耳其语和柬埔寨语等18个语种。

3. 论述摘编（选编）类

文库收藏了中央文献出版社出版的习近平总书记重要讲话论述摘编（选编）《习近平关于“不忘初心、牢记使命”论述摘编》等24部。

4. 讲话单行本类

文库收藏了人民出版社出版的习近平总书记重要讲话单行本《紧紧围绕坚持和发展中国特色社会主义 学习宣传贯彻党的十八大精神——在十八届中共中央政治局第一次集体学习时的讲话》等101种。

5. 方志、年鉴、家谱、组织史资料类

文库收藏了记述习近平总书记在地方工作情况的相关文献，含年鉴《浙江年鉴》等75册；方志《延川县志》等12种；家谱《邓州习氏》1册；组织史资料《中国共产党河北省正定县组织史资料》1册。

6. 习仲勋相关文献类

文库收藏了习仲勋文集《习仲勋文集》（上、下），纪念文集《纪念习仲勋诞辰100周年纪念文集》，画册《习仲勋画传》等图书22种，光盘2部。

7. 研究宣传阐释类

文库收藏了研究、宣传、阐释习近平新时代中国特色社会主义思想的相关图书《习近平新时代中国特色社会主义思想学习丛书》等2311种4337册。

8. 期刊、画报类

文库馆藏期刊、画报8种1139期。包括:《求是》《党建》《党建研究》《旗帜》《学习活页文选》《人民画报》《解放军画报》《民族画报》。

9. 报纸类

文库馆藏报纸7种10562期。包括《人民日报》《人民日报（海外版）》《光明日报》《解放军报》《经济日报》《学习时报》和《中国社会科学报》。

（二）文库文献展陈布局

习近平新时代中国特色社会主义思想文库要把哲学社会科学工作者坚决贯彻习近平新时代中国特色社会主义思想和维护、爱戴、追随、捍卫习近平总书记这位党的领袖通过文献展陈的形式表现出来，文库馆藏文献展陈布局对文库管理工作者的重要性不言而喻，展陈布局不仅直观反映文库的整体风貌和表现主题，在一定程度上还会影响学习调研人员的视觉体验。

1. 习近平总书记著作专区

在文库大门右侧显著位置布置 5 组书柜，集中展示习近平总书记在党的十八大以前出版的专著（含主编）20 部，党的十八大以后发行的习近平总书记专著《习近平谈治国理政》等 18 部，习近平总书记重要讲话论述摘编（选编）《习近平关于“不忘初心、牢记使命”论述摘编》等 24 部。

在文库中央左侧显著位置布置 5 组书柜，集中展示习近平总书记在党的十八大以前撰写的学术论文 119 篇，习近平总书记重要讲话单行本《紧紧围绕坚持和发展中国特色社会主义 学习宣传贯彻党的十八大精神——在十八届中共中央政治局第一次集体学习时的讲话》等 101 种。

2. 专架重点展示特色成果

文库依托现有馆藏，整合习近平新时代中国特色社会主义思想相关文献资源，设置专区展陈，包括以下三个专区。

习近平总书记从政之路和红色家庭专区展陈习近平总书记在地方工作情况的相关文献，包括方志、年鉴、家谱、组织史资料，习仲勋和齐心相关文献等。

习近平总书记致电致信、签署命令及出访署名文章专区按类别共展陈《人民日报》相关报道 585 件。

全国 17 家习近平新时代中国特色社会主义思想研究中心（院）文献专区共展陈图书、报刊等相关文献 186 件。

3. 研究宣传阐释类专区

文库 15 个书柜集中收藏研究、宣传、阐释习近平新时代中国特色社会主义思想的相关图书，按《中国图书馆图书分类法》（简称《中图法》）对图书进行分类，按照《中图法》分类号组织图书排列，方便管理查找。

（三）文献征集方式

1. 书商渠道采购

通过追踪重点出版社出版信息，掌握习近平新时代中国特色社会主义思想相关文献出版动态，将习近平总书记著作、讲话单行本和研究宣传阐释习近平新时代中国特色社会主义思想相关图书文献全部采购回馆；与采编部密切配合，通过常规采购方式采购其他出版社出版的相关图书文献，充实文库馆藏。

2. 学者捐赠

习近平总书记在党的十八大以前出版的专著、论文等相关文献是文库展陈的特色文献，由于时间久远，相关文献大多由个人收藏，这些文献的征集工作是文库内容建设的难点，同时也是重点工作。

四　做好学习调研接待工作，使文库成为学习宣传习近平新时代中国特色社会主义思想的窗口和阵地

文库建成后受到中央部委以及国内外研究机构和学者的高度关注，央视多次报道文库活动，文库在国内外的影响力与日俱增。2018 年 7 月 25 日，中央领导同志在院领导陪同下到文库视察指导，并对文库建设工作给予了高度肯定和赞许。截至 2021 年 11 月，文库共接待院内外学习调研及来访 170 多批 2000 多人。

国内学习调研及来访机构包括：中共中央组织部、中宣部宣传舆情中心、审计署、财政部、全国哲学社会科学工作办公室、人民日报社、中央军委联合参谋部、国家图书馆、中共中央党校图书馆、中央党史和文献研究院、最高人民法院图书馆、山东省社会科学院、甘肃省社会科学院、中共浙江省委党校图书馆、南京图书馆、国防大学图书馆、澳门大学图书馆、学习出版社等。

国外参观来访机构包括：亚洲文明对话大会外宾，日本国会图书馆、韩国国会图书馆、美国华盛顿大学东亚图书馆、普林斯顿大学图书馆东亚图书馆、泰勒弗朗西斯出版集团等。

此外，文库还为中央电视台等媒体采访院领导和专家学者提供拍摄场地。

第三节　建设好、管理好习近平新时代中国特色社会主义思想文库

一　加强政治学习，提高政治站位

图书馆文库管理部将始终把党建工作作为部门建设的重要抓手，认真学习领会习近平新时代中国特色社会主义思想的理论精髓，读原著、学原文、悟原理，用党的创新理论武装头脑、指导实践，深刻领会文库建设是中国社会科学院贯彻落实习近平新时代中国特色社会主义思想和党的十九大精神的重要举措，推动文库建设工作取得新成效。

加强意识形态建设，提升意识形态鉴别能力，严把意识形态关，对文库图书进行严格核查，确保问题图书不入库。

二　做好文库内容建设与管理工作

第一，紧抓文献建设，完善馆藏结构。在保障纸本资源收藏的基础上，进一步加大图片、音视频等电子资源的收集力度，文库内增设电子显示屏，滚动播放习近平总书记重要讲话视频、习近平总书记重要活动照片及视频资料、习近平新时代中国特色社会主义思想数据库内容等，为中国社会科学院研究宣传阐释习近平新时代中国特色社会主义思想提供坚实服务保障。

第二，编制文库馆藏文献书目。重点整理习近平总书记在党的十八大以前撰写的学术论文、专著，党的十八大以后出版的专著、论述摘编（选编）、讲话单行本，记载习近平总书记从政经历的方志、年鉴、组织史资料，习仲勋同志著作，习近平新时代中国特色社会主义思想研究中心研究成果等文献资料，并按分类编制书目清单。

第三，调整文库展架。根据文库展示需求，及时调整文库文献展陈位置。

第四，配合文献中心建设部，做好习近平新时代中国特色社会主义思想数据库建设工作。

第五，根据读者借阅情况做进一步的数据调查研究，对文库借阅人员信息、图书种类、参观调研机构、学者等情况形成相应的分析报告，一是为专家学者开展相关领域研究提供参考资料，二是为馆藏需求提供精准的采购书目。

第六，与全国 17 家经党中央批准成立的习近平新时代中国特色社会主义思想研究中心（院）建立长期联系，收集其发表的习近平新时代中国特色社会主义思想研究成果。

第七，做好文库的宣传工作，不定期在图书馆网站更新文库简介，在《中国社会科学报》、中国社会科学网及其他媒体上进行宣传。

第八，提高文库馆员研究能力，加强学习习近平新时代中国特色社会主义思想，利用其管理文库的优势，对习近平新时代中国特色社会主义思想形成的脉络进行梳理研究，形成一定的研究成果。

党的十九届中央政治局第一次会议提出，习近平总书记是全党拥护、人民爱戴、当之无愧的党的领袖。文库管理工作者要不断增强“四个意识”，坚定“四个自信”，坚决做到“两个维护”，把习近平新时代中国特色社会主义思想文库建设好、管理好，使文库成为学习宣传、研究阐释习近平新时代中国特色社会主义思想的窗口和阵地。

第十四章
贯彻落实“5·17”重要讲话精神，加快建设国家哲学社会科学文献中心

近年来信息技术飞速发展，特别是互联网、大数据、人工智能相关技术的广泛应用，正在重塑人类社会。以人类社会为研究对象的哲学社会科学的研究方式、研究方法也逐步发生转变，对哲学社会科学信息化提出了新要求。与此同时，我国的建设发展也迈入新时代，党中央提出了加快构建中国特色哲学社会科学的新目标。

2016 年 5 月 17 日，习近平总书记在哲学社会科学工作座谈会上发表重要讲话，深刻回答了事关我国哲学社会科学长远发展的一系列根本性问题。讲话明确提出，“要运用互联网和大数据技术，加强哲学社会科学图书文献、网络、数据库等基础设施和信息化建设，加快国家哲学社会科学文献中心建设，构建方便快捷、资源共享的哲学社会科学研究信息化平台”。①

为贯彻落实习近平总书记在哲学社会科学工作座谈会上的重要讲话精神，按照中宣部部署，中国社会科学院建设“国家哲学社会科学文献中心”。中国社会科学院图书馆是具体的责任单位。2016 年底，国家哲学社会科学文献中心正式上线。五年来，中国社会科学院党组高度重视，精心组织，带领图书馆等相关建设单位勠力同心，砥砺奋进，全力推进国家哲学社会科学文

① 习近平:《在哲学社会科学工作座谈会上的讲话》，人民出版社，2016 年 5 月。

献中心建设，面向全社会提供公益性学术信息服务，受到了海内外哲学社会科学领域机构和学者的欢迎和肯定。

第一节　国家哲学社会科学文献中心建设进展

一　在资源方面，实现上线数据超过 2000 万篇

国家哲学社会科学文献中心的学术资源主要包括：中文学术期刊、外文开放获取学术期刊和古籍三大类。

截至 2021 年 11 月，国家哲学社会科学文献中心上线中文期刊 2149 种，上线学术论文 1175 万篇，覆盖政治、经济、法律、哲学、历史等人文社会科学各个学科。这些期刊涵盖了中国最优秀的学术期刊，包括了中国社会科学院主办的期刊 84 种，如《中国社会科学》《经济研究》《考古学报》等；包括了国家社会科学基金资助的优秀、特色学术期刊近 200 种。在努力推进新刊更新的同时，结合社会科学研究的需求特点，不断加大期刊回溯力度。回溯到创刊号的期刊已超过 1000 种，最早回溯到 1920 年。

国家哲学社会科学文献中心现已成为世界最大的中文社会科学学术期刊开放获取平台。国家哲学社会科学文献中心收录的学术期刊均为正式出版期刊，并与收录的期刊签署了作品使用协议，为开放获取中的版权使用问题提供了高效解决方案，受到国外机构的高度评价，为世界学术资源开放获取贡献了中国方案。在 2019 年欧洲汉学图书馆员协会年会上，北欧亚洲研究所的柏瑛丽女士，系统介绍了世界范围内重要开放获取学术资源，把国家哲学社会科学文献中心作为唯一的中文社科开放获取资源，进行了重点介绍和推荐。

此外，国家哲学社会科学文献中心收录外文开放获取学术期刊 12000 多种，论文 900 多万篇，覆盖各个学科和主要外语语种。古籍图书上线 7700 多册，图像 60 多万拍。

二　在功能方面，实现了多终端支持

国家哲学社会科学文献中心门户网站实现了 PC 端文献信息一站式检索、浏览、下载等功能，为全社会提供公益免费服务。个人可以注册成为个人用户，在任何地点登录后，免费检索、浏览和下载学术文章。单位可以签署机构用户协议，成为机构用户，在机构内，直接使用学术资源，无需注册和登录。

手机客户端、平板电脑客户端、微信小程序等实现了对移动终端的支持，满足了用户在手机等各类移动终端直接检索、阅读和下载学术文章的需求。

三　在服务能力方面，实现了与多个国家级平台的合作

在做好自身系统建设的同时，国家哲学社会科学文献中心积极拓展合作平台，努力扩大服务渠道、提升服务能力。

在“学习强国”筹建伊始，中心受邀参与平台建设，成为重要参建单位，实现了中文期刊服务对接，为“学习强国”提供学术资源支持。与国家图书馆开展合作，中文期刊接入文津搜索系统，大大提升了面向社会公众的服务能力。与中国图书进出口（集团）总公司开展合作，中文期刊接入“易阅通”平台，服务 110 个国家，极大地促进了中文期刊的国际传播。

四　在平台应用方面，形成了系列用户关注度报告

除了提供学术资源服务，中国社会科学院图书馆尝试利用平台积累的数据，积极探索平台的扩展性应用。为了从用户使用角度，反映期刊的传播情况，并为我国学术期刊的建设发展提供参考，依据平台积累的用户数据，编制开发了《国家哲学社会科学文献中心学术期刊数据库用户关注度报告》。报告以在线阅读量与下载量作为基本统计指标，每年统计分析最受用户关注的中文学术期刊、学术论文，统计分析不同地区使用情况和机构用户使用情况。《关注度报告》从 2018 年起正式发布，受到了很多编辑部的欢迎，他们

认为，“关注度”这个词非常接地气，将数据评价和学者的学术生活紧密联系在一起，使期刊评价从云端走到了人群。①

第二节　国家哲学社会科学文献中心的社会效益和作用

上线以来，为充分发挥国家哲学社会科学文献中心的作用，中国社会科学院图书馆积极开展宣传推广，努力服务更多用户和机构。截至 2021 年 11 月，国家哲学社会科学文献中心累计点击量超过 9 亿次，下载量超过 5800 万篇，服务 190 多个国家和地区的用户，个人注册用户 400 多万人，机构用户超过 8 万家。国家哲学社会科学文献中心的社会效益极其显著，不仅成为国内哲学社会科学学术信息资源整合和开放共享的服务平台，也成为我国优秀学术成果面向世界的传播平台。

一　努力做好国内服务，为社科领域研究机构和党政机关提供资源保障

国家哲学社会科学文献中心坚持为各类机构和社会公众提供公益性学术信息服务，为加快构建中国特色哲学社会科学和加强中国特色新型智库建设提供文献信息支持。

国家哲学社会科学文献中心与中共中央组织部、最高人民法院、最高人民检察院、中共中央党校（国家行政学院）、中国科学院、人民日报社、中央广播电视总台、中国军网、国防大学、国防科技大学、清华大学、北京大学等国内近 8 万家单位和机构签署用户服务协议，提供“权威、核心、前沿、免费”的社科文献和学术资源。目前，全国党校（行政学院）系统 2600 家、全国检察院系统 3500 家、全国法院系统 14284 家（含 10759 个派出法庭）、军队单位 20000 家，全国 23 个省级社科院、17 个省高校图工委及社科联等机构和组织均已使用国家哲学社会科学文献中心优质丰富的学术资源。

① 《坚持开放获取 推动学术传播》，《中国社会科学报》2019 年 5 月 30 日。

为方便用户使用，专门开发部署了“内网镜像版”系统，受到各家单位用户广泛好评。其中，国防大学自2019年6月4日安装国家哲学社会科学文献中心“内网镜像版”系统后，面向全军内部使用，为广大官兵提供了极大便利，截至2020年11月，该内网数据库访问量高达1151万次，下载量超220万篇。

二　加大力度推进海外宣传，促进我国学术成果的海外传播

中国社会科学院图书馆努力通过各种方式，在海外开展国家哲学社会科学文献中心的宣传推广，推进国家哲学社会科学文献中心在海外各类机构的落地使用，海外机构用户超过1000家，分布于190多个国家和地区，促进了我国优秀学术成果的世界传播。

2016年至2019年，中国社会科学院图书馆先后派出16个团组、47人次分别访问冰岛、俄罗斯、加拿大、韩国、美国、比利时、日本、新加坡、科威特、挪威等国家的图书馆、高等院校、科研机构、国际组织和行业协会等机构30余家，参与国际会议，与北美东亚图书馆协会、欧洲汉学图书馆员协会建立合作，北美178家东亚图书馆、欧洲126家汉学研究图书馆成为机构用户，基本覆盖了北美、欧洲重要的中国问题研究机构，极大地促进了中国学术成果在这些机构的应用。此外，也走进了联合国总部图书馆、欧盟理事会图书馆、美国图书馆协会等重要机构和哥伦比亚大学、欧洲学院等世界知名大学，为传播中国优秀学术成果，讲好中国故事，发挥了积极的正能量作用。

三　新冠肺炎疫情期间，公益性服务的重要性更加凸显

新冠肺炎疫情发生以来，中国社会科学院图书馆坚决贯彻落实习近平总书记关于疫情工作的重要指示批示精神，按照党中央、国务院和社科院关于做好疫情防控工作的有关部署要求，迅速行动，积极组织力量，制定稳妥方案，努力做到守土有责、守土担责、守土尽责，采取了一系列有力举措，确保疫情防控不留死角，同时全力做好国家哲学社会科学文献中心平台保障，

确保正常运行，持续提供了开放共享、方便快捷的信息服务，使广大用户足不出户，就可以免费阅读和下载期刊论文，进行学习和研究。2020 年上半年中文期刊论文下载量较 2019 年上半年同比增长 49%，全年同比增长 20%。联合国总部图书馆、美国图书馆协会、北美东亚图书馆协会等 19 家海外用户，中共武汉市委党校等 10 家国内用户纷纷来信来函表示感谢。

第三节　国家哲学社会科学文献中心的发展方向

“十四五”时期是中国特色哲学社会科学全面繁荣发展的关键期，科研人员对数字化的、综合性的学术信息平台的要求越来越高。中国社会科学院图书馆将以习近平新时代中国特色社会主义思想为指导，坚持正确的政治方向、学术导向和价值取向，不断加大力度，实现高质量发展，提供高水平服务，努力将国家哲学社会科学文献中心建设成综合性的哲学社会科学学术信息平台、数字化集成平台。

一是实现更大范围的学术信息资源整合共享。在目前主要收录期刊资源的基础上，扩大资源类型，收录图书、互联网信息、科研数据等各类型信息资源，发挥文献数据支撑作用。

二是实现大数据、人工智能等信息技术与哲学社会科学研究的深度融合。探索大数据、区块链、物联网、人工智能等新技术在文献信息利用、数据分析挖掘等方面的应用，促进新技术与社会科学研究的结合，支撑数字人文、数字学术等新型研究模式。

三是实现更便捷的服务保障。构建合理高效的服务体系，探索新型多样的服务模式，开拓精准有效的传播渠道，为用户提供更加方便的使用体验，为社科研究机构和党政机构提供更加优质的服务保障，更加有效地促进我国优秀学术成果的世界传播。

第十五章
传承中华传统文化，加强古籍管理与利用

中华民族历史悠久，文化灿烂。党的十八大以来，习近平总书记发表了一系列弘扬中华优秀传统文化的重要讲话，强调要“讲好中国故事，阐释好中国特色”。古籍蕴藏着宝贵的精神财富，是传承文明的重要载体。加强古籍保护与利用工作，充分发挥古籍的应有作用，是弘扬中华民族优秀传统文化、繁荣发展哲学社会科学、提升国家文化软实力的有效途径之一。

本章在总结中华人民共和国古籍整理保护事业的基础上，结合相关的行政法规和标准规范，着重思考如何建立健全古籍保护制度，并根据国家古籍保护中心和中国社会科学院古籍相关工作开展的现况，进一步设想中国社会科学院图书馆今后的工作方向，考虑如何在未来工作中做好古籍保护与利用工作。

第一节　1949 年以来古籍整理与保护事业的发展

1949 年以来，党和国家十分重视古籍整理保护、出版规划等工作，多次出台古籍整理、出版和保护的相关政策，使我国古籍整理与保护事业取得较大成就。近四十年来，随着古籍相关法规和标准规范的不断出台，古籍保护工作制度、标准、法制不断成熟完善。

一 古籍整理工作发展概况

（一）党的十八大以前的古籍整理工作进展

1949 年初期，中央人民政府加大对文物图书的保护力度，全国各地陆续开展古旧图书情况调查，采取国家调拨、藏书家捐赠、购买等方式，将全国 90% 以上的古籍集中收藏到各级图书馆、博物馆和文物管理委员会中。

1954 年，中共中央宣传部部长兼政务院（后为国务院）秘书长习仲勋对国家出版总署关于成立古籍出版社的报告做了批示。这份批示是 1949 年后党和国家领导人层面关于古籍整理工作的第一个文件，为中华人民共和国古籍整理事业的发展奠定了重要基础。根据批示精神，古籍出版社（于 1957 年 3 月并入中华书局）成立，其出版最重要的古籍是《资治通鉴》。该书对当时古籍整理事业乃至之后“二十四史”点校等大型项目的运作，具有示范和参考意义。

1958 年 2 月，国务院成立了古籍整理出版规划小组，并制定了 1962 年至 1972 年的《整理和出版古籍十年规划》，各项工作开始进入正轨。党的十一届三中全会后，古籍整理工作重新开始。1981 年 9 月 17 日，中共中央发出了《关于整理我国古籍的指示》，恢复了古籍整理出版规划小组。

1983 年，教育部设立“全国高等院校古籍整理研究专业工作委员会”，推动全国范围的古籍整理和保护，古籍整理出版工作出现了前所未有的崭新局面。《赓续千年文脉 绽放文化光彩——新中国 70 年古籍整理出版成就综述》显示，20 世纪 80 年代，古籍整理出版迎来了新的发展，每年平均出版古籍整理图书由建国初期的约 200 种增至 400 种左右，翻了一倍。

20 世纪 90 年代以来，党和国家领导人非常重视古籍整理和出版工作，并作出重要指示。古籍整理出版规划小组制定了 1991 年至 2000 年的十年规划和 1991 至 1995 年的“八五计划”，我国的古籍整理出版工作进入了新的阶段。1995 年，国家新闻出版署发布《关于加强古籍整理今译图书出版管理的通知》（新出图〔1995〕19 号），提出古籍整理出版工作要“坚持质量第一”的原则。古籍整理项目，如历代文史哲总集别集、科技文献和少数民族古籍的整理出版呈现全面繁荣的景象。这一时期，我国古籍整理后备人才的培养和培训工作日趋正规化和经常化，出版古籍的单位不断增多，为21世纪我国古籍整理出版工作奠定了坚实的基础。

1959年至2010年间，众多学者代代相承，完成了“二十四史”和《清史稿》的点校工作。点校本“二十四史”及《清史稿》是中华人民共和国最大的古籍整理工程，既扩大了中国史学典籍的受众，又推动了中国古史研究的发展。

（二）党的十八大以来的古籍整理工作进展

党的十八大以来，以习近平同志为核心的党中央高度重视中华优秀传统文化的历史传承和创新发展，习近平总书记多次作出重要指示，国家出台了一系列文件。

2013年8月19日，习近平总书记在全国宣传思想工作会议讲话中指出，“宣传阐释中国特色，要讲清楚每个国家和民族的历史传统、文化积淀、基本国情不同，其发展道路必然有着自己的特色；讲清楚中华文化积淀着中华民族最深沉的精神追求，是中华民族生生不息、发展壮大的丰厚滋养；讲清楚中华优秀传统文化是中华民族的突出优势，是我们最深厚的文化软实力；讲清楚中国特色社会主义植根于中华文化沃土、反映中国人民意愿、适应中国和时代发展进步要求，有着深厚历史渊源和广泛现实基础”。他强调：“独特的文化传统，独特的历史命运，独特的基本国情，注定了我们必然要走适合自己特点的发展道路。”

2013年12月30日，习近平总书记在主持中共中央政治局第十二次集体学习时发表讲话，强调“要系统梳理传统文化资源，让收藏在禁宫里的文物、陈列在广阔大地上的遗产、书写在古籍里的文字都活起来”。

2014年9月24日，习近平总书记出席纪念孔子诞辰2565周年国际学术研讨会暨国际儒学联合会第五届会员大会开幕式并发表重要讲话，强调“优秀传统文化是一个国家、一个民族传承和发展的根本，如果丢掉了，就割断了精神命脉”。

2014年12月20日，习近平总书记出席庆祝澳门回归15周年大会暨澳门特别行政区第四届政府就职典礼并发表重要讲话，提出“中华民族在几千年历史中创造和延续的中华优秀传统文化，是中华文明的根和魂”。

2016 年 4 月 12 日，习近平总书记对文物工作做出重要指示，强调“文物承载灿烂文明，传承历史文化，维系民族精神，是老祖宗留给我们的宝贵遗产，是加强社会主义精神文明建设的深厚滋养。保护文物功在当代、利在千秋”。

2016年5月17日，习近平总书记在哲学社会科学工作座谈会上指出：“中国古代大量鸿篇巨制中包含着丰富的哲学社会科学内容、治国理政智慧，为古人认识世界、改造世界提供了重要依据，也为中华文明提供了重要内容，为人类文明作出了重大贡献。”在谈到如何加快构建中国特色哲学社会科学时，习近平总书记指出要“体现继承性、民族性……中华优秀传统文化的资源，这是中国特色哲学社会科学发展十分宝贵、不可多得的资源”。

2017 年 10 月 18 日，习近平总书记在党的十九大工作报告中强调，“文化是一个国家、一个民族的灵魂。文化兴国运兴，文化强民族强。没有高度的文化自信，没有文化的繁荣兴盛，就没有中华民族伟大复兴”。在讲到推动文化事业和文化产业发展时，习近平总书记强调要“加强文物保护利用和文化遗产保护传承”。

与此同时，有关古籍管理与保护的系列文件和发展规划相继完成。

2017 年 1 月 25 日，中共中央办公厅、国务院办公厅印发《关于实施中华优秀传统文化传承发展工程的意见》，指出“实施国家古籍保护工程，完善国家珍贵古籍名录和全国古籍重点保护单位评定制度，加强中华文化典籍整理编纂出版工作”。2017 年 5 月 17 日，中共中央办公厅、国务院办公厅印发《国家“十三五”时期文化发展改革规划纲要》，强调“加强中华优秀传统文化典籍整理和出版，推进文化典籍资源数字化”。

2017 年 2 月 23 日，《文化部“十三五”时期文化发展改革规划》提出“中华古籍保护计划：建立完善的古籍普查、修复、保存、宣传、利用工作机制，通过微缩复制、数字化和善本再造等方式，实现古籍的再生性保护，开展古籍专题展览展示交流活动。开展中华传统文化百部经典编纂工作”，

“积极推进……古籍保护条例、文化市场综合执法管理条例等重点立法项目进程”。2017年8月7日，文化部印发了我国第一个古籍保护规划——《“十三五”时期全国古籍保护工作规划》。

2020年10月29日，《中共中央关于制定国民经济和社会发展第十四个五年规划和二〇三五年远景目标的建议》强调“传承弘扬中华优秀传统文化，加强文物古籍保护、研究、利用，强化重要文化和自然遗产、非物质文化遗产系统性保护”。

21世纪以来，我国的古籍整理与保护事业又迈上了新的台阶，古籍整理出版工作取得了可人的成绩，完成了众多国家级重点古籍影印和整理出版项目，包括《中华再造善本》《中国古籍珍本丛刊》《中国古籍书志书目丛刊》《儒藏》《中华续道藏》《大藏经》《中华医藏》《海外中华古籍珍本丛刊》《海外中华古籍书目书志丛刊》和《国外所藏汉籍善本丛刊》等。仅以古籍整理出版为例，正如《赓续千年文脉 绽放文化光彩——新中国70年古籍整理出版成就综述》所述，“近年来特别是党的十八大以来，古籍整理出版工作更加繁荣兴盛，每年平均出版古籍整理图书1800种左右。文学、语言文字、文化艺术、历史、地理、哲学、宗教、科学技术等领域重要古籍皆有系统整理。”据统计，我国2800多家古籍收藏单位共收藏古籍3000余万册（件）。在摸清全国古籍家底的基础上，在国家古籍规划指导下，古籍保护、研究、利用不断取得进步。

二　国家古籍保护中心牵头的古籍保护工作

2007年，国务院办公厅下发《关于进一步加强古籍保护工作的意见》，标志着我国历史上首个由政府主持开展的古籍保护领域国家级重要文化工程——“中华古籍保护计划”正式开启。同年5月25日，国家古籍保护中心正式成立。国家古籍保护中心是“中华古籍保护计划”的具体组织实施单位，担负全国古籍保护的业务指导中心、培训中心、研究中心的职责，在古籍普查登记、古籍缩微与数字化、古籍分级保护与管理、古籍修复与人才培养等方面做出卓越贡献。

（一）全国古籍普查登记

到 2020 年底，全国古籍普查登记工作已基本完成。这次普查形成了“全国古籍普查登记数据库”、《全国古籍普查登记目录》和版本联合目录《中华古籍总目》，公布了六批《国家珍贵古籍名录》，建成了“中华古籍书目数据库”。截至 2020 年 12 月底，“中华古籍书目数据库”收录 264 家单位古籍普查数据 825362 条、7973050 册。

（二）古籍缩微与数字化

1984 年，文化部组织召开全国图书馆缩微复制工作座谈会，确定建立北京图书馆、上海图书馆等 10 个缩微复制点，成立全国图书馆文献缩微复制中心，标志着古籍缩微与数字化工作开启。2002 年，文化部和财政部联手实施“中华再造善本工程”，将善本古籍系统地影印出版。中华古籍保护网开通运行“中华古籍资源库”，内容包括数字古籍、数字方志、赵城金藏、宋人文集等 21 项，截至 2020 年 12 月底，共发布国家图书馆馆藏古籍 2 万余种，和 35 家国内外古籍收藏单位的馆藏古籍，如表 15–1 所示。

表 15–1　国内外联合发布古籍数字资源一览

合作单位	数字化内容	数量
首都图书馆	善本古籍	150 种
天津图书馆	明清古籍	近 1500 种
辽宁省图书馆	“闵凌刻”古籍数字资源	101 种
吉林省图书馆	珍稀方志资源和珍贵典籍	善本古籍 40 余种 普通古籍 50 余种
黑龙江省图书馆	地方文献史料	60 余种
山东省图书馆	佛经专藏	13499 种
湖北省图书馆	方志	107 种
	家谱	92 种
四川省图书馆	善本古籍	16 种
云南省图书馆	古籍文献	480 种
上海图书馆	家谱资源	8565 种
	古籍文献	472 种
中国科学院上海生命科学信息中心	中医古籍图文	61 种

续表

合作单位	数字化内容	数量
南京图书馆	方志	20 种
	清人文集	100 种
浙江图书馆	明清时期著名学者的稿抄本和明代中期的刻本	64 种
苏州图书馆	古籍文献	900 余种
苏州市吴中区图书馆	古籍文献	23 种
苏州市吴江区图书馆	馆藏县志及乡镇志	24 种
湖州市图书馆	善本古籍	3 种
惠州慈云图书馆	古籍文献	4 种
泸州市图书馆	方志	70 种
阆中市图书馆	古籍文献	4 种
镇江市图书馆	古籍文献	20 余种
泰州市图书馆	古籍文献	75 种
宁波天一阁博物馆	家谱、目录学资源和善本古籍	955 种
枣庄市图书馆	明清古籍	116 种
宝鸡市图书馆	古籍文献	37 种
洛阳市图书馆	古籍文献	66 种
河南省唐河县图书馆	珍贵古籍与经典古籍	3225 种
《广州大典》数据库	明清古籍	4064 种
重庆市北碚图书馆	方志	202 种
复旦大学图书馆	古籍文献	200 种
浙江大学图书馆	历代墓志	10670 种
内江师范学院图书馆	古籍文献	15 种
哈佛大学哈佛燕京图书馆	经部和史部善本	741 种
	齐如山戏曲小说	204 种
日本东京东洋文化研究所	古籍文献	4000 余种
法国国家图书馆	敦煌遗书	5300 余种

资料来源：中国古籍保护网，http://www.nlc.cn/pcab/。

（三）古籍分级保护与管理

文化部 2001 年针对古籍定级颁布实施了新的国家《文物藏品定级标准》（中华人民共和国文化部令第 19 号），组织专家编制了中华人民共和国文化行业标准《古籍定级标准》（WH/T 20-2006）和《中国少数民族文字古籍定级》

（GB/T 36748–2018），各古籍收藏单位根据定级标准，将古籍划分为不同级别，按要求开展保护管理工作。

（四）古籍修复与人才培养

古籍修复专家不断研究破损古籍修复技术并取得了很多新的成果。古籍修复用纸、用具得到改善，古籍修复技术得以提升。

国家古籍保护中心近年来在全国设立了 12 家国家级古籍修复中心，1 家国家级古籍修复技艺传习中心，25 家国家级古籍修复技艺传习所和 12 家国家古籍保护人才培训基地。并且自 2013 年起，国家古籍保护中心主办多期“全国古籍修复技术与工作管理研修班”，培养了许多优秀学员。

三　古籍保护法规与标准的建设

（一）古籍保护法规的建设

1949 年以来，国家为推动古籍保护制度化发展、规范古籍相关工作，针对古籍的留存、整理、保护与利用，共发布了 40 余部政策法规或纲领规划。各级地方政府也相继出台了地方法规，如表 15–2 所示。

表 15–2　古籍法律法规一览

名称	时间	现行 / 作废
禁止珍贵文物图书出口暂行办法	1950 年	现行
古迹、珍贵文物、图书及稀有生物保护办法	1950 年	作废
中央人民政府轻工业部通报禁用旧版书做纸浆原料	1951 年	作废
关于在废纸回收中注意抢救有价值的图书资料的通知	1959 年	作废
关于博物馆、图书馆可以根据本身业务需要直接收购文物图书的通知	1962 年	现行
关于无产阶级文化大革命中保护文物图书的几点建议	1967 年	现行
关于严禁将馆藏文物图书出售作外销商品的通知	1973 年	现行
关于古旧书籍出口鉴定问题函	1976 年	现行
关于收回文化革命期间散失的珍贵文物和图书的规定	1980 年	现行
关于整理我国古籍的指示	1981 年	现行
关于抢救、整理少数民族古籍的请示	1984 年	现行
中医古籍文献研究整理出版的管理办法	1986 年	现行

续表

名称	时间	现行 / 作废
中华人民共和国文物保护法	1982 年通过，1991 年、2002 年、2007 年、2013 年、2017 年分别修订	现行
文物出境鉴定管理办法	1989 年	现行
关于加强古籍整理今译图书馆出版管理的通知	1995 年	现行
关于印发《中国少数民族古籍总目提要》编写纲要的通知	1997 年	现行
文物藏品定级标准	2001 年	现行
关于印发《中华再造善本工程实施方案》的通知	2002 年	现行
中华再造善本工程专项经费管理暂行办法	2002 年	现行
文物拍卖管理暂行办法	2003 年	现行
关于做好清代文献档案整理利用工作的通知	2004 年	现行
关于实施《中华人民共和国民族区域自治法》若干规定	2005 年	现行
国家“十一五”时期文化发展规划纲要	2006 年	现行
关于进一步加强古籍保护工作的意见	2007 年	现行
关于同意建立全国古籍保护部际联席会议制度的批复	2007 年	现行
关于印发《全国古籍普查工作方案》等文件的通知	2007 年	现行
关于成立全国古籍保护工作专家委员会的通知	2007 年	现行
文物进出境审核管理办法	2007 年	现行
关于进一步加强少数民族古籍保护工作的意见	2008 年	现行
关于进一步繁荣和发展少数民族文化事业的若干意见	2009 年	现行
关于支持西藏古籍保护工作的通知	2009 年	现行
西藏古籍保护工作方案	2009 年	现行
关于支持新疆维吾尔自治区古籍保护工作的通知	2011 年	现行
中华人民共和国非物质文化遗产法	2011 年	现行
文物复制拓印管理办法	2011 年	现行
关于进一步加强古籍保护工作的通知	2011 年	现行
中共中央关于深化文化体制改革推动社会主义文化大发展大繁荣若干重大问题的决定	2011 年	现行
国家 " 十二五 " 时期文化改革发展规划纲要	2012 年	现行
文化部“十二五”时期文化改革发展规划	2012 年	现行
国务院关于开展第一次全国可移动文物普查的通知	2012 年	现行

续表

名称	时间	现行 / 作废
中华人民共和国公共文化服务保障法	2017 年	现行
关于实施中华优秀传统文化传承发展工程的意见	2017 年	现行
“十三五”时期文化发展改革规划	2017 年	现行
关于印发《“十三五”时期全国古籍保护工作规划》的通知	2017 年	现行
中华人民共和国公共图书馆法	2017 年	现行
镇江市古籍保护办法	2017 年	现行

资料来源：中国古籍保护网 - 古籍保护政策法规，http://www.nlc.cn/pcab/ztzl/gjbhzcfg/。

“十一五”以来，尤其是党的十八大以来，古籍法治化建设高速发展。2006 年《国家“十一五”时期文化发展规划纲要》中关于古籍工作的指示，在推动“中华字库”工程、编纂出版文化典籍、加强民族古籍抢救工作、搜集并整理少数民族古籍等方面发挥了巨大作用。2007 年国务院办公厅发布的《关于进一步加强古籍保护工作的意见》明确了古籍各项工作的发展方向，开启了“中华古籍保护计划”。2011 年 3 月 8 日文化部下达了《关于进一步加强古籍保护工作的通知》，使古籍保护工作在“十二五”期间更加深入、扎实地开展。2017 年 8 月，《文化部关于印发〈“十三五”时期全国古籍保护工作规划〉的通知》强调了古籍保护的基本原则和十三五期间的发展目标，在古籍普查登记、加大古籍保护力度、古籍修复、古籍数字化建设与出版、传承与弘扬优秀传统文化、法制化建设和保障措施等方面作出明确指示。

（二）古籍保护标准的建设

截至 2020 年 12 月底，国家共发布 25 部古籍相关标准。其中，现行标准 19 个，作废 6 个，如表 15-3 所示。

表 15-3　古籍标准一览表

名称	标准号	现行 / 作废
古籍著录规则	GB/T 3792.7-1987	作废
缩微摄影技术在 16mm 卷片上拍摄线装古籍的规定	GB 7517-1987	作废

续表

名称	标准号	现行 / 作废
缩微摄影技术在 35mm 卷片上拍摄线装古籍的规定	GB 7518–1987	作废
古籍修复技术规范与质量标准	WH/T 14–2001	作废
缩微摄影技术在 16mm 卷片上拍摄古籍的规定	GB/T 7517–2004	现行
缩微摄影技术在 35mm 卷片上拍摄古籍的规定	GB/T 7518–2005	现行
古籍定级标准	WH/T 20–2006	现行
古籍普查规范	WH/T 21–2006	现行
古籍特藏破损定级标准	WH/T 22–2006	现行
古籍修复技术规范与质量要求	WH/T 23–2006	作废
图书馆古籍特藏书库基本要求	WH/T 24–2006	作废
古籍著录规则	GB/T 3792.7–2008	现行
古籍修复技术规范与质量要求	GB/T 21712–2008	现行
图书馆古籍书库基本要求	GB/T 30227–2013	现行
古籍元数据规范	WH/T 66–2014	现行
汉文古籍特藏藏品定级	GB/T 31076.1–2014	现行
学术出版规范－古籍整理	CY/T 124–2015	现行
图书冷冻杀虫技术规程	GB/T 35661–2017	现行
古籍函套技术要求	GB/T 35662–2017	现行
中国少数民族文字古籍定级	GB/T 36748–2018	现行
中国古今地名数据描述规范	WH/T 85–2019	现行
图书馆古籍虫霉防治指南	WH/T 88–2020	现行
汉文古籍文字认同描述规范	WH/T 90–2020	现行
汉文古籍集外字描述规范	WH/T 91–2020	现行
古籍保护与服务规范	DB43/T 1755–2020	现行

资料来源：中国标准服务网，http://www.cssn.net.cn/cssn/front/index.jsp。

“十一五”至“十三五”期间，政府相关部门出台了多部古籍标准规范，要求古籍从业者充分运用各学科研究成果，围绕古籍编目、普查、数字化、修复、保藏环境等方面开展古籍保护科学研究，推进各类型古籍文献除虫、防霉、防酸脱酸等技术标准的发展。此后，国家古籍保护工作逐步建立起比较完备的古籍保护标准体系，为古籍保护立法奠定基础。

古籍相关法规和标准的出台，有利于提高民众对古籍的重视程度，增强法治观念。作为从事古籍管理和保护的工作者，更应该及时了解中央有关部委发布的古籍保护工作的计划和安排，跟上全国古籍保护工作步伐，使古籍收藏单位尽快建立健全古籍管理制度。

第二节　中国社会科学院古籍收藏情况及发展沿革

一　中国社会科学院古籍收藏情况

2017 年第二轮古籍清理核实单位的名录显示，中国社会科学院共有 18 家所局级单位收藏古籍，这里仅介绍收藏数量较为丰富、特色鲜明的 5 家单位。

哲学研究所藏线装古籍 4800 余种，其中有关诸子百家的著述尤为珍贵，如元刊本《荀子》，明万历刻本《李氏续焚书》，有清初刑部尚书巢可托收藏印记的抄本《九正易因》和明版稿本《老子翼》等。该所还注意收藏有学术价值的丛书，如《儒学警语》《百川学海》《说郛》《汉魏丛书》等。

文学研究所藏线装图书 18000 余种，珍藏善本 4929 种，其中孤本 30 种以上。宋代刊本，明清诗文集、戏曲、小说被视为该所高质量藏书的四大亮点。该所弹词、宝卷、戏曲丛书和唱本等藏本也颇具特色。

历史研究所藏线装古籍 24000 余种，其中包括珍善本古籍、普通古籍、民国丛书、家谱、方志、徽州文书等。该所的善本古籍达 3900 余种，包括少量宋元善本，还囊括明清两代由内廷、藩府、佛寺、经厂、书坊、官署、学宫等主持雕锓的珍稀椠本，世所罕见的精抄、精校本更是分别部居、贝联珠贯。

民族学与人类学研究所藏线装古籍 4600 余种，其中善本 318 种。善本中最为珍贵的是 17 种《苗图》。《苗图》画工精致工整，色调鲜艳秀畅，人物生动，通过图文并录的方式描绘了滇黔等地民族风俗、习惯、生产和生活状况。

法学研究所通过接受捐赠、申请托存图书馆资格等多种方式形成了该所独具特色的馆藏。该馆保存有 6000 余种线装书，300 余种善本古籍。其中，

《大清律》及其相关古籍近 30 种，涵盖了清王朝从创立到覆灭各个时期的律例规定，是国内收藏此类文献最完整的单位之一。

中国社会科学院图书馆、文学研究所和古代史研究所先后被国务院批准为“全国古籍重点工作单位”，全院共有 20 种珍稀古籍入选《国家珍贵古籍名录》。为全面提升古籍管理水平，确保古籍安全，2017 年 12 月 1 日院务会议审议批准了《中国社会科学院古籍清理核实工作实施方案》，启动了古籍清理核实工作。此项工作于 2019 年 12 月底完成。根据全院古籍清理核实结果统计，目前全院收藏古籍有 111274 种、1062703 册，其中善本古籍 13540 种。

二　中国社会科学院图书馆古籍收藏沿革

（一）图书馆古籍库

中国社会科学院图书馆古籍来源于各研究所的收藏，主要包括语言研究所、世界宗教研究所、政治学研究所和亚太与全球战略研究院（原亚洲与太平洋研究所）等。

语言研究所古籍以志书、字书、小学类为主。世界宗教研究所以佛教、道教类典籍居多。政治学研究所图书馆交接的古籍主要是 1982 年著名学者、原中法大学校长李麟玉先生捐赠的 7000 余册线装古籍，主要内容包括正史、文集、典章制度等。亚太与全球战略研究院古籍经史子集各部均有涉及。1995 年中国社会科学院图书馆成立之初，这些古籍分藏于各所书库，由典藏部统一管理。2002 年新馆落成后，正式成立古籍特藏部（后更名为古籍管理部），原藏于各书库的古籍集中至古籍部并重新登记造册。

这批古籍在 2012 年启动的古籍整理保护工作中，进行了基本的数据核查。至 2017 年第二轮古籍清理核实工程启动后，完成了重新核查书目信息、书影扫描，并按四部分类法进行分编上架等工作。

（二）顾颉刚文库

顾颉刚文库收存了顾颉刚先生生前所藏图书 4 万余册。这批珍贵的图书是顾颉刚先生在其几十年的治学生涯中积累起来的文献资料，拥有重要的学术研究价值。根据其“藏书不要分散，以便后人利用”的遗愿，家属将其藏书捐献给中国社会科学院。这些藏书 1981 年先由历史研究所代管，1988 年由文献情报中心（后更名为图书馆）正式接收，成立“顾颉刚文库”。文库重点是线装书，大致可分经、史、子、集、丛五大类。

这些书多是顾颉刚先生根据研究工作的需要而收集购置的，看中的往往不在版本之新奇，而求实用之便利。例如，这批书籍中各种传本的《尚书》及研究专著达 180 余种;《史记》一书，各种版本及校点考证著作就达 50 多种；各家校本的《水经注》亦有 20 余种。此外，顾先生还收藏了不少方志、游记等地理类图书以及戏曲、小说、散曲、民间俗曲、书画、音乐等艺术书籍。

顾颉刚先生一生着意搜集丛书，所藏各种汇编、类编丛书达 450 余种。较大型的有《津逮秘书》《知不足斋丛书》《玉函山房辑佚书》《皇清经解》《皇清经解续编》《通志堂经解》《抱经堂丛书》《船山遗书》等。

2011 年，中华书局出版了由顾洪、张顺华主编的《顾颉刚文库古籍书目》(共 2 册)。该书按经、史、子、集四部，外加丛书、新学，共分六大类的著录方式，著录中国社会科学院图书馆顾颉刚文库内约 5800 种线装书，并将书中各家题记汇为“题记编”。

中国社会科学院图书馆顾颉刚文库原由典藏部管理并挂有顾廷龙先生题写的“顾颉刚文库”牌匾。2019 年 11 月，顾颉刚文库移交至古籍管理部负责的古籍收藏中心。至 2020 年底，顾颉刚文库于古籍收藏中心单独开辟密集架集中保管，按古籍（含民国线装书）、民国平装书、工具书依序排架。顾颉刚文库集中统一管理、合理有序排架，有利于进一步推进古籍整理和科学保护工作。

第三节　中国社会科学院开展古籍清理核实工作情况

古籍不仅是人类的重要文化遗产和宝贵的学术资源，还是重要的国有资产。中国社会科学院是典籍文献收藏重镇。经过几代图书馆工作者和学者的不懈努力，中国社会科学院广泛采集和收藏古籍，院属各单位所藏古籍达十万种百万册，位居全国前列。做好古籍工作，是开展中国特色哲学社会科学研究、推进“三大体系”建设的基础和保障之一。由于历史的原因，中国社会科学院建院以来，院藏古籍始终处于家底不清的状态。为了摸清家底、进一步做好古籍保护工作，2017 年 3 月院党组决定，由图书馆牵头开展全院古籍清理核实。2017 年 12 月 1 日院务会议审议批准了《中国社会科学院古籍清理核实工作实施方案》(以下简称《实施方案》)，此项工作正式启动。在院党组领导下，在全院古籍清理核实工作领导小组办公室的组织协调下，全院各古籍收藏单位克服重重困难，兢兢业业，认真核对，为摸清全院古籍家底、建立完善的古籍档案和加强古籍保护工作做出了积极贡献。经过两年多的不懈努力，2019 年 12 月底，全院古籍清理核实工作胜利完成，摸清了全院古籍收藏和保存情况，建成了全院古籍清理核实档案数据库，为今后进一步做好古籍保护和开发利用工作提供了可靠的数据支持。

一　坚持院党组的正确领导，做到责任清、任务明，以高度负责的精神，落实《实施方案》

中国社会科学院党组始终高度重视全院古籍清理核实工作，院领导亲自担任古籍清理核实工作领导小组组长，反复强调这项工作的重要意义，要求各古籍收藏单位党委书记切实负起第一责任人的重任，务必做好这项工作。

在 2017 年 12 月召开的启动动员会上，张英伟同志代表院党组讲话，强调各单位主要领导对全院古籍清理核实工作的必要性和重要性一定要有充分的认识，把做好这次古籍清理核实工作看作是巩固中央巡视整改成果，落实全面从严治党的具体体现，切实负起主体责任，加强责任意识和纪律意识，本着对国有珍贵资产高度负责的精神，把这次全院古籍清理核实做实做细，保证按时完成任务。

时任中国社会科学院副院长的王京清主管此项工作后，就如何推进这项工作提出了更高的要求。在 2018 年 12 月召开的领导小组专题会上，他强调，古籍清理核实工作不是一般的重要，其重要性在于：第一是巩固中央巡视整改成果；第二是维护国有资产安全；第三是加强古籍保护的重要举措。做好古籍清理核实工作是落实党的十九大精神、坚定文化自信、坚持社会主义核心价值、繁荣发展哲学社会科学、繁荣发展社会主义文化事业的一项重要工作。

谢伏瞻院长来中国社会科学院工作后对全院的古籍清理核实工作给予极大关注，多次听取古籍清理核实工作进展情况的汇报并对推进这项工作作出重要指示。2018 年 12 月谢伏瞻院长就古籍清理核实进展情况作出批示，要求“进度慢的单位要查找分析原因，制定切实有效的工作计划，确保按时完成。要防止古籍丢失和损坏，强化和落实责任。要结合历史院办公楼装修把古籍储藏问题解决好”。王京清副院长明确指示，各单位党委书记是本单位古籍清理核实工作的第一责任人。各单位要认真领会伏瞻同志的批示精神，对照《实施方案》中的各项要求，不断提高对古籍保护工作和这次古籍清理核实工作重要性的认识，树立强烈的责任意识，认真总结经验，明确下一步工作任务，按照党组要求，弄清家底，交出一份满意的答卷。

在强调此项工作的重大意义的同时，院领导特别强调古籍清理核实工作一定要坚持实事求是，把工作做实做细，速度服从质量，确保这项工作的成果经得起时间的检验。

在院党组的正确领导下，各相关单位按照院党组的要求，从学习贯彻落实党的十九大精神和习近平总书记系列重要讲话精神的高度领会做好古籍清理核实工作的重要性，以从严治党的严肃态度认真落实《实施方案》规定的各项任务，不断推进这项工作的实施，终于按时完成了任务。

二　全院“一盘棋”，团结协作，共同努力，确保清理核实工作有效推进

按照院务会议要求，图书馆是此项工作的牵头单位，财计局是督办单位，18 家古籍收藏单位是实施单位。

图书馆作为牵头单位，担负着全院古籍清理核实领导小组办公室的职责，努力做好协调组织工作。先后起草了《中国社会科学院古籍清理核实工作实施方案》《关于古籍清理核实工作实施方案的补充说明及近期工作安排》《古籍拍照注意事项》《古籍照片参考规格》《全院古籍清理核实工作验收办法》等文件；举办了一次表格填写培训和两次古籍拍照培训，讲解相关工作要求；分别到院属古籍单位调研，了解工作进展和存在的问题；筹备召开了三次古籍清理核实工作领导小组全体会议，进行启动动员、季度检查和年度总结工作，组织验收工作小组，完成了院属古籍收藏单位清理核实工作的验收。

财计局认真履行督办职责，审议《中国社会科学院古籍清理核实工作实施办法》；提供经费保障并指导经费使用；指派资产处负责同志参加最后的验收工作。

各古籍收藏单位严格按照院党组的要求，牢固树立责任意识，认真落实《中国社会科学院古籍清理核实工作实施方案》，成立了以党委书记为第一责任人的领导小组，紧密结合本单位情况制订实施细则，做好人员调配，成立工作小组，根据工作需要配置工作场地和设备，力争把工作做实做细，做出实效，保证清理核实工作按照计划有序推进。古代史研究所（原历史研究所）、文学研究所、近代史研究所、图书馆等 4 家单位，收藏的古籍种数上万，其中还有相当数量的丛书类古籍。每种丛书少则几十册，多则上千册，不仅工作量巨大，经费压力也大。这些单位的党委和图书馆的同志坚持以大局为重，有困难自己克服，以保证质量、按时完成任务为首要目标，体现了较高的政治觉悟和专业素养。古代史研究所、近代史研究所、考古研究所等单位，及时调整工作计划，加快工作进度，保证了中国历史研究院组建工作的顺利进行。法学所等单位克服工作人员数量少、工作场地狭小、空气质量较差等多种不利因素，认真核对古籍。古籍收藏数量较少的中国社会科学杂志社、中国社会科学院大学、民族文学研究所、新闻研究所、中国地方志指导小组办公室（国家方志馆）、民族学与人类学研究所、语言研究所、中国边疆研究所、郭沫若纪念馆 9 家单位于 2018 年 12

月完成或基本完成了古籍清理核实工作。经济研究所、民族学与人类学研究所等单位在原办公场所基建改造的情况下，没有寻找客观理由拖延进度，而是采取积极有效措施，做到古籍搬家、核查两不误。过去两年多来，各个单位按照院党组的要求，树立“一盘棋”意识，保证了全院古籍清理核实工作的胜利完成。

尤其值得肯定的是各单位具体从事古籍清理核实工作的同志，其中有长期从事图书馆或古籍工作的同志，有从研究室临时抽调的研究人员，有已经退休又返聘回来的老同志。大家在人手少、古籍多、时间紧、任务重的情况下，以实际行动贯彻落实党的十九大精神和习近平新时代中国特色社会主义思想，奉献才干和智慧，克服各种困难，在阴暗狭小的书库内长时间工作，对百万册古籍逐一核对，采集照片数十万拍，默默无闻地从事着这项惠及全院科研工作的浩大工程。

三　摸清家底，成效显著，为今后开展古籍保护、开发和利用创造了有利条件

中国社会科学院是全国古籍收藏重镇，但长期以来家底不清，本单位收藏了多少古籍？其中有多少善本古籍？古籍散失了多少？借出未还的有多少？随着各单位人员更迭，时间长了这些问题越来越难以回答，家底不清的情况也就越来越严重，给全院的古籍保护和利用工作造成了极大的困扰。正是基于解决这一困境的重要性和紧迫性，中国社会科学院党组启动了全院古籍清理核实工作。各单位按照实施方案的要求，对每种古籍逐函逐册认真核对，不仅做到数量准确，而且对版本也进行了重新确认。2013 年古籍普查登记时有的单位误将一些 1949 年以后出版的线装书做了登记，这次一律排除在外。在普通古籍中又发现了一些善本古籍，同时在原来认为是善本的古籍中也发现一些算不上善本的古籍。这次都做了相应鉴别和调整。从这次各单位提交的总结和报表汇总情况来看，这次古籍清理核实工作不仅摸清了家底，对全院古籍的种类、数量有了比较详实的统计，而且通过留存照片确保了数据的准确。

与2013年古籍普查登记数据相比较，此次古籍收藏情况的统计更加详细，之前古籍普查登记没有考虑古籍散失和借出未还的情况，这次对这两种情况也做了认真核对登记。更为重要的是，本次清理核实采用了文物普查登记的办法，对古籍的题名页、印章页、财产号等特征内容拍摄了照片，增加了影像资料，使得中国社会科学院古籍资产档案资料更加完备。

目前各单位古籍清理核实的详细数据已经上传并形成了《中国社会科学院古籍清理核实数据库》。准确把握古籍收藏的详细数据，为全院今后开展古籍保护、开发和利用创造了有利条件。

四　以古籍清理核实为契机，推进古籍工作

保护利用好中华典籍文献，功在当代，利在千秋，对传承和弘扬中华优秀传统文化、坚定文化自信、文化创新发展，建设社会主义文化强国具有重要意义。中国社会科学院作为全国典藏文献收藏重镇，在做好摸清全院古籍家底的基础上，将进一步加强典藏文献再认识，编制古籍规划，开展古籍人才培训、古籍数字化、古籍保护宣传和利用等工作。

（一）深化对典藏文献的再认识

对于学术研究而言，典籍文献“古为今用”，对自然科学和社会科学均有着丰富的史料价值。如中国科学家屠呦呦就是从葛洪的《肘后备急方》古籍中找到灵感，推进了抗疟药青蒿素的发现和研制，并获得了诺贝尔医学奖。又如中国国家图书馆所藏成书于明朝1534年的《使琉球录》，被公认是现存最早记载中国与琉球海上疆界的中国官方文献，显示钓鱼岛属于中国，是研究中国外交的重要史料，等等。

中国社会科学院作为党中央直接领导、国务院直属的中国哲学社会科学研究的最高学术机构和综合研究中心，围绕打造“马克思主义的坚强阵地、我国哲学社会科学研究的最高殿堂、党中央国务院重要的思想库和智囊团”，加快构建中国特色哲学社会科学，用学术书写社会发展的五彩华章。全院对于清理核实的现藏古籍文献，要改善贮存条件，妥善保管，借助现代化技术手段开展数字化工作，积极进行学术研究，传播中国学术声音，增强中国文

化自信，助力哲学社会科学三大体系建设。对于有书无卡或有卡无书、因历史原因等借出未还的古籍，要加大追缴力度，一方面减少国有资产损失，一方面发挥其学术史料价值。

（二）落实十九届五中全会精神，将“坚持系统观念”贯穿古籍工作始终

在“十三五”期间，在中国社会科学院党组的正确领导下，全院古籍清理核实工作取得胜利。在编制全院古籍“十四五”规划和二〇三五年远景目标中，要充分认识编制和实施古籍保护工作十年规划的重要意义，把编制规划看作是落实十九届五中全会精神的具体体现，紧密结合中国社会科学院实际，集思广益，合理谋划，突出重点，稳步推进，制定一个定位合理、目标明确、措施具体、切实可行的古籍保护规划。在科研局、人事局、财计局等多家单位的支持和配合下，由院属古籍单位参与，科学谋划全院古籍今后十年规划，内容包括但不限于古籍整理和开发利用、古籍研究项目设立、古籍人才队伍建设、古籍书库改造等多个方面。

（二）加强古籍保护人才培养

这次古籍清理核实不仅摸清了家底，而且培养锻炼了队伍，是一次传承中华优秀文化、弘扬爱国主义精神的具体实践。古籍保护工作是一项专业性较强的长期任务，需要一支素质高、业务精的人才队伍提供持续保障。从这次古籍清理工作实践看，各单位古籍人才队伍水平参差不齐。有些单位古籍人才队伍水平比较整齐，有些单位在清理核实过程中注重引进和培养古籍专门人才，不仅平时古籍管理工作井然有序，这次古籍清理核实工作也稳步推进，按时完成。有的单位古籍数量并不算多，但苦于没有古籍人才，工作中走了不少弯路。尽管各单位情况不大一样，但总体来看，全院古籍人才队伍的数量和质量与古籍保护工作的要求相比还有差距。根据全院实际情况，在古籍人才队伍建设方面，要坚持多措并举：一是除引进研究人员外，要适当引进古籍保护和修复人才，壮大古籍人才队伍力量；二是加强在职古籍保护工作人员的院内外培训和少数民族古籍翻译、整理、出版、研究人才的培养；三是积极开展国内外古籍保护的交流与合作。经过几年的努力，明显改变全

院目前古籍人才队伍短缺的困境。

（四）加强对古籍保护的宣传和成果出版

图书馆继续发挥全院古籍清理核实工作领导小组办公室职责，以展览、讲座、培训、研讨等多种形式，加强院内古籍保护知识宣传，通过广播电视、报刊、互联网等新闻媒体渠道加大古籍保护工作宣传力度，展示保护成果，培养公众的保护意识，营造全社会共同保护古籍的良好氛围。同时，就已经完成的古籍清理核实成果目录进行结集出版，做好古籍资产管理。鼓励院属单位申请国家有关项目支持，进行古籍整理成果出版，共享清理核实成果。

（五）边学习边探索，推进古籍数字化工作

古籍数字化是古籍保护和弘扬中国优秀传统文化的有效措施。中央对古籍数字资源建设高度重视，孙春兰副总理还专门对此项工作做了重要批示，古籍数字化的重要性已经被提升到了保护国家文化安全的高度。国家有关部门就此项工作提出了实施意见，中国社会科学院国家哲学社会科学文献中心已按照院党组的部署，牵头启动古籍数字化工作。图书馆将认真贯彻中央精神和院党组部署，按照国家主管部门的实施计划和建设标准，结合中国社会科学院实际情况，做好调研论证，提出科学合理的古籍数字资源建设规划，统筹协调全院各单位深入推进古籍数字化工作。

（六）重视古籍修复工作

中国社会科学院是我国古籍重镇之一，在古籍保护方面承担着重要的职责。现在古籍家底基本摸清，特别是在清理核实过程中发现，有相当数量的古籍存在不同程度的破损情况，古籍修复成为全院亟待加强的一项工作。全院各相关单位要根据这些古籍的珍贵程度和破损状况制定抢救性的保护措施，使这些珍贵古籍继续留存于世，造福后人。古籍修复工作需要有人才和经费方面的保障，是一项长期工作。图书馆、历史研究院可在适时专门组织专家开会，研究如何做好中国社会科学院的古籍修复工作。要结合中国社会科学院特点制定中长期计划，在机构设置、工作目标和任务、人才队伍及经费保障等方面层层落实，切实把这项工作做到实处。

（七）逐步改善古籍贮存物理环境

通过本次古籍清理核实工作，发现有些古籍单位的古籍贮存条件较差，例如：有的单位将古籍与普通书堆在一起，易酸化；有的单位将古籍存放在一层靠窗位置，安全防护存在隐患；有的单位将古籍一直锁着，灰尘覆盖，古籍价值无法体现；有的单位受物理环境影响，不能建设恒温书库等。当前，院图书馆已经牵头建成全院古籍收藏中心，为图书馆古籍和部分古籍单位提供了良好的贮存条件。全院古籍清理核实工作领导小组将根据院属古籍单位各自保管古籍的情况，督促相关单位承担主体责任，申请院有关经费支持，逐步改善本单位古籍贮存条件，防止古籍损毁、丢失等情形出现。

（八）加强古籍管理制度建设

近几年中国社会科学院相继出台了《中国社会科学院古籍管理规定》和《中国社会科学院可移动文物暂行管理办法》。一些单位依据这两个文件已经完善了本单位的古籍管理制度，还有一些单位没有出台相关规定、细则或流程规范。全院古籍清理核实工作领导小组将发挥监督作用，督办院属古籍单位及时报备本单位古籍管理制定建设情况，确保各单位古籍工作有制度可寻。

“十四五”期间，中国社会科学院将按照文化和旅游部有关要求，在全院古籍清理核实工作基础上，加大古籍保护与管理力度，充分发挥中华古籍在传承和弘扬中华优秀传统文化方面的重要作用。

第四节　图书馆古籍整理保护、开发利用工作

一　古籍整理保护

（一）改善硬件设施

2017 年是习近平总书记“5 · 17”讲话一周年、中国社会科学院建院 40 周年，以此作为契机，中国社会科学院图书馆为改善古籍的存藏环境和保护条件进行了馆舍改造，建立“古籍收藏中心”。

“古籍收藏中心”内设 84 个樟木柜及 371 列密集架并自成一区，且拥有独立通道；书柜书架皆有独立钥匙，并统一保管；书柜书架及其中古籍的排

列有利于书库和柜架内的空气流通；书库位于图书馆二层，避免地下书库潮湿漏水的危害。

书库供暖采用中央空调系统，能够有效防止大范围漏水的危害。书库内设置有温湿度监测仪器，工作人员全年监测并记录温湿度变化情况。

“古籍收藏中心”的建设注重安防与消防。书库入口处设置自动报警系统，库内多处设有视频监控装置；书库配备火灾报警系统和灭火系统；书库灭火器采用二氧化碳灭火器；为避免地面浸水对典籍造成危害，樟木柜或密集架的底层书架距地面距离大于 20cm。

另外图书馆购进两台冰柜，专门对书籍开展冷冻杀虫工作。

图书馆除了改造馆舍，提升古籍馆藏条件之外，还将古籍和民国线装书函套统一更换为脱酸函套，并在书籍入库上架前进行冷冻杀虫处理。

（二）古籍资源统一管理

由于图书馆的古籍来源广泛且入藏时间不一，原收藏地点也各不相同，因此，为了便于管理和利用，2019 年图书馆将馆大楼七层和十二层的古籍集中到二层新建的古籍收藏中心保藏，同年将地下一层的顾颉刚文库古籍及民国线装书收归古籍收藏中心保管。

2020 年古籍管理部开展整库倒架工作，将馆藏典籍分成图书馆古籍、图书馆民国线装书和顾颉刚文库三部分，集中统一排架与管理，为今后开展古籍整理、古籍修复和古籍数字化等工作奠定基础。

（三）古籍清理核实

中国社会科学院前后进行过两次古籍核实工作。作为全国古籍保护工作的一部分，通过清理核实，准确把握了全院收藏的古籍数量，详细梳理了全院古籍保管的现状问题、古籍的存藏问题。

图书馆作为全院古籍清理核实领导小组的挂靠单位，积极开展古籍清理核实工作。其中第二轮古籍清理核实，不仅更准确地摸清了家底，形成《古籍清理核实目录》，而且建立了古籍档案数据库系统，达到了纸本目录与电子档案的统一，为今后加强古籍管理与保护、推进古籍开发利用奠定了坚实的基础。

二　制度建设

根据院领导的指示和古籍相关法律、法规、标准，图书馆不断完善制度建设，加强内部管理。新修订的古籍管理规定在保障书库安全、加强人员管理、完善登记档案制度、保护古籍财产安全、科学管理钥匙等方面提出明确的要求和具体的举措，使每一项工作有章可循，有法可依。根据管理规定的要求，工作人员工作或检查时需要注重水电安全、门窗安全、钥匙安全，并及时登记。

三　窗口展示

古籍是中华传统文化的载体，在文化研究领域发挥着不可替代的作用。由于古籍属于可移动文物，这一特殊的性质使它无法与普通图书一样供人借阅，因此展览古籍能够更好地呈现古籍原貌，更广泛地宣传中华优秀传统文化，在服务哲学社会科学“三大体系”建设方面发挥作用。

2017 年，图书馆以中国社会科学院成立 40 周年为契机，在古籍收藏中心展示了《红楼梦》《王建诗集》《太平乐图》等 25 种极具特色的古籍。三年间，图书馆多次接待国家领导人及海内外知名专家、学者，让书写在古籍中的文字活了起来。

四　数字化及修复工作

2012 年 7 月 4 日，中国社会科学院古籍整理保护暨数字化工作会议召开。这次会议，阐明了古籍工程的目标、任务、措施，提出了推进古籍工程的具体要求，标志着中国社会科学院古籍工程的正式启动。

2016 年底，国家哲学社会科学文献中心上线，“古籍”是其中的重要资源之一，图书馆古籍管理部自主完成了 42 种 101 册 7000 拍的数字化工作。在 2017 年海量数据库项目之古籍库建设和 2020 年古籍数字化项目建设中，文献中心建设部在古籍管理部的全程配合下，共完成 60 万拍的古籍数字化工作，为海内外学术研究、推广宣传中华优秀传统文化、讲好中国故事发挥了积极作用。截至2020年12月底，中国社会科学院古籍善本数据库收录179种2354册，共计20万拍图像数据，完成10种130册，共计370多万字的全文识别。

馆藏古籍数字化工作的有效开展，为进一步推动古籍管理、提升古籍安全意识、加强古籍开发利用积累了宝贵的经验。

2003年4月，J·沃尔夫先生代表阿登纳基金会捐赠5000欧元资助图书馆修复古籍，此次修复了360余册。2017年，借古籍数字化加工之机，由中国书店向图书馆派驻修复师，共完成150余种1200册古籍的修复任务。2020年，图书馆筹办图书修复室，奠定了未来开展古籍修复工作的基础。

五　阅览服务

随着图书馆馆藏古籍从分散布置变为统一管理，其阅览服务也相应发生变化。原来部分古籍开放阅览，现为了加强统一管理、加快完成全院古籍清理核实任务，图书馆暂停古籍阅览服务。随着清理核实工作的顺利完成，古籍目录的不断完善和古籍管理的不断加强，阅览服务将会适时重新启动。

图书馆购买并收录两期《中华再造善本》，共1341种影印古籍。这些影印古籍目前虽没有提供正式阅览，但预计会在未来发挥其作用。

目前，国家哲学社会科学文献中心设有“古籍”栏目，主要收录数字化加工后的成品，面向用户提供服务，以更好地促进学术研究、扩大中华优秀传统文化宣传。该栏目截至2020年12月底，共有7720册古籍免费供读者阅览。

第五节　关于古籍管理工作的设想

一　加强制度建设

制度对于人的行为具备重要的约束和规范作用。深入学习相关法律法规、行业标准等文件和借鉴其他单位古籍相关管理规定，完善图书馆的古籍管理规定，对于提升图书馆古籍保护管理工作水平具有重要的意义。根据当前自身古籍管理制度的整体状况，图书馆需要完善以下三个方面。

1. 古籍之于图书馆相当于藏品之于博物馆。参照文化部发布的《博物馆藏品管理办法》，可以从定级、鉴定、登帐、编目、建档、库房管理、提用、统计、保养、影印和奖惩等方面制定古籍管理规定，尽量做到制度健全，账目清楚，鉴定确切，编目详明，保管妥善，查用方便。

2. 制定资产档案保管和检查制度，专人负责定期进行古籍资产检查，发现不安全因素或发生文物损伤要及时处理并报告，确保古籍安全。

3. 结合相关单位库房管理的规章制度，制定符合自身实际情况的《古籍库房管理制度》。图书馆可以从库房管理人员、接待参观注意事项、库房工作日记的记录规范、利用古籍工作时的安全操作规程、安全巡检等方面制订制度。

二　人才队伍建设

目前我国古籍保护人才培养工作已经取得较大成效，业内对人才培养的研究和总结，能够更有效地指导图书馆开展此项工作。

（一）强化古籍保护意识

古籍管理与保护工作需要较强的职业素养和自觉的保护意识。古籍从业人员需要通过学习相关法规与标准、参加宣传教育等方式，将古籍保护的重要意义了然于胸，使古籍保护成为其主动、自觉的行为。

（二）引进专业人才

为保障古籍整理保护事业可持续性，需要引进相关领域的专业人才，不仅仅局限于古籍专业，一些生物学、材料学、化学领域的跨学科人才也需要引进，使古籍保护工作的专业性、科学性不断提高。

（三）以师带徒模式

引进长期从事古籍或书籍修复工作的修复师，带领馆内古籍从业人员开展修复工作，以边教学实践边修复的形式，可以将馆内从业人员的修复水平提升至一定高度。另外，可以通过强制学习或以师带徒等方式开展合作，提高馆内古籍从业人员的专业能力，包括熟悉古籍内容和各朝藏书室、藏书家；了解古籍各个版本的收藏情况和版本源流；阅览并校雠古籍；轻松辨识繁体字、篆体字、印章和异体字等。

（四）积极参加各种交流活动

《“十三五”时期全国古籍保护工作规划》提出“发挥古籍修复专家的传帮带作用，采取古籍修复基础研究与古籍修复项目相结合的方式，传承古籍修复技艺，提高古籍修复水平”。国家古籍保护中心、地方古籍保护中心相继举办了古籍修复培训班。图书馆可以充分利用这一平台，跟踪古籍行业内部的时事动态，参与学习古籍修复技艺。

三　原生性保护和再生性保护

从保护类型上看，古籍保护可以分为原生性保护和再生性保护两类。原生性保护主要包括书库建设、古籍修复、历史遗留借出未还古籍追缴等。再生性保护主要指古籍数字化工作。图书馆实现了古籍原生性保护与再生性保护的有效结合，不仅翻修馆舍改善了古籍保藏环境，而且分期分批开展了古籍数字化工作。但是，结合同行业古籍保护工作开展的情况来看，中国社会科学院的古籍保护工作仍有进步空间。

（一）古籍修复

开展古籍修复工作前，图书馆古籍管理部要建设好完备的古籍资产档案，通过古籍编目和整理，根据古籍的珍贵程度和破损状况记录档案，制定抢救性的保护方案。适时组织专家会议，在专家审核后确保古籍修复方案可行的情况下，利用现有资源处理可控且必须的修复问题。另外，可以采取人才引进与在职培训相结合的方式逐步解决人才短缺问题。

（二）历史遗留借出未还古籍追缴工作

古籍流通会提高古籍受损的概率。在第二次全院古籍清理核实工作中发现，有一些散失古籍由于各种原因已经不知所踪，还有些古籍借出未还。追缴散失和借出未还古籍可以将古籍保存在具有专业设备的收藏单位，也是一种原生性保护。

（三）古籍数字化

目前，图书馆古籍数字资源建设正处在需要重点发力和资源整合的阶段。加强与各古籍收藏单位之间的沟通与合作，做到统筹安排，在注重各自古籍资源建设的同时，避免重复建设。同时，在资源共享方面探索建立互通互利共赢模式，打造资源整合平台，利用有限的资金建设更丰富的古籍数字资源。

另外，还可以不断加大力度，继续采集、整理和发布古籍数字资源，进一步丰富古籍数字化成果内容和种类，切实满足全院对古籍数字化资源利用的需求，并尝试与海外中华古籍收藏机构合作，利用数字化、影印出版等方式让更多的域外汉籍实现回归。

四　古籍资源建设与利用

（一）古籍目录编制工作

随着馆内古籍从业人员的专业能力水平的提升，馆内古籍目录的编制既需要形成普通古籍目录，也要形成善本古籍目录，甚至需要形成编制图录和提要，以期全方位、多形式地为科研提供便捷服务。

（二）古籍的整理

古籍整理就是对古籍进行校勘、标点、注释、今译等加工，或者是选择优秀、稀缺的古籍进行影印、复制出版。其目的是使古籍更便于今人和后人阅读利用。因此，传统的古籍整理意义重大。根据国家发展战略以及中国社会科学院的发展需要，可以有针对性地选择部分古籍进行加工整理，弘扬中华传统文化。

（三）畅通珍贵古籍捐赠途径

通过联系著名专家学者和各界人士，宣传图书馆服务院“三大体系”建设、服务科研的工作目标，保管好、传承好、利用好文献资料的决心和传承弘扬中华优秀传统文化，共铸文化自信的最高理想，可以畅通古籍捐赠途径，扩大馆藏，整合开发珍贵古籍。

五　利用展览窗口和互联网平台广泛宣传

其一，开展古籍整理和书籍修复成果的展览工作。古籍整理工作和书籍修复成果可以根据时代发展需求，结合国家、图书馆传播古籍文化的需要，按相应主题成体系地集中展示，充分利用有利时机和有利条件宣扬中华优秀传统文化。

其二，充分利用文献信息中心，做好古籍保护宣传。2020 年 11 月上映的六集历史纪录片《炮火下的国宝》再现了一幕幕古籍文物大抢救的传奇故事。这部纪录片为宣传好古籍保护工作提供了一种新的视角和思路。图书馆可参考这一思路，先安排古籍管理部充分研究顾颉刚文库，包括顾颉刚藏书史、藏书轶事、顾颉刚的学术体系脉络、顾颉刚文库古籍的文化内涵和题跋背后的故事等，再部署安排文献中心建设部和古籍管理部合作，制作顾颉刚文库的文化纪录片，上线国家哲学社会科学文献中心。

六　古籍保护研究

根据中国社会科学院院领导指示及图书馆古籍管理部的发展状况，古籍管理部可以围绕古籍保护技术，古籍保护环境和古籍历史、文化、审美价值等方面开展研究工作。

古籍保护技术的研究内容包括研究古籍装具、古籍冷冻杀虫技术、古籍杀虫除霉技术、古籍检测技术、古籍影印技术和古籍修复技术等。古籍管理部可以以开展项目研究的方式带动古籍保护事业，推进古籍管理与利用。尤其是古籍修复方面，应重点研究如何改善古籍修复用纸、工序等方面的相关思想理念和技艺方法，研究如何有效地、可逆地、更少伤害地修复古籍。

古籍保存环境方面也需要重点研究。古籍保存环境研究的重点内容包括室内空气、室内气候和库房整体空气循环净化。古籍管理部可以充分利用现有的研究成果，以纵向深入、横向比较的方式开展研究工作。

借助古籍普查成果，开展古籍历史、文化、审美价值的研究，为院科研学者的中长期项目规划，提供科研辅助支持。

古籍是珍贵的历史文化遗产，对中国社会科学院来说也是宝贵的学术资源，是全院开展中国特色哲学社会科学研究、推进“三大体系”建设的基础和保障之一。“十四五”期间，古籍管理部将坚持以习近平新时代中国特色社会主义思想为指导，认真学习领会习近平总书记有关古籍和古代文明保护的指示精神，做好古籍的抢救、开发、研究与利用，为弘扬中华优秀传统文化而不懈努力。

第十六章
展示学术形象，传承学术思想，建设学者文库

为深入学习贯彻习近平总书记“5·17”重要讲话和三次致中国社会科学院贺信精神，服务于中国社会科学院加快构建中国特色哲学社会科学学科体系、学术体系和话语体系建设目标，长期保存中国社会科学院学术成果，弘扬中国社会科学院学术精神，在院党组的高度重视和院属单位及各研究所的大力支持下，依托中国社会科学院的雄厚科研力量，中国社会科学院图书馆广泛收集本院学者的各类学术成果，初步建成中国社会科学院学者文库，并于 2020 年 11 月顺利揭牌开展对外服务。

第一节　国内图书馆文库建设概况

收集、整理人类文化遗产，长久保存各类文献资料并向公众提供服务是图书馆的基本任务和核心职能。在发展基本馆藏、服务大众的基础上，图书馆有责任收藏富有本地特色、彰显本地特点的各类文献及实物，用以建设专题文库，从而树立地区品牌、弘扬区域精神；亦或收集、保存本机构的学术成果，建设机构文库，从而厘清并展示机构的学科发展脉络和学术发展历史，提升机构认同感，达到彰前贤、励后学的作用。

机构文库属于特色文库的一种，专门收集本单位及相关人员公开或未公开发表的各类学术成果，以及名家手稿、书信等非学术成果。这类文库建设以高校图书馆和科研院所图书馆为主力，如北大文库、清华文库、人民大

学文库、中科院的院士文库、中国社会科学院的学者文库等。另一种特色文库是专题文库，通常集中收集某一主题相关的文献，公共图书馆、高校图书馆、专业图书馆均有涉足此类文库建设，如中国社会科学院图书馆的习近平新时代中国特色社会主义思想文库、北京大学的革命文献库、吉林大学的农学文库、丹东市图书馆的抗美援朝文库等。实体型机构文库是本报告重点研究和讨论的内容。

第二节　中国社会科学院学者文库建设背景

一　中国社会科学院的历史沿革

中国社会科学院是党中央直接领导、国务院直属的国家哲学社会科学研究机构，其前身为中国科学院哲学社会科学部，创建于1955年，是在以毛泽东同志为核心的第一代中央领导集体的关心和支持下建立起来的。1977年，经中共中央批准中国科学院哲学社会科学部改名为中国社会科学院。在40多年发展过程中，中国社会科学院锐意进取，大力推进组织机构改革、科研创新，成果评价机制、文献保障体系的建设，先后设立了优秀科研成果评奖机制，改革院所两级学术组织形式设立学部制，成立了院图书馆负责全院的文献保障工作；2011年启动哲学社会科学创新工程，定期发布创新工程重大科研成果。以上举措为中国社会科学院哲学社会科学研究事业的发展提供了坚实保障，出成果、出精品，带动全院科研事业长久、持续发展。

2016年5月17日，习近平总书记在哲学社会科学工作座谈会上的重要讲话和三次致中国社会科学院贺信精神为中国社会科学院的发展指明了方向，也提出了新的更高的要求。中国社会科学院始终坚持以马克思主义为指导，深入研究社会主义现代化建设中的重大理论和现实问题，着力理论创新，推出了一系列具有真知灼见的科研成果，为完善和发展具有中国特色的学科体系、学术体系和话语体系做出了重要贡献。①

① 张帆:《中国社会科学院举办建院40周年系列学术报告会》,《社科院专刊》2017年5月12日。

二　中国社会科学院的学术发展及科研成果

从 1977 年建院至今的 40 多年里，中国社会科学院建立了门类齐全、布局合理的学科体系，研究范围涵盖哲学社会科学各领域。全院 6 大学部、42 个研究所承担着相当数量的国家哲学社会科学规划重点研究项目，根据国民经济和社会发展需要及各学科发展特点确定的院重点项目和所重点项目，国家有关部门提出或委托的具有全局意义的重大理论和实际问题的研究任务等，此外还有种类繁多的横向课题、国情调研项目等。

基于雄厚的研究实力、齐全的学科门类、众多高端精英人才和丰富的研究资源优势，中国社会科学院积累了数量庞大的高品质研究成果，并且每年还有大量新项目结项，产生许多优秀的学术专著、学术论文，各种系列的皮书、智库报告等。截至 2017 年建院 40 周年，中国社会科学院发布的科研成果统计数据为：专著 12938 部，学术论文 1470003 篇，研究报告 27140 篇，译著 3724 部、译文 23473 篇，学术资料 33266 种，古籍整理 514 种，教材 1108 部，普及读物 1819 种，工具书 1886 部，此外还有大量的理论宣传文章等其他形式的科研成果。时过 3 年，2020 年笔者根据院官方发布数据统计，相较于 2017 年建院四十周年时，专著增加量为 1100 多部，累计专著数量约为 14000 多部，论文增加 14000 多篇，累计论文数量为 1484000 多篇，其他成果因统计口径不同无法进行累加。收集、整理、长期保存，并且系统展示如此庞大的优秀成果是一项迫切、艰巨的任务。中国社会科学院党组高度重视图书馆的文库建设工作，经过充分论证和周密部署，图书馆于 2019 年着手筹建中国社会科学院学者文库。

第三节　中国社会科学院学者文库建设现状

中国社会科学院学者文库以哲学社会科学发展规律及中国社会科学院办院宗旨为基准，全面收集、整理、保存建院以来的科研成果。经过一年多的努力，学者文库建设已初具规模。截至 2020 年 11 月，通过提取馆藏复本、接受捐赠等方式共收集 2.2 万件学术成果。2020 年 11 月 24 日，院图书馆举行了学者文库揭牌仪式，中国社会科学院院长谢伏瞻、副院长王京清出席揭幕式并为文库揭牌。王京清副院长发表讲话，对文库工作给予了充分肯定，希望图书馆贯彻落实好党的十九届五中全会精神，更好地服务“三大体系”建设，为建设“国内顶尖、世界一流”的专业图书馆做出新的更大贡献。

一　文库概况

学者文库位于图书馆楼十三层，是整个图书馆大楼中环境最好的区域，选址于此显示了院图书馆对学者文库工作的高度重视。文库东南两面采光，室内宽敞明亮，视野开阔，俯视可见长安街车流如织、建国门广场绿树婆娑，远眺可观北京城高楼林立，将都市美景尽收眼底。文库整体采用简约型装修风格，清幽雅致、温馨舒适。书架高低错落，边架紧贴墙壁采用高架位，可谓“书盈四壁”，营造浓浓的书香之气。文库中央主体部分使用低书架，共有 10 排，每排之间间隔较大，彰显庄重大气的同时方便读者低身取放底层架位图书，所有书架高度齐肩，便于取书、翻阅，同时不影响视线和采光。临窗摆放几张阅览座椅，阅读、思考、小憩皆宜，读书困乏时可凭窗远眺舒解疲劳，放松身心。

二　收藏范围

目前学者文库主要收藏以本院学者为主要责任者的各类正式出版物，包括专著、编著、译著、皮书、智库报告等，重点收藏学部委员作品、一至十届院优秀科研成果奖获奖作品、哲学社会科学创新工程重大科研成果作品，此外还收藏了院属研究所创办的学术期刊、《中国社会科学报》等本院编辑出版的报刊资料。

（一）学者个人作品

学者个人作品是学者文库藏书的主体部分，无论从成果数量还是从收藏意义上看都占有重要地位。这部分成果具有数量大、涉及学者人数多的显著特点。以中国社会科学院 2018 年学术成果为例，全年完成专著 400 多部，论文 5000 多篇，研究报告等 200 多部，学术资料、古籍整理等其他出版物百余种，[①] 其中个人学术成果占据了相当大的比例。除了数量庞大，学者个人成果的另一个显著特点是具有分散性，收集难度较大。

（二）学部委员作品

中国社会科学院第一批学部委员推选产生于 2006 年，后经 3 次补选，目前中国社会科学院共有 73 名学部委员，133 名荣誉学部委员。学部委员是中国社会科学院最高学术称号，为终身荣誉，入选者均为所在领域的学术精英和学科带头人，其作品具有较高的学术价值，是学者文库重点关注和收藏的作品类型。

除系统收藏中国社会科学院学部委员作品外，中国社会科学院前身——中国科学院哲学社会科学学部时期（简称学部时期）的 64 名学部委员著作也被纳入学者文库学部委员作品之列。从中国社会科学院发展历史可知，学部时期的学部委员多是学贯中西、享誉海内外的学术大师，是中国哲学社会科学的奠基者和开拓者，他们在中国社会科学院的学科建设、人才培养等方面发挥了极为重要的作用。中国社会科学院 2006 年遴选的荣誉学部委员和学部委员中的年长者，绝大多数都是在这些前辈学术大师直接培养或带领下成长的各学科的带头人，这些学术大师的学术成就和学术贡献是中国社会科学院学术发展史上不可分割的一部分。只有对这两部分学部委员作品进行全面收集，才能完整展示中国社会科学院的学科发展脉络。

（三）优秀科研成果奖获奖作品

为了激发全院科研人员的积极性和创造性，出成果、出精品，促进哲学社会科学的繁荣发展，更好地为改革开放和社会主义现代化建设服务，1989 年中国社会科学院启动“中国社会科学院优秀科研成果奖”评奖活动，共设一、二、三等奖，每三年组织一次评奖。截至 2019 年，中国社会科学院优秀成科研成果奖已成功举办十届，1075 项学术精品获得奖项，其中专著类 718 种。这些优秀科研成果代表了中国社会科学院的整体科研实力和研究水平，

---

① 《中国社会科学院创新工程 2018 年度重大成果发布》，《光明日报》2019 年 1 月 8 日。

产生了广泛的学术和社会影响力，是学者文库的重点收藏对象。

（四）哲学社会科学创新工程重大科研成果作品

2011 年，中国社会科学院开始实施哲学社会科学创新工程。在学科体系、科研方法及科研组织管理等方面进行了一系列改革创新，推出了一大批优秀科研成果。2013 年开始，每年年底中国社会科学院均从当年成果中遴选若干具有重大影响和价值的成果向社会公布，虽然作为年度成果公布，大多数成果都经过了五年、十年甚至更长时间的潜心研究、辛苦耕耘，时间最长的研究过程甚至跨越半个多世纪，代表了我国在这一领域研究的前沿水平。

（五）《中国社会科学报》

1994 年创刊的《中国社会科学院通讯》，2000 年 1 月更名为《中国社会科学院院报》，2009 年 7 月改为《中国社会科学报》，是 1949 年以来第一份全国性的哲学社会科学专业报纸。除了极个别卷期有所缺失外，学者文库所藏基本覆盖了《中国社会科学报》及其前身创刊以来的全部卷期。

（六）中国社会科学院学术期刊

截至 2020 年，全院共有 89 种具有国内统一连续出版物号（CN）的学术类期刊，其中核心期刊 70 余种，被国内四大学术期刊评价机构共同认定的核心期刊近 50 种，是国内哲学社会科学领域规模最大、学科结构最完整、综合实力最强的原创型学术期刊群。其中获国家社会科学基金资助的期刊 38 种，占全国获资助期刊的 1/5；11 种期刊入选第三届全国“百强社科期刊”，占学术类社科百强期刊的 1/4。上述数据说明了中国社会科学院期刊的重要学术地位，其中创刊较早的刊物尤其如此，如《中国语文》《历史研究》《文学遗产》《经济研究》《考古》等刊均创办于 20 世纪 50 年代，集中了相关领域的大量高水平研究成果，反映了新中国成立后哲学社会科学的发展过程和发展水平，具有重要的学术价值和历史意义。

（七）皮书系列

皮书是社会科学文献出版社近几年推出的大型系列图书，通常由一系列权威研究报告组成，在每年的岁末年初对年度有关中国与世界的经济、社会等各个领域的现状和发展态势进行分析和预测，具有极强的现实针对性和原创性。文库收藏的皮书主要是以中国社会科学院研究所集体名义或研究人员个人作为主要责任者的蓝皮书、绿皮书和黄皮书。

三 展陈布局

展陈布局不仅直观反映文库的整体风貌和表现主题，在一定程度上还会影响读者的阅览效率和阅读体验。从更深层次思考，透过图书展陈的外在形式可以窥探成果间的内在规律和联系，找出学科发展的规律性内容。国内图书馆通常采用《中国图书馆图书分类法》（以下简称《中图法》）对图书进行分类，按照《中图法》分类号组织图书排列，这种排列方式反映了人类知识间的逻辑关系。体现在具体架位上，呈现的是图书馆对不同知识体系书籍的收藏状况。机构文库不同于普通书库，它的主要任务是集中收藏和展示本单位科研成果，体现本单位的学科体系、发展过程及发展趋势，因此成果排列通常不采用《中图法》，而是从机构归属和机构特色着手，反映了机构独有的学术特点。依据中国社会科学院的组织结构和成果特色，中国社会科学院学者文库展陈布局的总体思路是按学部组织常规作品，同时设置各种专架展示特色成果。

（一）按学部组织普通学者作品

学部制是中国社会科学院特有的组织形式，也是学者文库组织普通学者作品排架的主要依据。中国社会科学院学部设立于2006年，是中国社会科学院探索构建哲学社会科学创新体系的一项重大举措，由学部负责指导、协调下辖研究所的学术和科研工作。目前全院设有马克思主义研究学部、文学哲学学部、历史学部、经济学部、社会政法学部、国际研究学部6个学部，每个学部管理若干个研究领域相关或相近的研究所。排架时按照先学部后研究所的顺序，同一研究所成果集中在一起。目前按此规则排列的普通学者个人作品约占95架。

以文学哲学学部图书排列为例，文学哲学学部负责组织和协调文学研究所、民族文学研究所、外国文学研究所、语言研究所、哲学研究所、世界宗教研究所6个研究所。文学哲学学部为第一层级，与其他5大学部为同一级别。文学哲学学部下的所有成果按照所属单位分别归入文学研究所、哲学研究所等6个二级类目。

（二）设专架重点展示特色成果

为了布展方便，同时有利于突出展示特色作品和优秀成果，学者文库在学部排架规则外设置了学部委员作品、优秀科研成果奖作品、创新工程重大科研成果作品、皮书、智库报告等专架。中国社会科学报、中国社会科学院院属期刊等机构出版物在形态和内容上均不同于其他成果，也采用专架方式陈列。

1. 学部委员作品

学部委员作品陈列于学者文库中央前两排，共占18架，其中中国科学院学部时期的64名学部委员作品占8架，中国社会科学院时期的73名学部委员、133名荣誉学部委员作品共占10架。两个不同时期的学部委员作品分别排列，然后再按照著者姓名字顺组织下一层级排序，随着全部成果分类编目工作完成后，同一作者名下的作品将进一步细排。

2. 优秀科研成果奖获奖作品

截至2019年第十届中国社会科学院优秀科研成果评奖，全院共评定优秀科研成果奖获奖作品（专著类）718种。经过多方收集，学者文库已收藏了其中的626种。获奖作品目前按照获奖时间进行了初步排序，陈列于文库南侧横排书架，占17架，下一层级排序规则目前未定。

3. 创新工程重大科研成果

学者文库针对创新工程重大科研成果作品的收集工作尚未全面开展，目前文库中这部分成果收集较少，只有118册，占1架，全部为科研局赠送。随着收集工作的常态化和进一步深入，将对这部分成果着力收集，收集潜力很大。

其他专架成果按照各自的形态及内容特征，依据不同的标准全部进行了初步排架，此处不再一一列举。

四　征集方式

文献征集是文库建设的重中之重，不同于图书馆基本藏书建设以采购为主的收集方式，学者文库建设征集方式多种多样，通常是以捐赠为主、采购为辅，其他渠道为补充的方式，是一项长期、复杂的工作。为了获得较好的征集效果，院图书馆设计制作了精美的征集宣传页，分别发放到院图书馆阅览室、各研究所科研处等科研人员经常到访之处，供学者自取。目前学者文库采用的比较有效的收集途径有以下四种。

（一）提取馆藏复本

提取馆藏复本所获成果多为出版年代较早的作品。院图书馆成立前，院属各研究所都有各自的图书馆，均按照本所学科发展规划和使用需要采购图书，因学科之间存在交叉融合，从全院角度看采购了大量重复文献。院图书馆组建后，位于院部科研大楼的16个研究所图书馆藏书全部整合到院图书馆。来源十多馆馆藏的院馆藏书，往往同一种文献复本较多，既无法有效利用，又占据了宝贵的藏书空间。学者文库充分利用了这些复本资源，采用架上抽取和馆藏目录查找相结合的方式对其进行提取并充实到学者文库中。在提取过程中，工作人员熟知且摆放较为集中的成果，直接采用架上抽取的方式，效率极高。出版年代较新，摆放较为分散的成果，则采用馆藏目录查找加架上抽取方式进行。馆员首先按照著者姓名搜索馆藏目录导出数据，再按书名排序，将具有复本的图书信息提取出来制成表格，然后按表格信息到架上找书。

（二）院属单位捐赠

中国社会科学院各学部、研究所的科研项目多由院科研局负责管理，并对研究成果进行审核、评定等，因此科研局存有相当数量的用于审批的院学术成果。此外，各所的科研处负责对本所的研究成果把关，亦存有一定数量的本所学术成果。联络科研局、所科研处并获得他们的支持是快速收集科研成果的一大捷径。科研局对学者文库的建设给予大力支持，2019年11月一次赠送图书馆460多册学术著作，这些著作多为由科研局组织评选的院优秀科研成果奖获奖图书，文献质量很高，对于丰富学者文库收藏具有重要意义。《中国社会科学报》对该次捐赠仪式进行了报道，在感谢科研局大力支持的同时也为学者文库进行了广泛的宣传。院属各研究所同样为学者文库建设提供了很多帮助和支持，目前学者文库已经与20余个研究所科研处取得联系，并接收了这些单位的集体赠书。

（三）学者个人捐赠

鼓励学者个人捐赠将是以后文库收集的常规性、日常性工作内容。学者捐赠个人成果后会得到图书馆精心制作的收藏证书，以兹感谢。量小、零散是个人捐赠的显著特点，却是文库建设的重要资料来源和坚强后盾。归根到底学者文库的藏品就是一个个学者的一本本著作，文库建设的长久性和艰巨性很大程度体现于此。学者捐赠的积极性及捐赠数量取决于文库的宣传工作，征集启事的随处可见性、随手可操作性非常重要，比如制作印有二维码信息的海报，捐赠者直接扫码就能获取捐赠指南，或者通过扫码留下捐赠意愿及个人信息、拟捐赠图书信息等，方便工作人员联系或上门取书。文库管理者需要开动脑筋通过政策、宣传、情怀打动读者，让读者意识到文库建设的重要意义，并树立以作品收入文库为荣的观念。随着成果征集制度的完善，学者文库可以与院科研局等科研管理部门协商，通过建立呈缴制度的方式，将成果征集由依靠学者自愿捐赠转变为制度化方式并加以确定和保障。

（四）向书商采购获得

对于未能通过提取馆藏和捐赠等方式获得的学术成果，学者文库将通过采购方式获得。文库馆员通过关注中国社会科学出版社、社会科学文献出版社等重点出版社出版情况，或者参加全国馆配商联盟图采会等大型书展方式，及时了解、掌握全院科研成果的出版动态，依据学者文库的收藏标准挑选适合入藏的本院相关科研成果，并与库内图书进行比对查重，确定采购清单，然后同采编部门配合，按照订购流程发出订单进行采购。

五　服务模式

建设学者文库对中国社会科学院图书馆而言是一项开创性工作，从规划设计、成果收集、展陈布局到开放服务，仅用一年多时间，体现了学者文库建设的高效率，以及院图书馆对学者文库建设工作的高度重视。为了确保文库各项工作的持续有序开展，院图书馆成立了专门的业务部门——文库管理部，配有3名具有不同学科背景的专职馆员，全面负责学者文库的读者咨询、接待来访、文献服务、审定书目、接收赠书、建章立制、安全卫生等工作。

（一）服务对象

学者文库的任务在于全面收藏、集中展示中国社会科学院学术成果，服务“三大体系”建设，促进学术交流和文化传播，因此文库的服务对象并未局限于中国社会科学院本院学者，而是面向全国的哲学社会科学研究人员。自开放以来，文库以热情周到的服务为院内外广大哲学社会科学工作者展示了建院以来的重要学术成就，为哲学社会科学“五路大军”即高等院校、党校（行政学院）、部队院校、科研院所、党政部门研究机构的科研人员提供了优质的文献保障服务。

（二）读者服务

为了加强对库内学术成果的有效保护，确保展示的完整性和连续性，学者文库规定所有图书仅限库内阅览，不提供外借。院内读者到学者文库阅览须凭院图书馆读者卡、全院一卡通等院内有效证件；院外人员参观、阅览须提前与院图书馆取得联系，获得批准后可进库阅览。为了方便读者阅览文献时对重点内容进行记录和摘抄，文库配备了扫描仪、打印机、复印机等辅助办公设备。另外，文库还贴心地为读者准备了免费茶点，有助于读者在紧张的阅读和研究间隙得到些许放松。

（三）制度建设

为了实行规范化管理并提供高水平服务，学者文库在建立起基本馆藏和服务架构后进行了建章立制工作。先后制定了《文库管理部工作职责规定》《学者文库管理规定》《防火防盗防汛安全工作管理规定》等规章制度，落实严格的每日巡检制度，将文库管理、读者服务、安全责任等日常工作以制度化的方式加以固定和强化，从而确保学者文库各项工作的顺利展开。

六　社会影响

作为中国社会科学院学术成果的重要展示窗口，学者文库实现了对学术成果的集中收藏和长期保存，为学者学习、研究、利用这些成果提供良好的环境和温馨的服务，对展示学术成果、促进学术交流起到积极作用。学者们纷纷表示，学者文库的建设让学者的成果有了专门的“家”，是学科体系建设的喜事、学术体系建设的好事，非常有意义。学者文库的建成不仅为院内学术交流提供了便利条件，在社会学术传播中也发挥了积极作用。截至目前，文库共接待院内外调研参观 56 批 200 余人，其中包括中央广播电视总台音像资料馆、山东省社会科学院等媒体和研究单位，并为中央电视台等多家媒体采访拍摄提供场地。

第四节　中国社会科学院学者文库发展思考

一　加强宣传推广，提升文库价值

拥有丰富的馆藏固然重要，但是其最终价值仍需通过服务加以体现。阮冈纳赞图书馆五定律的第一条开宗明义地强调“书是为了用的”这一重要原则，只有服务学者，进而启发其学术思考，书籍和成果才能体现它的社会价值和学术价值。如何让馆藏资源为读者所了解和利用是图书馆必须考虑的问题。为此，图书馆需要多方位宣传学者文库，通过建立专题网页、海报宣传、新媒体互动、权威媒体报道等方式广而告之，另外还要利用好特殊时间节点，如每年的院工作会议、新职工入院等人员较为集中的全院性活动。院图书馆非常重视文库宣传工作，馆领导多次利用参会时机邀请各所领导和专家学者来馆参观学者文库，通过这些所领导、学术带头人的影响力和号召力让更多研究人员关注学者文库。此外，开展多途径征集活动也是宣传推广的另一种有效方式，征集文献的同时也扩大了宣传，可谓一举两得。

二　拓展收集范围，实现应收尽收

中国社会科学院学术成果丰硕，将这些成果收集齐全将是一项巨大的工程，需要文库建设者和管理者的不懈努力。实现学术成果的应收尽收应该包括两层含义，一是在现有标准下把工作做实、做细，利用多种途径将现有框架下未能收藏入库的成果逐步收集齐全；二是对现有框架进行合理拓展，使新框架的涵盖范围更加符合中国社会科学院学术发展实际，更能反映中国社会科学院学科、学术发展特征和发展过程。建议从以下两方面进行拓展收集。

（一）发表在非院属期刊的学术论文

学术论文通常分散在不同学术期刊中，如将这些载有本院成果的纸本期刊全部纳入收藏范围，入库期刊数量将会很大，且存在大量与本院无关的“冗余”内容，不利于本院成果的集中展示，因此学术论文目前暂未纳入学者文库收藏范围。众所周知，学术论文具有发表周期短、时效强等特点，能够快速反映学科发展的新水平和新动向，是非常重要的研究资料和学术成果。中国社会科学院每年发表学术论文约为4000~5000篇，其中发表在院属期刊上的论文已经随着院属期刊入藏而悉数入库，刊载在院属期刊之外的论文是本部分重点关注对象，这部分成果以电子文献形式入藏学者文库将是比较好的选择。建设本院学者论文数据库，通过安装在文库内的电子终端以数字化的方式将论文成果展示出来，实现电子论文与纸本文库结合，达到应收尽收的目标。

（二）名家书信、手稿、日记、照片等

正式出版是文库收集成果的首要原则。在文库建设初期，这条原则有助于在保证质量的前提下快速收集文献、扩充数量，因为出版与否在某种意义上可以看作是一种质量把关。但是学者文库作为一种机构特色文库，除具有传播学术的功能，还应该具备展示和保存功能，那些在机构发展史中做出重要贡献、发挥重要作用或拥有较高社会影响力的杰出人物的书信、手稿、日记等非正式出版物极具个性，具有更强的收藏价值，应该纳入收藏范围。随着这些特色藏品规模的不断扩大，其必将成为未来文库收藏的珍品。收集这些极难获得的宝贵资料，需要与捐赠者或其家属建立良好的沟通渠道，获得捐赠人在观念、学术上的认同。馆员要充分了解本院的此类人群，并通过长期的持续努力，逐步收集。

三　藏展结合，产生更多活力

与图书馆密集布局方式相比，展览馆的展品通常形态多样、摆放灵活，往往更具吸引力，给人直观、明了、立体、鲜活的感觉，这也是图书馆值得借鉴之处。北京大学图书馆非常重视文库展览，多次组织著名学者生平展、获奖论著和优秀成果展，并在举办专项展览的基础上逐步发展成为持久、固定的“名师专柜”，作为常规性展览长期存在。展、藏结合的另一代表是上海交通大学的思源阁，库区按院系保存了建校以来教职工、学生的学术成果，名家、杰出人物的重要学术成果则以分类展出的形式置于展区中，并通过展板和文字说明牌等形式加以介绍。类似思想也可以引入中国社会科学院学者文库，可在库内开辟专区，形式多样地展示重要研究成果，并通过文字或语音等方式加以说明，使阅读者能够快速了解成果的内容梗概、学术价值及其独特之处，领略其中蕴含的学术精华和丰富内涵。良好的展示效果能够增加学者文库的宣传功能和激励作用，充分发挥其彰前贤启后学的作用。当然空间紧张是一大难点，如何在空间和效果之间找到平衡点需要多方面的考虑和评估。

四　完善图书分类，组织科学排架

学者文库在较短的时间内迅速集中了大量文献充实馆藏，除了提取馆藏复本所获图书外，其余图书均未经过分类编目，无法细致排架，阻碍了文献分析和快速检索等机构文库内在优势特征的发挥。随着学者文库工作稳定和常态化以后，将分批对未分类图书进行编目，并变更已编目图书馆藏地址，使数据能够真实反映图书状态，从而加强对图书的有效管理。图书分类后，将根据各个不同架位的实际情况，在原有层级排架基础上分别对图书进行能够反映学科特点，或者体现文献主题的下一层级排架，实现对学者文库所藏图书的有序管理，并为学科分析等相关文献研究工作提供基础条件。

五　实施数字化，拓展利用范围

数字文献具有方便、易用等特点，通常一次投入建成后可多次使用，使用不受时间和空间限制。随着网络技术升级，特别是移动阅读设备和阅读软件的大规模使用，数字文献已经在学术研究和大众阅读中获得广泛使用和认可。在解决版权问题的前提下，文库数字化可以成为学者文库下一步考虑的工作内容。图书馆建设的“习近平新时代中国特色社会主义思想文库”专题书库和专题数据库，被列入院 2019 年创新工程重大成果，拥有比较成熟的特色文库数字化经验，基于已有经验，数字学者文库必将成为中国社会科学院图书馆特色库建设的又一亮点，进一步提升学者文库的影响力。

学者文库建设是一项长期、持久的工作，需要馆员在实践中不断探索，积极寻找学者文库建设的新思路，增加新元素，采用更加灵活多样的方式使文库布局更加合理、形式更具吸引力。随着学者文库的不断完善，它必将成为中国社会科学院学术成果的重要展示平台，成为哲学社会科学工作者的学术圣地。保存学术成果，传承学术精神，为中国哲学社会科学的发展发挥更大的作用。

第十七章
建设专业性学术平台，办好《文献与数据学报》

第一节　国内外学术期刊出版环境变化

近年来，随着以大数据、人工智能和区块链为代表的前沿技术应用，学术交流和传播体系面临深刻变革，科学研究工作进入数据密集型科研时代。这些变化对国内外学术期刊出版行业产生了深刻影响，学术期刊出版行业迎来全新的变革，数字出版成为主流出版形态。在数字出版背景下，开放获取运动蓬勃发展，开放获取出版（OA 出版）成为全球共识，并进一步重构学术交流体系；数据出版作为开放科学运动的重要驱动因素，出现快速发展趋势；学术出版逐步从数字出版向智慧出版转型。在国内外学术出版领域的一系列变革之下，“十三五”时期我国学术期刊出版行业呈现蓬勃发展的势头。而这归根到底又与国家在这一时期积极的期刊出版政策环境是分不开的。

一　OA 出版成为全球共识

数字出版环境下，随着全球科技迭代速度的持续加快与科研产出的迅速增长，便捷、高效和开放的学术文献获取成为学术信息交流的内在需求。从 2003 年《关于自然科学与人文科学知识开放获取的柏林宣言》签署以来，开放获取逐步成为全球共识，开放获取市场不断扩大。据美国知名出版咨询公司 Delta Think 统计，2016 年至 2018 年之间，开放获取市场的增长率在 15%~18%。2018 年，开放获取出版占期刊出版市场总值的 6.4%。截至 2020

年 1 月 22 日，开放获取期刊目录已达 14000 余种，开放获取知识库收录的各类型机构知识库共 4725 个。[①]

开放获取 2020 倡议（Open Access 2020 Initiative，OA2020 倡议）由德国马普学会等机构于 2016 年 3 月 21 日发起，邀请全球多家高校、研究机构、资助者、图书馆和出版商共同参加，旨在通过推进大多数学术期刊从订阅形态转变为开放获取形态，实现向平稳、快速地服务于学术界的转型，充分发挥开放获取的全部优势，有效解决当前社会日益增长的创新需求与不平衡不充分的知识获取之间的矛盾。[②] 截至 2018 年 12 月 15 日，全球 36 个国家或地区的 114 个组织签署了意向书。[③]2018 年 9 月 4 日，来自法国、英国、荷兰、意大利等 11 个欧洲国家的主要科研经费资助机构在欧洲研究理事会（European Research Council，ERC）的支持下，联合签署了一项论义开放获取计划——cOAlition S 计划（即 PlanS），提出“从 2020 年 1 月 1 日起，所有由上述 11 国以及欧洲研究理事会拨款支持的科研项目，都必须将研究成果发表在完全 OA 期刊或出版平台上”。[④]

我国有关科研机构明确支持 OA2020 倡议。2017 年 10 月 24 日，中国科学院文献情报中心作为中国首家机构，签署了大规模实现期刊论文开放获取的 OA2020 倡议意向书，此后，陆续有其他机构相继签署 OA2020 倡议意向书。截至 2020 年 1 月，中国大陆已有包括中国科学院文献情报中心、国家科技图书文献中心、北京大学图书馆在内的 18 家机构签署了 OA2020 倡议意向书，表明对大规模实现开放获取的支持。[⑤] 尽管在开放获取的推进过程中还存在多个方面的阻力，但可以预见的是，未来开放获取出版和开放科学已成为全球共识，将会获得进一步落地实施。

---

① 王鹏涛、黄恒:《2020 年全球学术出版的趋势展望与规律洞察》,《出版广角》2020 年第 5 期。

② MPDL: Open Access 2020, https://oa2020.org/.

③《开放获取 2020 倡议（OA2020）》，https://www.sciping.com/23522.html。

④《欧洲梦:“没有出版付费墙阻隔的科学”》，http://ip.people.com.cn/n1/2018/0914/c179663-30293330.html。

⑤ 王鹏涛、黄恒:《2020 年全球学术出版的趋势展望与规律洞察》,《出版广角》2020 年第 5 期。

二　数据出版的深入发展

随着数据的爆炸式增长以及计算机技术、网络信息技术和大数据技术等技术的发展，科研数据已经成为信息时代最基本、最活跃、影响面最宽的一种战略性资源，数据驱动型、数据密集型的科研范式已经成为科研活动的趋势，促使不少学术成果和论文同时呈现支持其论证、分析过程的科学数据。为了提高论文质量，促进数据开放共享，越来越多国内外学术期刊将数据出版作为科研成果发布和再利用的重要手段及发挥其科研价值和社会价值的重要支撑。

从全球主流学术期刊来看，到 2018 年，全球已有 117 种期刊支持数据论文出版，其中有 9 种期刊只发表纯数据论文。[①] 其实，期刊数据出版自 20 世纪 90 年代开始逐渐为国内外所重视，尤其在国外经过近 20 多年的发展，期刊数据出版已经在学术期刊发展中占据重要地位，类似学术论文的数据出版体系逐渐建立起来。

从 20 世纪 90 年代开始，国外许多期刊要求作者在论文发表之前，先将数据注册到相关数据库中，或者要求在文献发表之前公开其数据。2000 年开始，美国生态学会（Ecological Society of America，ESA）创办的期刊要求作者将与论文相关的数据注册到由该学会创建的数据库中，数据库在科学数据及科学文献之间建立链接。*Nature* 要求作者在投稿时必须向期刊证明与论文相关的科学数据已存储到可公开访问的相关数据库中。为了配合数据出版，促进高质量科学数据的永久保存及共享，一些学科出现了数据期刊（Data Journal），专门刊登与数据有关的文章。目前较为成熟的数据出版期刊主要有 *Earth System Science Data*（2009）、*Scientific Data*（2014）、*F1000 Research*（2012）、*GigaScience*（2012）等。

我国学术期刊数据出版起步较晚，但发展速度比较快。2015 年，由中国科学院计算机网络信息中心创办了中国第一家数据期刊《中国科学数据》，

① 张恬、刘凤红:《数据出版新进展》,《中国科技期刊研究》2018 年第 5 期。

已被中国科学引文数据库收录。[①]截至2018年2月底，该期刊平台累计访问量超过36万次。[②]2018年2月，由中国科学院发起，国际数字地球学会（International Society for Digital Earth，ISDE）联合中国科学院遥感与数字地球研究所、中国科学院战略性先导科技专项“地球大数据科学工程”、英国Taylor & Francis出版集团、中国科技出版传媒股份有限公司等共同创办全球地球科学领域首个大数据开放获取学术刊物——《地球大数据》（*Big Earth Data*）。[③]2018年，《图书馆杂志》开设“数据论文”专栏，审核数据论文及数据，上传并发布数据，为数据论文的出版提供数据存储、数据引证、数据共享等服务，成为图书情报学期刊数据出版模式的有益探索。

三　从数字出版到智慧出版

由于技术环境的改变，媒体边界不断地模糊，不同媒体之间融合交错，由此引来了学术出版界的巨大变革。内容组织方式、资源呈现方式、网络传播方式以及学术出版的商业模式都逐渐发生着革命性的变革。全球学术交流环境正在发生巨大变化，在新旧范式转换期，跨界合作兴起，传统出版与新兴出版融合发展，数字出版成为主流出版形态，开放获取出版、数据出版等新型出版模式进一步推动了知识的广泛、快速传播，促进了学术交流与科研合作，在这样的背景下，作为学术出版重要主体的学术期刊积极开展数字出版业务，并积极推动与新媒体技术的融合发展。

当前全球学术出版行业呈现从学术出版到学术对话、从知识闭塞到知识流通、从数字出版到智慧出版三大特征。学术对话与知识流通的产品表现是学术出版全流程的智能化升级。近年来，各大学术出版商纷纷对原有产品进行优化升级，为知识生产、编辑出版和发行传播各个环节注入智慧理念，从而更好地提供动态化、个性化和定制化的服务。在业务层面，学术出版商的

---

① 中国科学院：《〈中国科学数据〉入选中国科学引文数据库（CSCD）来源期刊》，http://www.cascn/yx/201704/t20170424_4598039.shtml。

② 《中国科学数据》，http://www.csdata.org/。

③ 《中国科学院遥感与数字地球研究所：全球地球科学领域首个大数据刊物〈地球大数据（Big Earth Data）〉创刊》，http://www.radi.ac.cn/dtxw/rdxw/201802/t20180208_4945422.Html。

竞争重点已经从以大规模实现纸质内容数字化、提高数字业务比重、拓展新兴数字业态为核心的数字出版进程发展到了全方位介入科研流程，利用前沿技术提供高附加值解决方案的智慧出版进程。未来发展的关键从以产品为中心转向与科研用户建立长期合作关系，关注现在的学者需求、科研热点、读者需求等，最终实现人与知识、知识与知识、人与人的高效联结。①

四　学术期刊政策环境不断优化

"十三五"时期，从国家层面到期刊管理有关部门，都高度重视学术期刊建设工作。2018年3月，中共中央印发了《深化党和国家机构改革方案》，②将原国家新闻出版广电总局的新闻出版管理职责划入中央宣传部，以加强党对新闻舆论工作的集中统一领导。国家新闻出版部门将党中央"高质量发展"的要求落实到学术出版管理领域。一方面，出台一系列有利的期刊发展政策，如支持创办新刊、抓好期刊主题宣传、开展国家级期刊评奖、加大经费资助力度等；另一方面，出台一系列政策法规对学术期刊实施严格规范的管理，如加强期刊意识形态管理、重视期刊编审制度建设、加强出版导向管理、狠抓学术期刊编校质量管理、重视学术期刊科研诚信建设等。通过以上两方面的举措，鼓励与监管并重，为学术期刊的发展创造了良好的生态环境。"十三五"期间，国家新闻出版署落实"压数量、控规模、提质量"的要求，一方面加强了对新办期刊的严格审批，另一方面大力支持新兴前沿学科、经济社会发展急需学术期刊的发展。国家新闻出版署网站公布的期刊审批信息显示，2016年以来，批准新办学术期刊290种，其中社科期刊137种，占比47%。③

总之，密切关注全球学术期刊出版前沿和热点，全面把握近年来学术期刊出版的环境变化及发展趋势，对于立足全球期刊发展视野，深入分析《文

① 王鹏涛、黄恒：《2020年全球学术出版的趋势展望与规律洞察》，《出版广角》2020年第5期。

② 《中共中央印发〈深化党和国家机构改革方案〉》，http://www.gov.cn/zhengce/2018-03/21/content_5276191.htm#1。

③ 刘普、孙婉婷：《"十三五"时期社科学术期刊发展研究》，《科技与出版》2020年第9期。

献与数据学报》“十三五”时期的工作进展，科学制定“十四五”时期的发展规划具有重要意义。

第二节 《文献与数据学报》建设进展

当前，OA出版、数据出版、智慧出版等的发展变化对学术期刊出版领域产生重要影响，“十三五”期间我国期刊政策环境不断优化。在这样的背景下，《文献与数据学报》作为由中国社会科学院主管、中国社会科学院图书馆和社会科学文献出版社共同主办、社会科学文献出版社出版的图书情报学专业学术期刊，于2019年3月正式创刊。本刊为中文季刊，实行开放获取，现任主编是中国社会科学院图书馆党委书记、馆长王岚。刊物发展紧扣数据时代背景下开放出版、融合出版等时代特征，致力于推动新环境下图书情报学科建设、研究创新与学术交流。以下主要从期刊定位、创刊背景与现实基础、主要进展及存在问题三个方面进行详细阐释。

一 期刊定位

《文献与数据学报》坚持马克思列宁主义、毛泽东思想、邓小平理论、“三个代表”重要思想、科学发展观，全面贯彻习近平新时代中国特色社会主义思想，把握正确的政治方向、学术导向和价值取向；立足互联网、大数据和开放科学的时代背景，以图书情报学为学科基础，吸收数据科学、信息技术、舆情分析、智库研究等跨学科元素，开展图书情报学交叉学科研究；将前瞻性学术问题与现实问题相结合，将传统优势（文献）与现代技术（数据）相结合，刊登图书情报与数据领域理论研究、技术方法、前沿动态等方面的学术研究成果，追踪和报道大数据时代图书情报领域的最新研究进展与学科发展前沿，为广大专家学者和从业人员提供高质量的学术交流平台。①

① 《文献与数据学报》编辑部:《〈文献与数据学报〉征稿启事暨2019年选题指南》，http://www.cssn.cn/sjxz/gzdt/zxdt/201911/t20191104_5026081.shtml。

二 创刊背景与现实基础

（一）创刊背景

为学习贯彻习近平总书记在哲学社会科学工作座谈会上的讲话、致中国社会科学院建院40周年的贺信精神和党的十九大精神，全面推进中国社会科学院图书馆和国家哲学社会科学文献中心建设，促进图书情报事业在大数据、云计算和人工智能等信息技术环境下的创新发展，更好地服务于中国特色新型高端智库和国家哲学社会科学事业，《文献与数据学报》于2019年3月正式创刊。刊物从创办动议到正式创刊经过了两年多的广泛调研和精心准备。具体来看，《文献与数据学报》创刊主要基于以下四方面的考虑。

1. 深入贯彻习近平总书记“5・17”重要讲话精神，推动国家哲学社会科学文献中心建设的重要举措

2016年5月17日，习近平总书记在哲学社会科学工作座谈会上明确提出“加快国家哲学社会科学文献中心建设，构建方便快捷、资源共享的哲学社会科学研究信息化平台”的要求[①]，这是新时期国家对哲学社会科学文献信息资源保障工作的新要求。为落实习近平总书记“5・17”重要讲话精神，由中宣部总体部署，由中国社会科学院重点牵头，由教育部、原新闻出版广电总局配合，由中国社会科学院图书馆具体实施的国家哲学社会科学文献中心在2016年底上线运行。截至2018年底，上线学术期刊2000余种、期刊论文1000多万篇，累计论文在线阅读量3800余万篇，累计论文下载量2000余万篇。[②]未来，国家哲学社会科学文献中心将进一步建设成为国家哲学社会科学综合服务平台，为全国哲学社会科学工作者提供开放型、公益性、权威性和学术性的文献保障与知识服务，成为交流学术信息、传播学术成果的重要

---

① 习近平:《在哲学社会科学工作座谈会上的讲话》，http://politics.people.com.cn/n1/2016/0518/c1024-28361421.html。

② 中国社会科学院图书馆:《国家哲学社会科学文献中心学术期刊数据库用户关注度报告（2018年度）》,《文献与数据学报》2019年第1期。

平台，成为展示中国哲学社会科学发展成就的重要窗口。《文献与数据学报》的创办，对于国家哲学社会科学文献中心的业务升级、宣传推广以及研究创新等各项工作具有重要意义。

2. 顺应数据密集型科研环境变化，推动社会科学研究范式转变和研究创新的重要途径

国家哲学社会科学事业发展受到党中央高度重视。习近平总书记“5 · 17”重要讲话和致中国社会科学院建院 40 周年的贺信等重要指示为今后我国哲学社会科学事业的发展指明了方向。与此同时，海量数据的爆炸式增长以及计算机技术、网络信息技术和大数据技术的发展，使传统社会科学研究范式发生重大转变。社会科学研究人员正在突破传统的文献需求，越来越重视对数据的占有、分析和预测。社会科学研究工作正在从传统的假设驱动向基于科学数据进行探索的研究范式转变。《文献与数据学报》的创办，将传统（文献）与现代（数据）结合，将图书情报学科特色（文献、数据）与社会科学研究特色结合，对于数据密集型科研环境下社会科学研究的范式转变和创新发展具有很好的推动作用。

3. 顺应大数据、云计算、人工智能等信息技术变化，推动图书情报学研究和学科创新的重要手段

随着信息技术的发展和信息环境的深化，大数据、云计算和人工智能等技术的应用逐步成为互联网发展的重要趋势，传统的图书情报学研究受到新思想、新技术和新方法越来越严重的冲击。图书情报学的研究工作以及学科建设要想发展就必须实现创新，与数据科学、计算机科学等这些新兴学科的交叉与融合是一个重要趋势。当前，国内外从图书情报视角与数据视角开展交叉研究的学术期刊比较少。《文献与数据学报》创办前，以“文献 AND 数据”为检索词，利用中国知网数据平台，进行刊名（曾用刊名）检索后发现，国内还没有以“文献”“数据”组合命名的刊物。《文献与数据学报》的创办，立足图书情报学科，充分吸收数据科学、信息技术科学等跨学科元素，是推动图书情报学在新信息技术环境下研究创新和学科发展的重要平台。

4. 贯彻大数据战略、中国特色新型智库建设等文件精神，推动图书情报行业发展和服务创新的重要内容

近年来，国家相继出台《国务院关于积极推进“互联网 +”行动的指导意见》和《关于促进大数据发展的行动纲要》等文件，党的十八届五中全会提出“全面实施国家大数据战略”。[①]2017 年 12 月 8 日，习近平在中共中央政治局第二次集体学习时强调“实施国家大数据战略，加快建设数字中国”。[②]《关于加强中国特色新型智库建设的意见》明确提出“发挥中国社会科学院作为国家级综合性高端智库的优势，使其成为具有国际影响力的世界知名智库”。[③]中国社会科学院图书馆作为哲学社会科学专业图书馆，为更好地服务中国社会科学院定位需要和中国特色新型智库建设需要，更好地服务研究型图书馆的建设与发展需要，更好地服务中国特色哲学社会科学学科体系、学术体系和话语体系建设需要，要不断充实学术研究力量，加快学术期刊平台建设。特别是国家哲学社会科学文献中心建设以来，中国社会科学院图书馆的服务模式和学术影响力不断扩大。《文献与数据学报》的创办，对贯彻落实相关文件精神、实现图书馆的业务转型升级和服务创新发挥积极作用。

（二）现实基础

1. 主管单位、主办单位及出版单位的办刊经验及能力

主管单位中国社会科学院为《文献与数据学报》提供雄厚的政策、学术及财力支持。《中国社会科学院创新工程学术期刊“五统一”监督管理办法》[④]对全院学术期刊实行“统一管理、统一经费、统一印制、统一发行、统一入库”，是一个很有代表性的政策文件。此外，中国社会科学院“名刊工程”建设项目以及完善的学术期刊评价指标体系等，都为学术期刊的创办提

① 《中国共产党第十八届中央委员会第五次全体会议公报》，http://www.xinhuanet.com/politics/2015-10/29/c_1116983078.htm。

② 《习近平主持中共中央政治局第二次集体学习并讲话》，http://www.gov.cn/xinwen/2017-12/09/content_5245520.htm。

③ 《关于加强中国特色新型智库建设的意见》，http://www.gov.cn/xinwen/2015-01/20/content_2807126.htm。

④ 《中国社会科学院创新工程学术期刊“五统一”监督管理办法》，《中国社会科学院报纸、期刊、年鉴、集刊与互联网管理工作文件汇编（2017 版）》。

供有利的支持。

中国社会科学院图书馆作为第一主办单位，为繁荣发展我国哲学社会科学研究提供了可靠的文献信息资源保障，在信息资源建设、网络信息技术、图书情报学理论研究等方面都有很深厚的积累，拥有良好的办刊经验和编辑队伍。中国社会科学情报学会是中国社会科学院主管的全国性学术团体，秘书处设在中国社会科学院图书馆，为《文献与数据学报》的创办提供丰富的专家资源、高质量的稿源以及专业的学术交流平台。特别是国家哲学社会科学文献中心的建设发展，进一步为《文献与数据学报》的创办提供稳定的政策、人员、财力等各项保障。

社会科学文献出版社作为第二主办单位和出版单位，是一家人文社会科学领域的专业学术出版机构，具有雄厚的行业资源和成熟的出版经验，承担中国社会科学院主要学术期刊的出版发行工作，并作为第二主办单位及出版单位参与创办了多种人文社会科学学术期刊，熟悉期刊运作的基本操作规律，积累了丰富的期刊运营推广经验。社会科学文献出版社具体承担《文献与数据学报》期刊的排版、设计、印刷、出版、发行、宣传和推广等工作，保证期刊的出版发行质量，提升期刊影响力，开拓期刊销售渠道，扩大发行效益。社会科学文献出版社凭借丰富的学术期刊办刊经验全力保障《文献与数据学报》的顺利出版。

2. 资金保障、办公场所状况

《文献与数据学报》的经费主要来自中国社会科学院期刊建设专项经费。中国社会科学院每年为《文献与数据学报》提供较为充足的经费支持，在资金上保证了《文献与数据学报》的正常运作。同时，也在办公场所等方面提供相关保障。

3. 人员状况及稿源基础

中国社会科学院图书馆拥有一批图书情报学、编辑出版、网络信息技术等方面的专家学者资源，以《文献与数据学报》编辑部为基础组建编辑队伍，同时整合图书情报学、数据科学、信息技术等相关学科专家组建专家队伍，共同为《文献与数据学报》的建设提供人力支持。《文献与数据学报》

通过多种渠道集中最好的稿件，集中一流的作者、一流的内容，致力于办成一流的学术刊物。

三　主要进展及问题

（一）建设现状

“十三五”时期是《文献与数据学报》的筹备期和初创期。作为中国社会科学院图书馆创办的第一本图书情报学专业学术刊物，《文献与数据学报》紧扣大数据时代背景和开放获取发展浪潮，为中文开放获取季刊，每期128页、20万字，刊物版式设计以蓝色为主色调，彩色印刷，有效融入了数据化、网络化等时代元素。

《文献与数据学报》于2019年3月出版创刊号。创刊号紧扣中国哲学社会科学“三大体系”建设、“一带一路”倡议等学术热点组织专家约稿，邀请期刊首届编委会主任、时任中国社会科学院副院长的王京清撰写创刊序言，邀请武汉大学资深教授彭斐章、北京大学资深教授吴慰慈和武汉大学资深教授马费成撰写创刊贺词，并于2019年6月25日上午召开了创刊座谈会暨首届编委会。参会人员包括首届编委会委员、图书情报领域资深专家代表以及社会科学文献出版社等相关单位代表，与会人员积极为期刊发展献言献策。本次会议被中国社会科学网、光明日报客户端、社会科学文献出版社等报道。

截至2020年12月31日，《文献与数据学报》共出版8期，发表文章87篇，其中，稿源以专家约稿为主，占比75%；刊物作为图书情报学专业会议支持单位，遴选会议稿件10篇，占比15.6%；以上合计90.6%，其他为自由投稿。共有36篇文章为项目资助成果。文章主题涉及图书馆学、情报学、信息科学等多个研究领域。作者来自科研院所图书馆、公共图书馆、军队图书馆、高校图书馆等多个单位。稿件质量基本得到保证，文章水准得到业界同行初步认可，部分文章被《人大复印书报资料》全文转载。《文献与数据学报》顺利通过刊物年审等期刊管理部门组织的相关考核，各项工作如期正常推进。

（二）主要举措

1. 重视思想政治建设，确保期刊正确的政治方向、学术导向和价值取向

《文献与数据学报》自创刊以来，始终以习近平新时代中国特色社会主义思想为指导，认真领会习近平总书记“5·17”重要讲话和致中国社会科学院建院40周年的贺信等重要指示精神，严把意识形态关和思想政治关。主办单位中国社会科学院图书馆党委高度重视并压紧压实做好意识形态工作。中国社会科学院图书馆党委书记、馆长王岚作为刊物主编，主管刊物意识形态工作。编辑部全面落实意识形态工作责任制，主动加强阵地建设和管理，增强“四个意识”，坚定“四个自信”，做到“两个维护”，自觉承担起“举旗帜、聚民心、育新人、兴文化、展形象”的使命任务，确保《文献与数据学报》具有正确的政治方向、学术导向和价值取向。

2. 重视专家队伍建设，充分调动各方面专家资源全面推动期刊工作

智力资源是期刊发展的核心和灵魂。《文献与数据学报》创刊过程中重视期刊专家队伍建设。编委会主要由图书情报学、数据科学、信息技术等相关学科专家组成，年龄结构方面老中青专家相结合，共计60余人。其中，中国社会科学院外专家44人，国外专家3人，获得“国家高层次人才称号”的7人。编委会主任由时任中国社会科学院副院长的王京清担任，编委会副主任由中国社会科学院图书馆党委书记、馆长王岚和南开大学信息资源管理系教授柯平担任。

中国社会科学院图书馆党委书记、馆长王岚担任刊物主编，副馆长张大伟担任副主编。此外，聘请中国科学院文献情报中心期刊运营总监、中国科学院大学图书情报与档案管理系主任初景利担任执行副主编，聘请北京大学信息管理系教授王继民担任副主编。

以上专家团队基本涵盖了图书情报领域各方面的力量，覆盖面广，代表性强，对推进《文献与数据学报》的创刊、选题策划、稿件组织、宣传推广以及网站建设等各方面工作发挥着积极作用。

3. 重视规章制度建设，努力提高编辑部工作的规范化科学化水平

《文献与数据学报》办刊过程中重视学术刊物的规范建设，以进一步提高期刊工作的规范化和科学化水平。编辑部认真学习《关于严格执行期刊“三审制”和“三校一读”制度保证出版质量的通知》（新出报刊〔2001〕142号）、《中国社会科学院学术期刊编校质量管理办法》（社科〔2013〕研字126号）、《中国社会科学院报纸、期刊、年鉴、集刊与互联网管理工作文件汇编（2017版）》和《中国社会科学院学术期刊编辑部工作制度选编》等文件精神，在进行广泛调研和专家咨询的基础上，结合《文献与数据学报》编辑部工作特点，制定《〈文献与数据学报〉编委会章程》《〈文献与数据学报〉编辑部工作规定》《〈文献与数据学报〉出版伦理声明》《〈文献与数据学报〉稿件处理工作流程》，并在编辑部日常工作中严格遵循各项规章制度。2019年底，《文献与数据学报》参加并通过了国家新闻出版署组织的出版单位“三审三校”制度执行情况专项检查。

4. 重视期刊内容建设，积极开展选题策划和组稿约稿工作

为加强期刊内容建设，《文献与数据学报》重视选题策划和专家组稿约稿工作。编辑部每年年末会组织编委撰写下一年度重点选题，并围绕年度重点选题进行专家约稿、会议组稿等相关工作。

《文献与数据学报》紧密围绕党和国家重大决策部署，在重要时间节点、重大主题出版方面及时策划相关选题。如，在2019年第二届“一带一路”国际合作高峰论坛举办前夕，刊发《境外主要战略智库关于“一带一路”倡议研究评析》（作者王灵桂等）和《2014~2018年中英文期刊论文“一带一路”研究对比分析》（作者王继民等），这些选题具有较强的现实意义。又如，在党的十九届四中全会召开后不久，《文献与数据学报》作为中国社会科学情报学会2019年学术年会的支持单位，及时组织社科情报界学习贯彻党的十九届四中全会精神专题研讨，这对图书情报行业更好地领会党的十九届四中全会精神，充分发挥专业优势、找准方向和定位、实现创新发展具有重要意义。

同时，《文献与数据学报》积极围绕本领域重大关键问题或社会关注热

点，组织刊发稿件。如刊发《国家哲学社会科学文献中心学术期刊数据库用户关注度报告》（作者中国社会科学院图书馆），对落实开放获取环境下中国学术走出去和中国文化走出去的重要战略举措具有重要意义。又如刊发《以信息和数据为核心构建图情档学科体系与能力》（作者初景利等）、《数据驱动的新型情报服务研究》（作者杨新涯等）、《认知情报学的缘起与发展》（作者周军等）、《科研与智库成果选题与思考切入点》（作者王世伟）等一批反映大数据时代图书情报领域的最新研究成果与学科热点的文章，具有较强的创新性和学术价值。又如新冠肺炎疫情防控期间，编辑部及时调整补充 2020 年重点选题方向，增设“面向突发事件的数据采集管理”等相关选题，并邀请专家进行撰稿等。这些举措都体现了《文献与数据学报》的社会责任和学术担当。

目前，《文献与数据学报》稿源以专家约稿为主，会议组稿占一定比例，自由投稿还比较少。编辑部积极拓展约稿渠道，如以邮件形式向 2018~2019 年国家社科基金项目主持人、2020 年教育部人文社科项目主持人以及相关专家进行约稿。此外，也重视培养潜在作者群体，尤其是 40 岁以下青年作者群体，以保证刊物的思想性、创新性和可持续性。

5. 重视期刊形式设计，强调期刊的国际化、数字化建设

国际化和数字化是当前学术期刊建设的重要要求。《文献与数据学报》作为一本新办期刊，在创刊之初就重视与国际接轨，比如邀请国外专家担任编委、在刊物形式设计以及编审流程等方面积极与国际接轨。此外，版式设计参考国外专业期刊特点，探索“不设栏目”这一形式，倡导使用开放学者身份标识码（Open Researcher and Contributor ID，ORCID）和论文唯一标识符（Digital Object Identifier，DOI）等这些积极的举措，反映了《文献与数据学报》的创办思路。

《文献与数据学报》的刊名设计紧扣互联网、大数据和开放科学的时代背景，具有很强的时代性。刊物采用中国社会科学院统一的期刊采编平台，并在调研多家学术期刊网站的基础上，根据业务需要对现有的期刊采编系统功能进行优化，以更好地适应刊物建设需要。所有稿件全部实现网上投稿和审稿流程，有助于出版服务工作突破时空限制。如，新冠肺炎疫情爆发以

来，编辑部开启线上线下相结合的办公模式，确保期刊工作不间断。

以上举措对于推动《文献与数据学报》的数字化建设与国际学术传播具有积极意义。

6. 重视对外宣传推广，利用线上线下多种渠道不断扩大期刊影响力

学术会议、专家、网站、微信公众号以及相关新媒体渠道等都是重要的宣传渠道。在建设过程中，《文献与数据学报》重视通过线上线下多种渠道，开展期刊的宣传推广，主要有以下方面。

《文献与数据学报》重视发挥刊物外聘专家和编委队伍的行业影响力。多位专家和编委在重要学术会议以及新媒体渠道上对刊物进行宣传，推荐刊物作为“2019 年图情档青年学者论坛”“2020 年国际数字图书馆联合会议（JCDL）中文分论坛”“2020 首届京津冀图情档研究生（在线）学术沙龙”“第十三届图书馆管理与服务创新论坛”等多场次专业学术会议的支持单位。编辑部成员积极参加行业学术研讨会，不断加强行业交流，促进期刊宣传推广。

编辑部积极向图书情报行业内的专家学者赠送纸本或电子期刊，赠送对象包括编委、业界专家、中国人民大学报刊资料中心以及相关期刊评价机构等单位，以不断扩大期刊影响力。

此外，开设《文献与数据学报》期刊网站和微信公众号，定期推送期刊文章，目前公众号粉丝量正在逐步提升，未来编辑部将在如何提升推送文章质量和如何扩大宣传推广上下功夫。

7. 重视学术道德和科研诚信建设，不断强化期刊的社会责任

期刊论文是学者构建学术理念、表达学术思想的主要载体。当前，国内外环境发生深刻复杂变化，如何立足国内外学术研究前沿，将理论性与现实性、服务学术与服务社会结合起来，引领学者研究真问题、大问题，把论文写在祖国的大地上，成为学术期刊需要思考的重要问题[①]，这就要求学术期

① 孙美娟:《新时代呼唤学术期刊新作为》，http://www.cssn.cn/xspj/qkpj/202008/t20200825_5173774.shtml。

刊不仅要有学术责任，更要有社会责任。目前，国内学术期刊界重视学术期刊科研诚信建设，出台期刊学术不端行为行业标准，如，2019 年 5 月，国家新闻出版署颁布《学术出版规范——期刊学术不端行为界定（CY/T174—2019）》。[①] 编辑部及时研究制定《〈文献与数据学报〉出版伦理声明》，对期刊作者、编辑和审稿专家的责权利给予约束，以进一步规范期刊稿件处理流程和工作规范，严把期刊学术质量。在此基础上，编辑部在选题设计上进一步强化社会责任，不仅关注学术问题，而且也关注本领域重大关键问题或社会关注的热点问题，不断强化出版导向、内容质量以及传播效应等各方面的建设。以上都是《文献与数据学报》建立科研诚信规范、培养社会责任感方面的积极举措。

（三）存在问题

"十三五"时期，虽然《文献与数据学报》在主管主办单位的支持和领导下，经过两年多的办刊实践，不断探索，初步建立起编辑部工作规范，期刊的内容质量得到业内同行初步认可，并形成了一定的学术影响力。但是《文献与数据学报》还处于创刊初期，与国内外核心期刊相比，存在较大的差距。有很多问题有待解决或者完善，如：期刊的科学化规范化工作有待进一步加强；稿源数量和质量需要提升；编辑队伍以及办刊能力不足；期刊的学术影响力提升以及可持续发展问题等，[②] 这些问题都要在后续办刊过程中不断探索并得到有效解决。

第三节　《文献与数据学报》发展目标与主要举措

2020 年 10 月 29 日，中国共产党第十九届中央委员会第五次全体会议通过的《中共中央关于制定国民经济和社会发展第十四个五年规划和二〇三五

① 《学术出版规范——期刊学术不端行为界定（CY/T174—2019）》，https://www.creditchina.gov.cn/biaozhunguifan/hangyexingbiaozhunguifan/201907/t20190719_162471.html。

② 刘普、孙婉婷：《"十三五"时期社科学术期刊发展研究》，《科技与出版》2020 年第 9 期。

年远景目标的建议》，[①] 是当前和今后一个时期我国经济社会发展的总体规划和部署。

《建议》中提出“推进学科交叉融合”“全面繁荣哲学社会科学事业”“加强学风建设，坚守学术诚信”等目标要求，为“十四五”时期《文献与数据学报》的发展提出总的指导方向。2019年8月，中国科协、中宣部、教育部、科技部联合印发《关于深化改革 培育世界一流科技期刊的意见》，[②] 该《意见》对期刊发展的最新定位为：全面把握创新发展规律、科技管理规律和人才成长规律，立足国情、面向世界、提升质量、超越一流，走出一条中国特色科技期刊发展道路。

“十四五”时期是《文献与数据学报》的加速发展期。编辑部深入学习和领会《中共中央关于制定国民经济和社会发展第十四个五年规划和二〇三五年远景目标的建议》，结合国家对图书情报事业、学术期刊行业发展的总体要求，总结“十三五”建设进展以及存在的问题，学习国内外优秀学术期刊的办刊经验，根据《文献与数据学报》基本定位，形成期刊“十四五”发展规划，进一步探索办刊规律、提升办刊质量，推动《文献与数据学报》的高质量、可持续发展。以下为《文献与数据学报》“十四五”时期的总体目标和主要举措。

一　总体目标

“十四五”时期，《文献与数据学报》将在主办单位中国社会科学院图书馆党委的正确领导下，坚持马克思列宁主义、毛泽东思想、邓小平理论、“三个代表”重要思想、科学发展观，全面贯彻习近平新时代中国特色社会主义思想，把握正确的政治方向、学术导向和价值取向，以建设一流学术期刊为目标，立足互联网、大数据和开放科学的时代背景，坚持开放获取，坚

① 《中共中央关于制定国民经济和社会发展第十四个五年规划和二〇三五年远景目标的建议》，http://www.gov.cn/zhengce/2020-11/03/content_5556991.htm。

② 《关于深化改革 培育世界一流科技期刊的意见》，http://www.xinhuanet.com/science/2019-08/19/c_138320888.htm。

持学术创新，恪守学术道德，努力提高办刊质量和服务意识，不断提升期刊的科学化、专业化、特色化、集群化和国际化水平，推动期刊的高质量、可持续发展，努力将《文献与数据学报》建成图书情报学及相关学科研究创新和学术交流的重要平台，更好地服务于中国特色哲学社会科学学科体系、学术体系和话语体系建设。

二　主要举措

（一）坚持政治家办刊

2015 年 12 月 25 日，习近平总书记在视察解放军报社时进一步明确要求，要坚持党管媒体原则，严格落实政治家办报要求，确保新闻宣传工作的领导权始终掌握在对党忠诚可靠的人手中[①]。《文献与数据学报》编辑部将深入贯彻党的十九大和十九届二中、三中、四中、五中全会精神，坚持马克思列宁主义、毛泽东思想、邓小平理论、“三个代表”重要思想、科学发展观，全面贯彻习近平新时代中国特色社会主义思想，在办刊工作中牢牢把握正确的政治方向和舆论导向，增强“四个意识”，坚定“四个自信”，做到“两个维护”，自觉在思想上、政治上、行动上与党中央保持高度一致。在办刊过程中努力做到学思用贯通、知信行统一，不断提高政治站位，强化马克思主义指导，结合图书情报学科特色，发表马克思主义相关文章，把好期刊的意识形态关。

（二）强化科学化办刊

《文献与数据学报》期刊工作不断发展，会面临很多新的变化，编辑部将紧跟国家期刊出版政策变化，对标国内外优秀期刊标准，结合办刊实际工作需要，继续修订和完善《文献与数据学报》编辑部规章制度，修订和完善《〈文献与数据学报〉编委会章程》《〈文献与数据学报〉编辑部工作规定》《〈文献与数据学报〉出版伦理声明》《〈文献与数据学报〉稿件处理工作流程》和《〈文献与数据学报〉期刊格式规范》等相关制度，建立更加科学

---

① 曹智、栾建强、李宣良：《习近平视察解放军报社》，http://news.xinhuanet.com/politics/2015-12/26/c_1117588434.htm。

完善的期刊工作流程和学术规范体系，并在日常办刊工作中严格落实。完善并严格落实“三审三校”审稿制度，完善期刊审稿系统流程，加强对期刊编辑出版各个环节的流程控制，严格控制错误率，确保期刊符合行业学术规范和学术标准。通过严格的管理制度和流程控制，加强学风建设，坚守学术诚信，不断提升期刊的规范化和科学化水平。

（三）推进专业化办刊

《文献与数据学报》作为图书情报领域的专业期刊，要想实现可持续发展，必须走专业化办刊道路，培育期刊品牌，实现专业化发展。首先，作为学术期刊，要进一步明确和强化学科定位和内容定位，围绕图情学科相关内容开展选题策划和组稿工作，发表有价值的研究成果，不断推动学术创新。第二，作为办刊人，要进一步强化编委会和专家作用，每年定期组织召开专家座谈会，探索期刊发展方向和办刊思路，进一步明确编辑部角色定位，加强编辑队伍专业化程度，不断提高编辑水平和学术水平，要凝聚作者队伍，培育年轻作者。通过调研学习优秀期刊的办刊经验，紧跟学术期刊发展趋势，研究办刊规律，争取进入核心期刊评价体系的新刊体系。①

（四）实现特色化办刊

《文献与数据学报》要坚持高起点办刊，走特色化、精品化发展之路。目前国内图书情报学核心期刊有20余种，再加上非核心期刊的数量，专业期刊数量会更大。“十四五”时期，《文献与数据学报》要想在现有图书情报学专业期刊中赢得一席之地，就必须走特色化、差异化发展道路。选题策划是期刊工作的核心和灵魂，做好选题策划工作能有效推动期刊的创新发展，不断提高期刊的核心竞争力，实现期刊的高质量发展。②因此，“十四五”时期，《文献与数据学报》要围绕互联网大数据时代背景下图书情报学科发展的特点，重点在选题策划上下功夫。一方面，要与国家整体发展思路和重要决策

① 王敏、蒋铭敏、张宇辉、岳玮：《关于军队医学期刊“十四五”建设发展的学术思考——以〈人民军医〉杂志为例》，《人民军医》2020年第12期。

② 杨国琍：《学术期刊围绕“十四五规划”开展选题策划的新思考》，《湖北开放职业学院学报》2020年第24期。

部署相契合，围绕国家重要节点事件，比如庆祝中国共产党成立100周年等活动，策划期刊年度重点选题和学术活动，开展相关的选稿用稿工作；另一方面，要捕捉学科前沿和方向，立足互联网大数据背景以及学科交叉研究，解决图书情报行业发展中存在的问题。在具体策略上，要进一步聚焦期刊定位，策划特色选题，形成稳定的特色栏目，逐步培育期刊的特色和优势，使《文献与数据学报》更好地服务于数据背景下图书情报学的学科整体发展，成为业内学术交流与创新的重要阵地。

（五）实现集群化办刊

“十四五”时期，国内外学术期刊发展面临的国际环境、技术环境、专业环境更加复杂，而且这种变化会进一步加剧。《文献与数据学报》的发展，要突破单一纸刊的发展理念，建立平台化、集群化发展思路。要开展行业合作和跨界合作，实现内容提供与服务提供相结合，放大期刊在网络环境下的影响力和传播力。要形成与学术会议、论坛、报告等线上线下多种学术活动相互促动的产品集群化效应。要重视网络首发、优先出版、增强出版等新的出版渠道，加强与中国知网、万方、维普、博看网等数据库平台的合作，用好国家哲学社会科学文献中心学术平台，发挥中国社会科学情报学会会刊优势，吸引和培育优秀专家队伍。要做好新媒体时代微信公众号、网站的运营，完善投稿审稿系统，建设并充分利用相关数据和媒体平台，探索融合发展的方向和方式方法，利用新媒体提升期刊影响力。

（六）推动期刊国际化

中国学术走向世界，是习近平新时代中国特色社会主义思想的重要组成部分。[①] 因此，推动中文学术期刊走出去，不断扩大学术期刊的国际影响力也成为学术期刊发展的必然要求。

期刊国际化，从本质上讲是办刊思路国际化。具体来说，坚持科学家办科学期刊，严把期刊办刊质量，积极争取国际化稿源，注重期刊学术价值；整合主办单位、学术协会和编委专家力量，通过举办各类交流会议，借

① 明海英：《期刊国际化：中国学术国际化的重要一环》，《中国社会科学报》2018年7月24日。

助学会协会为办刊服务，加强国际国内交流合作；本着开放办刊的思路，与现有学术平台和机构合作，紧跟国内外学术热点并及时发声；坚持开放获取出版，通过不断提高编辑队伍国际化水平以及扩大对外合作交流。《文献与数据学报》在推进期刊国际化进程方面已有一些积极的做法，比如邀请国外专家担任编委、在期刊形式设计以及编审流程等方面积极与国际接轨。“十四五”期间，《文献与数据学报》要真正实现国际化，就不能拘泥于编委和期刊形式国际化，要通过以上举措，积极拓展作者来源，提升稿件质量，从作者、编委、审稿人的国际化，最终实现引用的国际化，不断提升期刊的国际影响力。

习近平总书记在哲学社会科学工作座谈会上指出“不断推进学科体系、学术体系、话语体系建设和创新，努力构建一个全方位、全领域、全要素的哲学社会科学体系”，[①] 这是当前哲学社会科学界的重大战略任务，为推动哲学社会科学创新发展指明了前进方向。学术期刊作为学术传播和交流的重要平台，在哲学社会科学“三大体系”建设中发挥着不可替代的作用。

回顾“十三五”时期，《文献与数据学报》经历了筹备期和初创期。经过两年多的发展，刊物在思想政治建设、专家队伍建设、规章制度建设、内容质量建设、形式规范设计、对外宣传推广、学术道德和科研诚信建设等方面都取得了初步的成果，稿件质量基本得到保证，期刊获得同行初步认可，部分文章被《人大复印报刊资料》全文转载。但总体来说，《文献与数据学报》还处于初创时期，在选题策划、宣传推广、办刊能力等很多方面都有很大的改进空间。

进入“十四五”时期，《文献与数据学报》将在主管、主办单位的支持和领导下，总结经验，吸取教训，加强学习，不断探索。不断强化政治站位，明确目标定位，围绕期刊质量发力，严格落实“三审三校”制度，健全管理办法和流程，坚持学术创新，恪守学术道德，不断提高期刊科学化、专业化、特色化、集群化和国际化水平，不断强化期刊的学术使命和社会

① 习近平：《在哲学社会科学工作座谈会上的讲话》，http://politics.people.com.cn/n1/2016/0518/c1024-28361421.html。

责任，努力把《文献与数据学报》打造成为中国社会科学院图书馆的学术名片，成为国内外图书情报学及相关学科研究创新和学术交流的重要平台，成为中国特色哲学社会科学学科体系、学术体系和话语体系建设的重要支撑。

第六篇

国情调研基地建设

第十八章
图书馆国情调研——宁夏图书馆建设与发展调研

自我国相继实施西部大开发战略、“一带一路”倡议、乡村振兴战略等国家政策以来，宁夏回族自治区作为我国西部地区和“一带一路”沿线的重要省份，作为丝绸之路经济带沿线国家“向东看”和中国“向西看”的新通道和新平台，在提升经济发展水平的同时，也在不断加大各级图书馆建设，提升公共文化服务水平。在习近平新时代中国特色社会主义思想的指引下，如何加强公共文化服务能力建设，为本地区经济社会发展助力，是宁夏回族自治区图书馆事业面临的重要课题之一。

2019 年，中国社会科学院批复了中国社会科学院图书馆国情调研课题项目《宁夏图书馆系统助力“一带一路”倡议、乡村振兴战略等国家政策情况调研》，课题组依托中国社会科学院图书馆在宁夏回族自治区设立的国情调研基地，每年对宁夏图书馆系统开展实地调研，重点考察和掌握该区图书馆系统的发展情况，分析宁夏图书馆系统在服务“一带一路”倡议、乡村振兴战略等国家政策中发挥的作用，并提出相应的对策建议。通过实地调研和座谈交流等形式，推广国家哲学社会科学文献中心的开放共享资源，发挥中国社会科学院图书馆的专业优势，支持宁夏回族自治区的图书馆系统建设。

2020 年，课题组赴宁夏回族自治区银川市进行了走访和座谈。通过实地调研宁夏回族自治区图书馆、中卫市图书馆，了解该地区图书馆系统在全面提升公共文化服务水平、健全现代文化产业体系工作中的具体举措。同时还调查了解该地区图书馆系统的发展情况，及其在服务“一带一路”倡议、乡村振兴战略等国家政策中发挥的作用，尤其在决胜全面建成小康社会、决战脱贫攻坚中发挥的扶志扶智作用。

此次调研梳理分析了宁夏回族自治区在“十三五”规划收官之年实施国家战略情况、图书馆系统协同发展情况，以及国家哲学社会科学文献中心与宁夏文献资源建设合作情况、面临问题及对策建议。调研报告内容包括：宁夏回族自治区在国家战略下的发展成就；课题组实地调研情况；宁夏回族自治区图书馆的协同发展状况；国家哲学社会科学文献中心对宁夏文献资源保障的支撑作用、资源合作机制与策略建议。在宁夏回族自治区图书馆的协同发展部分，详细介绍了宁夏回族自治区图书馆系统概况、资源建设及其特色，宁夏回族自治区图书馆系统不同类型图书馆的服务定位与策略、服务对象的覆盖范围、基本特点、信息素养情况以及图书馆服务效果等，进一步探析宁夏回族自治区图书馆系统在助力西部大开发战略、“一带一路”倡议、乡村振兴战略等国家政策中发挥的作用，在促进西部地区经济社会发展中所取得的成果、面临的困难与存在的问题等。最后，分析了国家哲学社会科学文献中心对宁夏文献资源保障的支撑作用，并提出了进一步合作的建议，以便更好地推进宁夏回族自治区图书馆系统的整体资源建设，探索为扶持西部地区发展提供文献资源保障的可行性方案与实施路径。

第一节　宁夏在国家战略支持下的发展成就

2020年，是全面建成小康社会、“十三五”规划收官和脱贫攻坚决胜之年。6月8日至10日，习近平总书记来到宁夏考察并指出，要坚决打赢脱贫攻坚战，对标“两不愁三保障”，瞄准突出问题和薄弱环节，一鼓作气、尽锐出战，确保如期实现脱贫目标。宁夏回族自治区落实国家“一带一路”倡议、乡村振兴战略等国家政策以来，充分发挥特殊的地域优势制定区域发展战略，取得了较大的发展成就。

一 宁夏回族自治区的区域发展战略

2020年8月30日，国务院新闻办公室举行“建设美丽新宁夏 共圆伟大中国梦”发布会。宁夏回族自治区党委书记石泰峰表示，在习近平新时代中国特色社会主义思想的指导下，按照党的十九大提出的“五位一体”总体布局和“四个全面”战略布局，宁夏牢固树立“创新、协调、绿色、开放、共享”的发展理念，大力实施创新驱动、脱贫富民和生态立区战略，有序推进农业转移人口市民化，加快大中小城市和小城镇协调发展，促进城镇建设由规模扩张向质量提升转变，着力构建区域城乡协调发展新格局，走出一条以人为本、四化同步、优化布局、生态文明、文化传承的特色新型城镇化道路，为实现经济繁荣、民族团结、环境优美、人民富裕，确保与全国同步建成全面小康社会提供有力支撑。

宁夏回族自治区大力实施创新驱动战略，加快建设现代化经济体系。党的十九大指出，创新是引领发展的第一动力，是建设现代化经济体系的战略支撑。落实创新驱动战略，科学布局生产、生活、生态空间，同步推进新型城镇化、新型工业化、信息化、农业现代化，着力推动城乡规划、建设、运营、管理创新，实现城市和乡村特色发展、错位发展、个性发展，是宁夏发展的重要工作。创新是希望，创新是方法，必须把发展基点放在创新上，以全面创新带动全面发展。要牢固树立新发展理念，坚持质量第一、效益优先，以供给侧结构性改革为主线，大力实施传统产业提升、特色产业品牌、新兴产业提速、现代服务业提档“四大工程”，推动经济发展质量变革、效率变革、动力变革，打造西部地区转型发展先行区。要坚持走开放创新、特色创新之路，推进产学研深度融合，加快沿黄科技创新改革试验区建设，加强与东部发达省市创新合作，实施人才强区工程，持续深化“放管服”改革，打造风生水起创新生态。要实施好乡村振兴战略，着力打造银川都市圈，推进城乡融合、区域互动发展。要积极建设“一带一路”特色城镇，为打造丝绸之路经济带战略支点、构建对内对外开放新格局提供有力支撑。

大力实施脱贫富民战略，不断增强群众的获得感幸福感。党的十九大强调，带领人民创造美好生活是我们党始终不渝的奋斗目标，必须始终把人民利益摆在至高无上的地位，让改革发展成果更多更公平地惠及全体人民。要不忘初心、牢记使命，坚持以人民为中心的发展思想，加快补齐民生短板，全面提高民生水平，不断增进民生福祉。要把脱贫作为全面建成小康社会的底线任务，在精准、稳定、可持续上下功夫，因村因户因人落实帮扶措施，坚决打赢脱贫攻坚战，打造全国脱贫攻坚示范区。要把富民作为核心任务，大力实施富民工程，坚持就业增收、创业富民，让一切有梦想有意愿有能力的就业创业者有人生出彩的机会。要把推进基本公共服务均等化作为重要任务，不断增加优质公共服务供给，努力在幼有所育、学有所教、劳有所得、病有所医、老有所养、住有所居、弱有所扶上取得新进展。同时，积极探索中南部城镇发展新路子，推进城市基础设施和公共服务设施向农村延伸，形成区域协同、山川共济、城乡一体的发展格局。

大力实施生态立区战略，加快建设天蓝地绿水美的美丽宁夏。党的十九大指出，必须树立和践行绿水青山就是金山银山的理念，坚定走生产发展、生活富裕、生态良好的文明发展道路。要从中华民族永续发展千年大计的高度，从正确认识和准确把握新时代我国社会主要矛盾发生变化的高度，从决胜全面建成小康社会、开启全面建设社会主义现代化国家新征程的高度，从维护党中央集中统一领导、维护习近平总书记核心地位的高度，充分认识生态文明建设的极端重要性，坚定不移推进绿色发展，着力打造西部生态文明建设先行区，切实担负起维护祖国西部乃至全国生态安全的政治责任。要坚持绿色强区、绿色富民，加快推进沿黄生态经济带建设，着力构建绿色低碳循环发展的经济体系，坚决完成国家下达的节能减排任务，实现资源节约高效利用。要打好生态污染防治攻坚战，深入实施蓝天、碧水、净土“三大行动”，重拳治理污染问题，尤其是要坚决打赢蓝天保卫战。要加大生态系统保护力度，着力推动城镇节能减排、绿色低碳、循环利用，持续推进城乡环境综合整治，积极创建西部绿色发展示范区。要大力实施生态建设工程，保护绿水青山，守住发展底线，构筑西北生态安全屏障。要大力推进生态文明体制改革，落实领导干部任期生态文明建设责任制，完善覆盖区市县乡四级河长制，不断提升环境治理能力和治理水平。

二　宁夏回族自治区的发展成就

宁夏回族自治区坚决贯彻习近平新时代中国特色社会主义经济思想，着力推动高质量发展，取得了显著的发展成果。一是经济总量大幅提升。2018年，全区地区生产总值达3705.18亿元，分别是1978年和1958年的285倍和1130倍；人均地区生产总值54094元，分别是1978年和1958年的151倍和311倍。二是基础设施日益完善。所有县市通高速，所有乡镇通柏油路，所有行政村通公路；中南部城乡饮水、400万吨煤制油、宁夏至浙江直流输电工程等一批事关宁夏长远发展的大项目建成投用；特别是吴忠至中卫城际铁路、银西高铁、中兰高铁、包银高铁正在加快建设，宁夏人民期盼多年的“高铁梦”正在变为现实。三是城乡面貌发生巨变。2018年，全区城镇化率达59%，城镇人均住房面积达31.4平方米；沙化、荒漠化土地连续20年“双缩减”，森林覆盖率达14%。深入贯彻全国全区生态环保大会精神，落实生态立区28条，划定生态保护红线，出台生态环境损害赔偿制度改革方案等政策文件，努力实现高质量发展与高水平保护双赢。近3年，宁夏累计投入生态环保资金360亿元，实施环保治理工程1000多项，生态环境发生明显变化。

宁夏回族自治区坚持在发展中保障和改善民生，扎实做好保基本、保底线、保民生工作，连续多年把70%以上财力投向民生领域，建成了覆盖城乡的基本公共服务体系。一是脱贫攻坚战成效突出。党的十八大以来，全区各地全面贯彻落实中央和自治区党委各项决策部署，坚持精准扶贫精准脱贫基本方略，扎实推进脱贫富民战略实施，脱贫攻坚成效显著。截至2018年底，全区累计减贫83.4万人，贫困发生率从2012年底的22.9%下降到2018年底的3%，下降了19.9个百分点。深度贫困地区贫困发生率由2016年底的19.2%下降到5.2%，78个深度贫困村脱贫退出，全区1102个建档立卡贫困村有993个脱贫出列，盐池、隆德、泾源、彭阳县已脱贫摘帽。二是收入水平显著提升。2018 年，全区全体居民人均可支配收入 22400 元，比 2017 年增长 8.9%。按常住地分，城镇居民人均可支配收入 31895 元，增长 8.2%；农村居民人均可支配收入 11708 元，增长 9.0%。三是保障体系不断完善，覆盖范围不断扩大，保障水平不断提高。近 5 年城乡居民基本养老、基本医疗、失业、工伤和生育保险的参保人数分别增长 26.8%、10%、37.4%、41.4% 和 23.1%。四是社会事业加快发展，“互联网 + 教育”“互联网 + 医疗健康”国家级示范区获批建设，学前教育、高中、高等教育毛入学率分别达 81.5%、90.3% 和 46%，全区医疗卫生机构、床位数、卫生技术人员分别达 4451 个、4.10 万张、5.30 万人，全区公共图书馆、文化馆各 27 个，基本形成了覆盖城乡的公共文体服务设施网络。

建国 70 年来，宁夏回族自治区始终坚持在党的领导下开展工作，党的民族政策惠及宁夏各项事业。始终坚持新发展理念，综合实力不断实现新突破；始终坚持在发展中保障和改善民生，各族群众幸福指数越来越高；始终坚持与时俱进做好民族宗教工作，巩固发展了民族团结、宗教和顺、社会稳定的良好局面，全区经济社会发展取得了历史性成就、发生了历史性变化。

第二节　课题组实地调研情况

2020 年 11 月 17 日至 20 日，中国社会科学院图书馆副馆长张大伟带队一行七人，赴宁夏回族自治区图书馆、中卫市图书馆开展调研活动。参加本次实地调研的七位成员为：副馆长张大伟、文献中心建设部主任杨齐、智库服务与工具书管理部副主任乌兰、期刊部副主任钱莉、古籍管理部王建国、文献中心建设部张州和典藏部刘怡飞。

一　宁夏回族自治区图书馆调研情况

2020 年 11 月 18 日上午，调研组全体成员在张大伟副馆长的率领下，来到宁夏回族自治区图书馆（以下简称“宁夏图书馆”），该馆韩彬馆长、吕毅副馆长以及相关部室主任，接待了调研组一行。

在吕副馆长的陪同下，调研组参观了该馆 2016 年新改造的馆舍各楼层和大部分区域，包括少儿借阅区、特藏专题展示书墙、文学图书区、综合图书区、视听空间、中文报刊区、工具书与外文书刊区、专家阅览室（该室整合了社会科学综合参考服务、舆图、新古籍和港台书刊阅览四项功能）和自学空间。

参观结束后，调研组全体成员与该馆馆长韩彬、副馆长吕毅、共享工程部主任张明乾、办公室主任李霄、典藏部主任王钧梅、技术部主任孙歌、参考部主任王宏霞等进行了座谈。

调研组介绍了中国社会科学院图书馆建设的国家哲学社会科学文献中心在资源建设和国内外推广方面取得的新成就。韩馆长、吕副馆长介绍了宁夏图书馆在贯彻落实党的十九届五中全会精神、精准扶贫战略、乡村振兴战略以及提升公共服务文化水平等方面的工作业绩和现状。双方就进一步开展合作交换了意见，初步达成了合作意向。此外，双方还就参考咨询，古籍保护、数字化与研究，近代外文文献整理和管理等业务进行了交流。

通过双方座谈交流，调研组了解到宁夏图书馆在贯彻落实党的十九届五中全会精神、习近平总书记宁夏视察重要讲话精神、精准扶贫战略、乡村振兴战略以及疫情期间开展服务等方面的具体情况和业绩等六个方面。

（一）学习贯彻党的十九届五中全会精神

党的十九届五中全会召开后，宁夏图书馆通过召开支委扩大会等会议，多次组织党员和全体职工学习、研讨十九届五中全会精神。至 2021 年全国两会召开前，学习、宣传、贯彻五中全会精神，是该馆最重要的政治主题。根据五中全会精神，该馆正在着手制定“十四五”战略规划，初步规划“十四五”时期，宁夏图书馆将以习近平新时代中国特色社会主义思想为指导，以深入贯彻落实党的十九届五中全会精神为主线，进一步实现好、维护好、发展好读者权益，增强读者获得感、幸福感、安全感。

（二）贯彻落实习近平总书记宁夏视察重要讲话精神

习近平总书记 2020 年 6 月视察了宁夏的黄河治理保护工作。他指出，黄河是中华民族的母亲河，是中华民族和中华文明赖以生存发展的宝贵资源，自古以来，黄河水一直在造福宁夏各族人民，宁夏要有大局观念和责任担当，更加珍惜黄河，精心呵护黄河。宁夏图书馆为贯彻落实习近平总书记宁夏视察重要讲话精神，拟建设宁夏黄河文化相关资源库。

（三）文化扶贫工作

近年来，宁夏图书馆积极贯彻落实国家精准扶贫、乡村振兴战略，依托自身在文献资源、人才技术等方面的优势，以西海固地区为主要扶贫点，因地制宜，有针对性地采取多种形式开展文化精准扶贫，如进行扶贫数字资源建设、加强全区公共图书馆文化扶贫队伍建设、与企业合作等，为打赢脱贫攻坚战，继续建设经济繁荣、民族团结、环境优美、人民富裕的美丽新宁夏提供了智力支持。多年来，宁夏图书馆一直派两名结对帮扶馆员常驻基层一线，开展文化政策宣传、业务知识传授、图书数据编目、图书馆建设发展规划以及其他专业知识的培训和指导。在宁夏中南部，结合资源建设项目，举办了很多大型精准扶贫资源推送活动，促进农村生产发展和生活质量提高，非常有针对性和时效性，在西部地区的公共图书馆中成绩较为突出。在 2020 年 9 月召开的西北五省（区）图书馆第十五次科学讨论会上，该馆陶爱兰副馆长作为获奖论文作者代表，做了文化扶贫专题学术报告，题为《西北地区省级公共图书馆文化精准扶贫现状与问题研究》。

2020 年，该馆主要开展了以下四个方面的文化扶贫工作。

一是开展结对帮扶，送资源、送服务进社区。2020 年，宁夏图书馆党支部与灵武市（银川下辖县级市）城区街道办事处的西湖社区和镇河塔社区党支部结对，因地制宜开展帮扶活动，积极组织送党建服务进社区、送公共文化进社区、送图书进社区等活动，切实为社区文化扶贫、建设美丽社区助力。8 月 22 日，针对这两个社区图书室图书不足且较为老旧的情况，宁夏图书馆党支部向两个社区共捐赠了 1000 册受群众喜爱的图书。

8 月 24 日，在西湖社区组织开展了阅读推广活动和礼仪培训。该馆联合宁夏广播电视台少儿频道，开展了以“文化扶贫、助力建设美丽社区”为主题的童阅汇系列活动，向青少年读者宣传推广《未成年人保护法》、分享经典书籍，开阔青少年的阅读视野，培养他们的阅读兴趣，提升他们独立思考的意识和交流能力；并邀请了中国注册形象设计师韩莉，为镇河塔社区工作人员和居民进行了礼仪培训。

二是协同当地媒体下乡开展阅读推广。2020 年暑期，该馆与宁夏广播电视台少儿频道联合举办了“童阅汇——青少年阅读推广计划”送文化下乡活动。2020 年 7 月 28 日，“童阅汇”第 40 期走进隆德县陈靳乡新和村；8 月 13 日，“童阅汇”第 41 期走进泾源县香水镇园子村；8 月 24 日，“童阅汇”第 42 期走进灵武市城区街道办事处西湖社区。该活动有效提升了贫困地区青少年阅读素养，用积极的人生观让他们受到鼓舞、得到陶冶、获得启迪。

三是选派馆员常驻基层。自 2016 年 8 月至今，先后派驻 3 名工作人员赴固原市泾源县图书馆进行业务援助辅导工作。

四是公共数字文化工程帮扶计划。2019 年 6 月，宁夏图书馆向国家图书馆“网络书香基层图书馆帮扶计划”申报固原市西吉县图书馆、固原市原州区图书馆为精准扶贫受帮扶对象。2020 年，宁夏图书馆配合国家图书馆统筹协作，自主开展了本地区帮扶计划，面向受帮扶的贫困县图书馆开展数字资源推送、基层数字图书馆平台搭建和服务活动组织等工作。

（四）疫情期间开展服务

自新冠肺炎疫情发生以来，宁夏图书馆无论在闭馆时期，还是开馆限流时期，均大力开展线上服务。闭馆期间，该馆通过网站、移动平台、微信公众号，不断地为读者推送资源；并联动全区图书馆参与“全国图书馆抖音联盟”微信群，发起了“共战‘疫’，不孤‘读’”的爱心传递活动，引起了良好的社会反响。疫情好转以来，宁夏图书馆迅速按照党中央关于疫情防控和复工复产的要求，一手抓疫情防控，一手抓服务，于 2020 年 4 月 21 日实现了大面积开馆，走在了西部地区乃至全国图书馆界的前列。

（五）文献资源建设与服务

地方文献是宁夏图书馆的藏书建设重点，在建馆之初就被列入该馆文献采集和收藏的重点。此后，根据地方历史发展的实际情况，馆藏地方文献范围扩大外延，进一步形成了宁夏图书馆独具特色的地方文献收藏体系和收藏规模。宁夏调研项目 2019 年度调研报告介绍了宁夏图书馆围绕地方文献开发利用，国家“一带一路”倡议，“精准扶贫”、乡村振兴战略打造的特色数字资源库和专题片。根据该馆2019年最新统计数据，自建数字资源总量达数十TB，较“十二五”时期增长了12.43TB。“十三五”期间，宁夏图书馆完成地方文献数字化加工34750页、地方报纸20000版，完成图书馆公开课224讲，整合政府公开信息数据5000条，元数据仓储项目建设完成数据2000条，唯一标识符注册与维护项目建设完成数据2000条。

（六）开展全民阅读服务活动

“十三五”以来，宁夏图书馆共开展各类型阅读推广活动近2000场次，并在阅读推广活动中积极引入社会力量，活动形式更加多样、内容更加丰富，影响力显著提升，吸引了广大读者的积极参与；同时，牵头成立了宁夏回族自治区公共图书馆讲座展览联盟，将该馆的优质展览资源免费送入各市县区公共图书馆，年均为各市县馆赠送50余场次展览资源。

宁夏图书馆在发展中面临的主要问题是藏书空间紧张。2016年7月，宁夏图书馆在完成提升综合服务能力项目后，读者使用面积由原1.1万平方米增至2.1万平方米，座席数由800席增至2000席，但图书馆书库面积不足。目前，该馆正在积极申请建立藏书楼及少儿图书馆，建成后可有效解决馆藏空间紧缺问题。

二 中卫市图书馆调研情况

2020年11月19日上午，调研组一行六人在杨齐主任的带领下，来到中卫市图书馆，该馆馆长王凤菊、中卫市旅游和文体广电局副局长张强接待了调研组。在王馆长、张副局长的陪同下，调研组参观了该馆馆舍各服务区域的设施设备和文献，包括中文图书借阅室，中卫市作家著作馆，蒋晔、冯逸藏书阁（当地爱心企业家夫妇捐赠的外文书刊专区）期刊室，视障阅览室，报刊阅览区，少儿阅览室和自学室。

随后，调研组与王馆长、张副局长进行了座谈。交流中，王馆长向调研组介绍了中卫市图书馆概况，“十三五”时期开展的阅读推广、特殊群体服务、数字图书馆建设等工作，新冠肺炎疫情资料征集以及“十四五”规划内容等情况。杨齐主任介绍了国家哲学社会科学文献中心的建设发展情况。双方还就日后合作进行了交流。

（一）中卫市图书馆概况

中卫市图书馆隶属中卫市文化体育新闻出版广电局，是具有六十多年历史的国家地市级二级图书馆。该馆前身为中卫县图书馆，成立于 1951 年。2004 年，原中卫县撤县设立地级市中卫市，原中卫县图书馆随之改称为中卫市图书馆。中卫市图书馆（总馆）新馆于 2012 年落成并投入使用，位于中卫市沙坡头区应理南街五馆一中心，总建筑面积 5200 余平方米。除总馆外，中卫市图书馆还设有 5 个分馆和 4 个社区图书馆（“城市悦读书房”）。

（二）“十三五”时期完善公共文化服务重要举措

“十三五”时期，中卫市图书馆以构建现代公共文化服务体系为重点，在服务理念、服务方式上都进行了全面的探索，大力提升文化阵地覆盖率、文化资源利用率、文化服务普及率，并秉承“图书馆 +”社会合作发展理念，利用有利资源“筑巢引凤”，与社会机构进行合作，不断扩大服务范围，提高服务效能，为读者提供了更多更好的公益服务，取得了良好的效果。除日常工作外，中卫市图书馆着力开展了以下六项工作：一是推出政府信息公开查询服务；二是加强未成年人和其他特殊群体的服务；三是打造三大全民阅读品牌，即“书香中卫大讲堂”“书香中卫朗读有你”“中卫籍作家著作与人生访谈”；四是依托国家数字推广工程立项，开展数字化网上阅读平台服务；五是扩大服务功能范围，建设“城市悦读书房”；六是开展新冠肺炎疫情资料征集，丰富馆藏资源。

（三）“十四五”规划

结合中卫市作为旅游城市的特点，中卫市图书馆根据经费情况，将在旅游景点建立主题特色分馆，在总馆建立一个智慧党建书屋，作为党建教育基地，为党建活动提供场所，以党建促进业务发展。

中卫市图书馆面临的困难主要是藏书量不足，目前馆藏图书为 33.5 万册，但是部分图书陈旧，无法再流通，较难满足全市 117 万服务人口的阅读需求。

第三节　宁夏图书馆的协同发展状况

“十三五”期间，宁夏回族自治着力构建“一工程四体系”，即文化精品创作工程、现代公共文化服务体系、中华优秀传统文化传承体系、现代文化产业体系、对外文化交流体系，大力创建全域旅游示范区，文旅事业发展取得新成效。公共服务能力显著提升，在全国率先实现贫困地区综合文化服务中心全覆盖，五级公共文化服务设施网络基本形成，公共文化服务体系示范区创建名列西部前茅。

一　宁夏图书馆系统的特色馆藏与服务

宁夏是我国唯一的回族自治区，兼具地方性、民族性两大突出特征。因此，宁夏地方文献所涉及的内容广博、丰富，在总体上包括宁夏地方文献、回族伊斯兰教文献、西夏学文献等。宁夏图书馆系统在收藏、保管、使用这些特色资源方面发挥着不可替代的作用。

（一）宁夏图书馆系统特色资源建设

区域文化为地方文献提供了丰沃的土壤。宁夏回族自治区民族文化的形成和发展，有着古老悠久的历史，其黄河流域文化脉络极为清晰，凸现了党项文化和伊斯兰文化交流融合的发展轨迹，遗留下特色鲜明、开发价值极大的地方文献资源。

1. 民族文献建设

宁夏图书馆系统收藏的包括西夏文献、回族伊斯兰教文献等在内的民族文献比较丰富，以宁夏大学、宁夏图书馆为典型代表。宁夏是西夏故地，西夏古籍文献种类繁多，其中宁夏图书馆所藏西夏历史文献就达 7 万余册。西夏文献在国内外多家图书馆都有收藏，考古发掘也不断丰富着西夏文献资料。回族伊斯兰教古籍文献主要是指以汉文、阿拉伯文、波斯文、小儿锦文字等方式记录的各类文献资料，是反映回族宗教、历史、文化、科学技术等方面的重要载体。

2. 地方文献及西什库教堂教会文献收藏

规模较大的公共图书馆、高校图书馆均设有地方文献书库，其中方志占有一定比例。旧方志多以古籍的形式保管、使用，新方志及一些地情资料在不断增加。尤其是新方志，可被视为现当代区情、地情的重要载体。新方志具有较高的使用价值、资治价值和教化功能。宁夏图书馆馆藏西什库教堂教会文献别具特色，其中未被全面整理的、全国独家收藏的文献 8000 余册。西什库教堂藏书，对研究欧洲宗教史、法律史、科学技术史，欧洲哲学、历史、文学，欧洲印刷史，中西方文化交流，特别是西学东渐起着重要史料支撑作用，是研究早期现代印刷技术与版本的第一手材料。这批文献约三分之二是基督教会文献，也有一定量的非基督教文献，其中不乏以反映欧洲人研究中国历史、地理、中国语言和文学为主题的文献。

3. 古籍文献资源建设

宁夏回族自治区古籍文献分别存藏在公共图书馆、高校图书馆以及文博系统等单位。加强对古籍的保护，对于传承中华文明、保证国家的可持续发展、增强文化自信具有重要而深远的战略意义。宁夏的公共图书馆、科研院所、文博及考古等机构通过购买、受赠、考古发掘等方式入藏了 6893 部，87219 册古籍，为地方积累了宝贵的文化财富，同时也反映了宁夏回族自治区典藏古籍的整体面貌。收藏古籍超 100 种的单位见表 18–1。

表 18–1　宁夏回族自治区收藏古籍资源超 100 种的单位

序号	单位	册数
1	宁夏回族自治区图书馆	35224
2	宁夏大学图书馆	37597
3	宁夏固原市原州区图书馆	2510
4	宁夏回族自治区博物馆	3388
5	宁夏社会科学院	4486
6	宁夏医科大学图书馆	1252

截至2017年底，宁夏古籍保护中心完成了向国家古籍保护中心提交全区21家古籍存藏单位古籍数据的工作。古籍保护制度日趋完善，尤其是宁夏图书馆创建了多个规章制度，从工作人员职责、库房及文献管理、文献保护措施、查阅规则、库房清洁卫生、安全维护等方面对馆藏古籍的原生性保护提出了严格要求。

这些收藏单位中，宁夏图书馆采用封闭式地下恒温恒湿古籍书库，基本符合国家标准；其他单位多是普通书库，还未达到古籍存藏的条件。宁夏全区古籍收藏单位中，个别已开展破损古籍的修复工作。此外，古籍数字化工作亟须推进，古籍文献资源的保护、利用需要进一步加强。

（二）借助互联网、大数据优势，积极建设数字资源

利用互联网、大数据的平台，挖掘数字化资源，能发挥地方文献资源的效益，也有利于地方文献的保存保护。公共图书馆地方文献服务在保留传统服务模式的基础上，开创新的服务模式，用搜集和整理的各种地方文献数据服务地方各项建设中的信息需求，这些地方文献资源面向社会开放，做到文献资源来源于社会、服务于社会。

公共图书馆如宁夏回族自治区图书馆，建设了多个特色数据库，如“精准扶贫——塞上江南多媒体资源库”。该库根据宁夏贫困地区实际情况，通过对各地贫困区域环境、人群进行分析，建设养殖种植、技能培训、法律讲堂、养生保健、金融电商等精准扶贫的内容，运用现代化技术手段，搭建资源平台，让群众切实地利用、学习相关知识和技能，达到真正脱贫致富的目的。

高校图书馆如宁夏大学图书馆，其“民族学数字资料馆”是由宁夏大学民族学与文化旅游产业研究院主持建设的大型民族学与文化旅游产业信息平台。研究院还建有拥有自主知识产权的“特色资源库系列”，如西夏文献资料数据库、宁夏非物质文化遗产数据库、宁夏文化旅游资源数据库等。此外，宁夏大学图书馆馆藏的善本古籍目录、普通古籍目录以电子表格的形式提供对外服务；“宁大文库”主要收藏宁夏大学的研究成果及反映宁夏大学历史与现状的各种特色资料，目前已征集到各类校友著作669种690册，文库

资源作为宁夏大学图书馆特藏资源的重要组成部分，将在学校文献资源建设和校园文化建设方面发挥积极的作用。

二　宁夏回族自治区图书馆系统在资源与服务上的协调机制、合作与共享

宁夏回族自治区图书馆系统围绕服务“一带一路”倡议和乡村振兴战略等方面，在全面提升公共文化服务水平、健全现代文化产业体系工作中，以政府为支撑，发挥宁夏图书馆、宁夏图书馆学会及高校图工委的桥梁作用，不断加强联动合作，实现公共文化资源共建共享。

（一）以政府支撑为纽带，发挥自治区图书馆的协作、协调机能

宁夏图书馆是大型公共信息文化基础设施，作为宁夏回族自治区的公共文献收藏保障与研究中心，是数字化开发、加工和管理中心，同时也是文献信息服务中心、图书馆学研究和人员培训中心，集社会教育、学术与文化交流、数字信息管理于一身的图书馆间协作、协调和事业发展中心，是具有民族地方特色的研究型图书馆。

1. 公共文化数字资源帮扶计划

宁夏图书馆响应国家精准扶贫号召，围绕数字资源推送、基层数字图书馆平台搭建和服务活动，积极开展区域帮扶计划。2017 年 8 月，宁夏图书馆作为文化共享工程分中心在三个基层推广点开展了公共数字文化系列推广活动。围绕特色文化应用和公共文化数字资源，结合“互联网 +”模式，增强文化知识普及，将具有特色的宁夏文化资源推送到群众身边，让移动数字服务和远程数字服务得到普及和利用，让基层群众充分享受数字文化服务的成果。2018 年 9 月，宁夏回族自治区文化厅主办，文化共享工程宁夏分中心和固原市彭阳县文化旅游广电局承办以“宁夏文化精准扶贫 共享工程助力发展”为主题的第二届公共数字文化服务推广暨文化精准扶贫系列活动，宁夏分中心在各基层点开展电商讲座、手机电脑培训、种养殖技术培训等 5 场活动。2019 年 10 月，宁夏图书馆联合隆德县文化旅游广电局主办了“第三届宁夏公共数字文化工程服务推广暨文化精准扶贫系列活动”，根据隆德县和

海原县的实际情况，开展金融知识、电子商务、医疗健康知识讲座及种植养殖技术培训、儿童诗词朗诵共5场活动，推广公共数字文化资源在贫困地区落地普及。

2. 宣传推广交流活动

发挥宁夏图书馆排头兵作用，牵头成立“公共图书馆讲座展览联盟”，年均为各市县图书馆赠送50余场次展览资源；疫情期间，联动全区图书馆参与“全国图书馆抖音联盟”，加强利用新媒体平台；参与社会各界的文化活动，“十三五”期间进行各种业务培训近50场，参与或承办多个学术交流活动。宁夏图书馆还是宁夏回族自治区图书馆馆长联席会议制度的发起者，在探讨全区图书馆的发展路向、协作合作事宜、统筹重大活动的统一行动中发挥了积极作用。在万物互联的新时代，为推动全区图书馆事业发展、提升公共文化服务水平，宁夏图书馆在加强资源共建共享、联合服务、合作搭建技术平台、开展人员队伍培训等方面发挥了协作协调的作用，实现了经济效益、社会效益的双赢。

（二）宁夏图书馆学会搭建了互通有无、协同推进图书馆建设的平台

成立于1979年的宁夏图书馆学会，其宗旨是开展学术研究，促进宁夏回族自治区图书馆学和图书馆事业的发展。除编辑学会刊物《图书馆理论与实践》外，学会的重点工作是组织图书馆学学术会议和各种形式的学术活动；普及图书馆学基础知识，介绍和推广国内外图书馆学研究成果；组织参加全国和兄弟省、市、自治区的学术交流活动。

1. 图书馆学会功能

2010年宁夏回族自治区民间组织管理局核准并生效的学会新章程，明确学会是“由宁夏回族自治区境内各类型图书馆、文献信息机构及其工作者自愿结合、依法登记成立的地区性、公益性、学术性、非营利性的行业群众社团，是党和政府联系图书馆工作者的桥梁和纽带，是发展与推动本区图书馆事业、文献信息事业的重要社会力量”。学会开展对会员和图书馆工作者、文献信息工作者的继续教育与业务培训工作；组织会员和图书馆工作者、文献信息工作者为本区的经济建设、教育、科研、文化事业发展和政府相关决

策提供咨询服务；面向社会和公众普及图书馆学、信息科学和知识信息。学会成立后的10年间，吸纳了来自公共图书馆、高校、科研、工矿企业、中等学校、机关单位等的相关图书资料工作者461人；为适应自治区经济建设和图书馆事业发展需要，召开学术研讨会、座谈会、科学讨论会20多次，参加全国性和西北五省（区）科学讨论会5次。经过30余年的发展，学会定期召开会员代表大会，经常性召开图书馆学会年会，与周边多省联合召开科学讨论会，在推动图书馆事业发展、促进地方经济文化建设方面发挥了积极作用。

2.《图书馆理论与实践》平台建设

《图书馆理论与实践》是由宁夏图书馆学会主办的关于图书馆学、情报学、文献学、信息学的专业刊物，是全国中文核心期刊。主要任务在于扩大图书馆学基础知识宣传，不断发展图书馆学理论，为全区图书馆学界及国内外其他地区同行提供专业的平台。其前身《宁夏图书馆通讯》创刊于1979年12月，1986年更名为《图书馆理论与实践》。1986年更名以来，该刊调整办刊方针，确定了“立足西部，面向全国”“理论与实践并重”“繁荣图书馆学研究，发展图书馆事业，开发图书情报资源，培养新型图书馆员”等办刊宗旨和原则。该刊分别于1989年、1993年、1995年、1998年、2002年、2006年6次获得由中国图书馆学会评选的“全国图书馆学优秀期刊奖”。该刊开设“区域图书馆事业”专栏，激发了业界对图书馆理论探索的热情，为广大同仁就西部大开发战略环境下的图书馆如何丰富文献资源建设、做强公共文化数字资源推广、带动科研、服务“一带一路”与精准扶贫等国家决策建言献策提供了学术平台。宁夏图书馆注重发挥其作为自治区图书馆学会挂靠单位的职能，依托学会这一组织平台和《图书馆理论与实践》这一学术研究与交流阵地，在推动宁夏全区图书馆学研究与学术交流、公共图书馆系统内业务指导、馆际协作协调、专业人员业务培训和在职教育等方面做出了巨大贡献。

（三）宁夏高校图工委的带动作用

宁夏图书情报工作委员会（简称“宁夏图工委”），目前共有15家会员单位，前身是成立于1982年的“宁夏高等学校图书馆工作委员会”，1987年更名。宁夏高校图工委成立以来，主要工作有：组织检查、评比、调研全区高校图书馆工作；承办西北五省高校图书馆协作会议；召开读者工作、文献检索课研讨会；举办学术报告会、培训班、辅导班，培训、辅导图书馆工作人员；开展高校图书馆间的文献资源共建共享活动；组织高校图书馆工作人员联谊活动、知识竞赛、演讲比赛等。

宁夏大学图书馆是宁夏高校图工委秘书处所在单位，多次组织推动图书馆建设的学术会议或活动。2009 年举办第三届教育部高校图工委成立大会暨第一次工作会议，2010 年承办了 CASHL 西北地区会议，2014 年承办了“第七届图书馆管理与服务创新论坛”学术会议，2016 年承办了“中国高校图书馆发展论坛”学术会议。2012 年建设的 CALIS 宁夏自治区文献信息服务中心，通过了国家中心的验收评估。宁夏高校图工委的工作，促进了干部队伍素质的提高和图书馆业务工作的规范化，配合了教育行政部门对全区高校图书馆工作的指导，推进了全区高校图书情报事业的发展。

第四节　国家哲学社会科学文献中心对宁夏文献资源保障的支撑作用

一　国家哲学社会科学文献中心的建设与发展

为深入贯彻落实 2016 年 5 月 17 日习近平总书记在哲学社会科学工作座谈会上重要讲话精神，2016 年 9 月，按照中宣部部署，中国社会科学院牵头建设“国家哲学社会科学文献中心”，并于 2016 年 12 月 30 日实现国家哲学社会科学文献中心正式上线。国家哲学社会科学文献中心作为文献资源整合平台，现覆盖多种文献类型，主要包括中文期刊库、外文 OA 期刊库、古籍数据库，以及治国理政、智库建设两个专题。

在国内，国家哲学社会科学文献中心服务社科领域五大系统，为加快构建中国特色哲学社会科学和加强中国特色新型智库建设提供支持。与各省、市、自治区社科联联合推进其在各省社科研究机构的使用，与各省、市、自治区高校图工委联合推进其在各省高校系统的使用，已基本覆盖各个省、市、自治区。特别是为西部地区的党政机关和社科研究机构，提供了坚实的文献信息资源保障。

在海外，国家哲学社会科学文献中心走进重要国际组织和知名高校，海外机构用户达到 1000 多家，包括很多重要的国际组织和欧美知名大学，为传播中国学术成果、讲好中国学术故事发挥了重要作用。

截至 2021 年 11 月，国家哲学社会科学文献中心的个人注册用户达到 400 多万人，机构用户超过 8 万家，上线数据超过 2000 万篇，中文期刊论文数据上线达到 1175 万篇，下载量累计达 5400 万次，累计访问量超 8 亿次。特别是在疫情期间，加强运维保障，确保了正常服务，检索量、阅读量、下载量与去年同期相比均大幅度增长。

近年来，国家哲学社会科学文献中心为国内广大用户提供了基础文献保障，充分彰显了文献开放获取的优势。从文献中心中文期刊数据库的用户增长及使用统计情况来看（不包括镜像机构用户及其使用数据），从 2014 年到 2020 年，用户总数、检索总量、阅览总量和下载总量都实现了快速增长。

为了更为直观地说明文献中心中文期刊数据库历年使用情况（包括检索使用、阅览使用、下载使用），我们通过数据统计，分别绘制了 2014~2020 年检索总量、阅读总量、下载总量的增长趋势图，具体情况见图 18–1 至图 18–3。

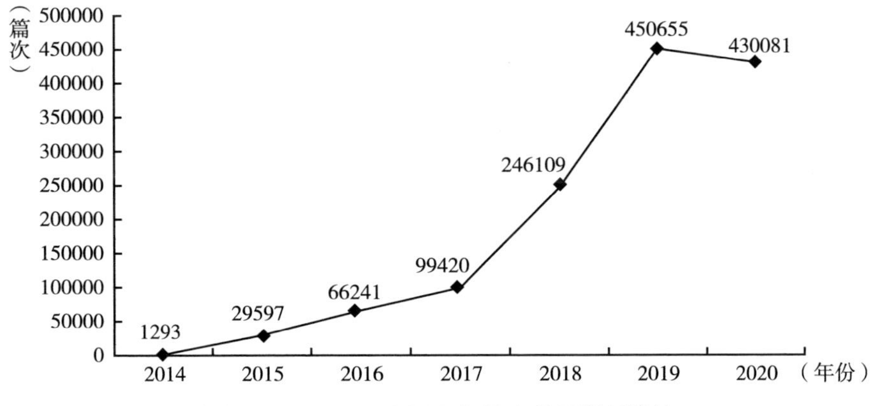

图 18–1　2014~2020 年检索总量增长趋势

数据来源：国家哲学社会科学文献中心，下同。

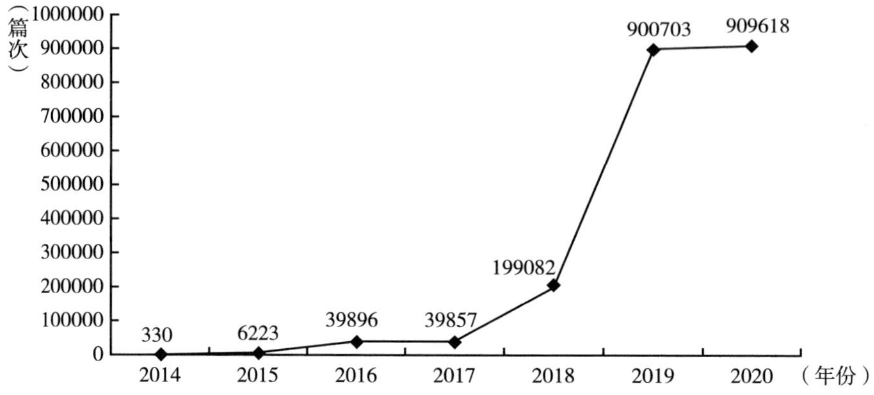

图 18-2　2014~2020 年阅览总量增长趋势

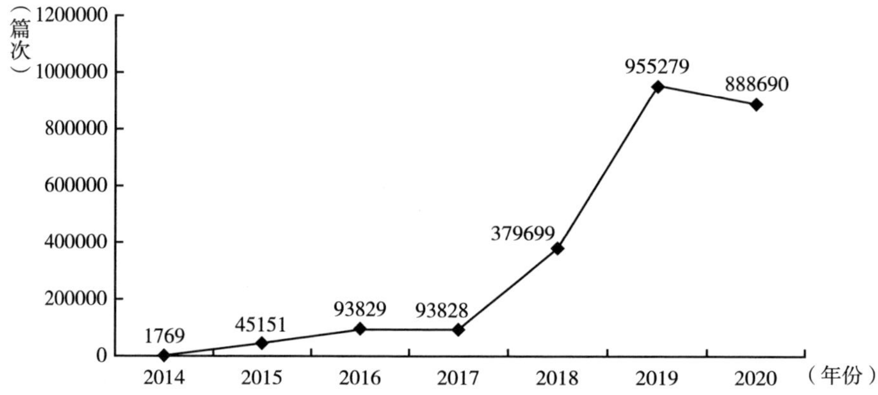

图 18-3　2014~2020 年下载总量增长趋势

图 18–1 至图 18–3 所示的检索总量、阅览总量、下载总量历年增长趋势表明，2014 年至 2020 年 10 月期间，2019 年的使用总量最高（2020 年数据因尚未统计完毕，不包括全年数据），达到了历年的使用量峰值。

值得注意的是，2020 年 1 月到 6 月的疫情期间，文献中心中文期刊数据库使用数据比 2019 年同时段数据明显增加。以论文下载量为例，与 2019 年 1~6 月份同期相比，2020 年疫情期间的下载总量增长了 46%。其中，2 月份的下载量同比增长率最高，达到了 91%。2019 年与 2020 年的单月论文下载量及同比增长情况对比详见图 18–4。

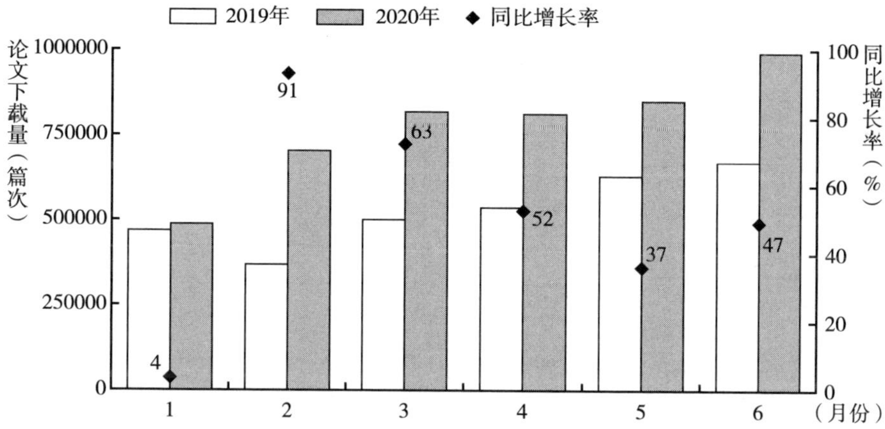

图 18-4　2019 年与 2020 年单月论文下载量及同比增长情况对比（1 月至 6 月）

从图 18-4 数据增长趋势可以看出，2020 年 1 至 6 月份每个月的下载量均高于 2019 年 1 至 6 月份的下载量。这些客观数据充分彰显国家哲学社会科学文献中心在抗击疫情期间发挥的作用。

二　国家哲学社会科学文献中心对宁夏回族自治区资源保障的支撑作用

宁夏属于我国西部地区，国家哲学社会科学文献中心为其学术文献保障提供了较好的支撑作用。但跟西部地区其他省份比较起来，还有提升空间。为了宏观概览宁夏回族自治区机构用户及其对国家哲学社会科学文献中心期刊库的使用情况，我们分别从西部各省市区的机构用户情况对比、宁夏回族自治区机构用户的历年使用情况两个方面，进行了对比。

（一）宁夏回族自治区机构用户与其他省区市机构用户对比

我国西部各省的机构用户数及其对国家哲学社会科学文献中心期刊库的系统访问量，分布并不均衡。宁夏回族自治区机构用户数量及用户访问量与西部其他各省市相比还存在一定差距，需要进一步加强国家哲学社会科学文献中心在该地区的宣传推广与文献支撑力度。

（二）宁夏回族自治区机构用户的使用情况

在国家哲学社会科学文献中心的机构用户中，宁夏回族自治区的机构用户发展起步较晚，是从 2018 年开始在宁夏回族自治区发展机构用户的。为展示国家哲学社会科学文献中心在宁夏回族自治区机构用户的发展情况及其检索使用数量，我们对宁夏主要机构用户近三年的数据进行了整理汇总与统计分析。见表 18–2 至表 18–4。

表 18–2　宁夏回族自治区主要机构用户 2020 年检索量

序号	机构用户名称	检索量（篇次）
1	宁夏大学	370
2	宁夏大学中卫校区	271
3	宁夏社会主义学院	225
4	宁夏师范学院	198
5	宁夏教育厅	138
6	宁夏建设职业技术学院	99
7	宁夏档案馆	89
8	宁夏社会科学院	72
9	宁夏回族自治区图书馆	63
10	宁夏理工学院	60
11	宁夏回族自治区政研室	43
12	宁夏体育职业学院	37
13	中共宁夏回族自治区中卫市委党史研究室	30
14	宁夏博物馆	24
15	宁夏回族自治区社会科学界联合会	24
16	宁夏党委讲师团	23
17	宁夏司法警官职业技术学院	19
18	宁夏医科大学	13
19	宁夏职业技术学院	10
20	宁夏文史研究馆	9
21	宁夏职业技术学院（广播电视大学）	6
22	宁夏教育科学研究所	4
23	宁夏财经职业技术学院	2
合计		1829

表 18-3　宁夏回族自治区主要机构用户 2019 年检索量

序号	机构用户名称	检索量（篇次）
1	宁夏大学	338
2	宁夏博物馆	266
3	宁夏回族自治区政研室	197
4	宁夏回族自治区中卫市委党史研究室	104
5	宁夏回族自治区图书馆	102
6	宁夏建设职业技术学院	98
7	宁夏档案局	88
8	宁夏社会主义学院	83
9	宁夏职业技术学院（广播电视大学）	80
10	宁夏大学中卫校区	78
11	宁夏师范学院	51
12	宁夏职业技术学院	41
13	宁夏党委讲师团	37
14	宁夏医科大学	34
15	宁夏文史研究馆	22
16	宁夏教育厅	22
17	宁夏回族自治区社会科学界联合会	20
18	宁夏理工学院	19
19	宁夏财经职业技术学院	18
20	宁夏体育职业学院	17
21	宁夏发改委	13
22	宁夏社会科学院	12
23	宁夏司法警官职业技术学院	6
24	宁夏教育科学研究所	3
合计		1749

表 18-4　宁夏回族自治区主要机构用户 2018 年检索量

序号	机构用户名称	检索量（篇次）
1	宁夏大学	279
2	宁夏社会科学院	215
3	宁夏社会主义学院	115
4	宁夏师范学院	6
5	宁夏医科大学	5
合计		620

从表 18–2、表 18–3、表 18–4 可以看出，近三年，国家哲学社会科学文献中心的宁夏回族自治区机构用户检索总量增长趋势比较明显。

（三）结论分析

通过以上客观数据的汇总统计与图表展示，我们大致可以看出国家哲学社会科学文献中心在宁夏回族自治区的使用现状与支撑作用。总体而言，主要具有两个方面的特点：一是与其他西部地区相比，宁夏回族自治区的机构用户发展起步较晚，检索、阅览、下载等使用量不足，发展空间与潜力较大，尚待继续拓展与挖掘；二是宁夏回族自治区的机构用户数量及其使用总量近三年实现了较快增长，国家哲学社会科学文献中心对宁夏回族自治区的文献保障、经济社会发展及文化扶贫的支撑作用显著。

第五节　国家哲学社会科学文献中心推动宁夏公共文化发展的建议

一　共同建立地方文献专题数据库

民族地区地方文献的价值和作用是不可估量的，虽然宁夏图书馆已经建立了一些地方文献特色数据库，但数据和规模还有较大提升空间。国家哲学社会科学文献中心依托中国社会科学院图书馆的资源优势，具备建设多种资源数据库的经验，拥有国内知名的新方志库，在地方志文献收集、整理等方面具备较为成熟的经验。国家哲学社会科学文献中心可以在宁夏图书馆地方文献专题数据库建设方面提供相应的资源和技术等支持，使这些具有地方民族特色的文献得以被充分地开发和利用，推动宁夏经济建设和文化持续稳固发展。

二　协同推进宁夏图书馆多元化信息资源建设

宁夏属于经济欠发达地区，公益性文化事业单位的经费有限，纸本书刊和数字资源短缺问题较为突出。宁夏图书馆每年引进纸质文献仅仅 2 万多种、5 万余册，而每天接待读者多达 3000 多人次，致使读者很难及时获取新书，尤其是实行全开放式的开架服务后，读者找书难、找新书更难，无法满足读者的传统阅读需求。为弥补纸质文献的不足，宁夏图书馆引进了一批数字资源，拥有的数字资源总量已达到60TB，但仍然存在较大的资源缺口。鉴于此，国家哲学社会科学文献中心可协同推进宁夏图书馆的数字资源建设，在数字化资源建设方面提供多元化协作支持，包括数据库建设技术支持、文献数据库共建共享支持等，进而协助宁夏图书馆不断丰富文献资源建设的内容，提升宁夏图书馆的读者服务水平。

三　联合开展图书馆员素养培训课程

信息时代的图书馆必须切实完成管理理念和服务理念的转变，才能真正建立起多样化服务体系。国家哲学社会科学文献中心依托中国社会科学院图书馆专业图书馆的管理经验，可与宁夏图书馆联合开展馆员培训课程，共同提升馆员的综合素养，使其更加适合信息时代图书馆的工作需求。一是协助建立馆员培训制度，分部室、按工作流程规范性展开系统性的馆员职能及技能升级培训工作。一方面，使馆员在思想上重视并加强服务理念和服务技能的提升；另一方面，使全馆工作人员充分及时了解本馆的现有馆藏资源，通过了解、学习、交流考核的方式，使馆员更好地利用现有资源为读者提供专业化的优质服务。二是培养高层次、专业型馆员，提高馆员的专业知识水平、完善其知识结构；培养专业人才向复合型、知识型馆员发展，帮助其提升网络信息分析及利用的能力，使其更好地收集、组织和保存信息；帮助其了解运用相应的技术为读者及时捕获、分类、过滤和传播有学术价值的信息资源，在多角度了解用户需求的前提下，及时提供多元化的信息服务。

四　共同构建多元化的阅读推广媒介体系

在全媒体时代，公共图书馆的阅读推广媒介主要包含基础型阅读推广媒介以及拓展型阅读推广媒介，其中基础型阅读推广媒介由公共图书馆制作的移动 APP、数字化网络阅读平台以及实体公共图书馆这三个部分组成。而拓展型阅读推广媒介主要是指微信、微博、知乎这类新媒体平台阅读媒介。国家哲学社会科学文献中心可以通过自身拥有的渠道和资源，协助宁夏图书馆开展与新媒体平台主要包含微信、微博、QQ 这类社交平台以及豆瓣、知乎这类信息获取平台的合作，使其与读者的关系更加密切，通过社交媒体更好地为读者提供信息查询、馆藏查询以及阅读推广活动这类引导服务信息，并及时收集读者的意见反馈，同时提升宁夏图书馆的日常宣传推广效果，持续推动“全民阅读”工作的开展。

五 协同建立个性化服务

全球图书馆发展经验表明，纸质阅读是不可被取代的，因此绝对不能忽视传统公共图书馆的阅读推广。宁夏图书馆图书采购经费相对有限，因此要想全方位满足不同读者的需求比较困难。国家哲学社会科学文献中心可以利用大数据分析技术，帮助宁夏图书馆在采购图书之前通过大数据技术全面了解读者的需求，通过问卷调查和大数据分析，及时了解读者的需求变化。在了解了读者的基本需求之后，宁夏图书馆可以为读者提供更优质的个性化服务。大数据背景下的个性化服务不仅能为用户提供所需的信息，而且可以基于海量资源提供精细化的知识输出，实现“信息+解决方案”的一站式服务。例如，针对到馆阅读较为频繁的群体，可以定期为其推荐新书，让这类读者群体得以稳定；针对不方便到馆进行阅读的群体，相关人员借助各类新媒体为其推送图书馆相关资源及服务。如此，宁夏图书馆可以大幅提升图书利用率，为后续的阅读推广工作奠定坚实的基础。

六 促进宁夏图书馆跨界合作

在数据生态环境下，很难清楚地界定一个行业或者一个机构的“属性”，行业间相互渗透、相互融合，跨界合作应运而生。跨界合作可以让不同机构共享一部分资源，共享一部分品牌形象，共享一部分用户群，同时换取更大的利益、更多的用户、更广的市场和更新的发展机会。在信息化发展的大环境下，文献爆炸所带来的馆舍紧张、工作时间增长、用户流失等问题也成为制约公共图书馆工作发展的瓶颈。随着信息技术的发展，为促进文化信息资源的有效利用和广泛共享，国内外图书馆都在通过整合资源和其他文化服务机构开展深度合作。国家哲学社会科学文献中心可以利用自身资源，帮助宁夏图书馆拓展与国内优秀的档案馆、博物馆、艺术馆、文化活动中心、出版社、书店等社会公共机构的合作关系，推动“文化旅游 + 图书馆”“文创 + 图书馆”“酒店 + 图书馆”等多种跨界合作模式，达到“传播知识、推广阅读”的跨界合作效果，从而推动宁夏回族自治区新时代公共文化事业的不断发展。

第十九章
图书馆国情调研——永泰特色文化调研

在新时代，坚定文化自信，推进地域特色文化繁荣发展，传承和弘扬地域特色文化中的精华内容和优秀因子，建设当代中国特色社会主义先进文化，推动地方经济社会全面发展，是贯彻落实习近平新时代中国特色社会主义思想的重要内容之一，也是各级党委政府和社会各界高度重视的重大现实问题。党的十八大以来，习近平总书记在多个场合提到“文化自信”，展现了中国政府与人民的精神志气，提振了中华民族的文化自信，也为推进地域特色文化繁荣发展提供了强大的精神动力。2018 年，中共中央办公厅、国务院办公厅印发的《关于加强文物保护利用改革的若干意见》强调，要从坚定文化自信、传承中华文明、实现中华民族伟大复兴中国梦的战略高度，提高对传承区域特色文化的认识，增强责任感、使命感、紧迫感，进一步解放思想、转变观念，深化地域文化发展的体制机制改革，加强顶层设计，切实做好区域特色文化发展的各项工作。①

我国历史悠久、地域广袤，在长期的传承与发展中孕育了多元一体的灿烂文化格局，而区域文化是坚定文化自信的重要载体。随着经济社会发展，区域文化建设同其他文化建设一样，由主要满足物质需求转化为主要满足精神需求，满足人民日益增长的美好生活需要。在区域文化发展建设过程中，要因地制宜，处理好传承与发展的问题，坚持创造性转化、创新性发展，坚定文化自信、传承中华文明，实现中华民族伟大复兴中国梦。

① 中共中央办公厅、国务院办公厅：《关于加强文物保护利用改革的若干意见》，http://www.gov.cn/zhengce/2018-10/08/content_5328558.htm。

福建省永泰县作为我国多元文化的一个典型代表，其地域特色文化资源丰富，生态环境优美，人文底蕴深厚，社会影响力显著。在当地政府大力推动下，永泰县在坚定文化自信和传承区域特色文化方面走在全国前列，创造了独具特色的永泰模式。2018 年 11 月，永泰县的爱荆庄获得联合国教科文组织 2018 年度亚太地区文化遗产保护奖，2019 年 9 月，永泰县入选文化和旅游部正式公布的国家首批全域旅游示范区。永泰县在传统文化传承和当地社会经济建设方面，以坚定文化自信为思想引领，以可持续发展为观念取向，兼顾文化取向与市场取向，是建设中国特色区域文化新形态的代表之一。如何在新时代坚定文化自信，兼收并蓄国内其他地区的做法与经验，进一步推动当地特色文化繁荣发展，是永泰贯彻落实好习近平新时代中国特色社会主义思想面临的重要课题之一。

永泰虽藏身闽中腹地，周围高山峻岭环抱，但有大樟溪连接富饶的福州，使得它财富累积，建筑持续，又让它远离乱世烽火，文脉保存完好。全县古村落达 200 多处，古庄寨 150 多座，白墙黑瓦卵石夯土的碉楼，或依山而建，或临水而居，无不顺势而为，天人合一，嵌入花海，如同一张张恬淡悠然的中国水墨画。

永泰有着不可思议的昌盛文运。永泰人向来聪明能干，过去一连出了三个状元，这足以证明永泰是一个人杰地灵的好地方。有宋一代，该县就走出 315 个进士。永泰如同一个古老中国的完整标本，承载着乡村社会最规整而丰盛的文明，至今仍熠熠生辉，给现代人类带来持续滋养和启发。如今，在这个天赐绝美的县城里，政府、商业和社会等多方力量进入乡村，依托山川、人文、历史、建筑等，用各自不同的方式，要把美丽变成经济。以永泰特色文化为切入点，研究当地传统文化的保护、传承与发展，对于弘扬中华优秀传统文化，坚定文化自信，贯彻乡村振兴战略，探索文化脱贫道路等方面都具有较高的社会价值和现实意义。

在中国社会科学院“不忘初心、牢记使命”主题教育深入开展之际，为推进图书馆工作与新时代中国特色社会主义实践相结合，中国社会科学院图书馆于 2019 年 7 月在福建省永泰县设立国情调研基地，与当地合作建立国情调研基地，在讲好永泰故事，积极探索保护、研究、活化传统村落，唤醒人们对传统村落独特价值和多元功能的重新认识，抢救文物，记住乡愁，推进地域特色文化繁荣发展，助力乡村振兴发展等方面发挥图书馆应有的作用。

本报告是图书馆针对永泰特色文化发展研究开展调研的成果总结，报告内容重点关注该县在坚定文化自信、传承特色文化方面的现状与成就、问题和经验。

第一节 “文化自信”命题的提出及时代解读

一 “文化自信”命题的提出

文化是一个国家、一个民族的灵魂，[①] 文化的繁荣兴盛与国家、民族的前途命运紧密相连。自信是开拓奋进的强大动力，是通往光明的精神支撑。足够自信，一个国家、一个民族、一个政党，才能真正安身立命，坚定走向未来。

习近平总书记指出：“我们要坚持道路自信、理论自信、制度自信，最根本的还有一个文化自信。”[②] 那么，何谓文化自信？文化自信，是指一个国家、一个民族、一个政党对自身文化价值的充分肯定和积极践行，并对其文化的生命力持有的坚定信心。

党的十八大以来，习近平总书记在国内外不同场合多次提到“文化自信”，向全国人民传达了一个重大信号，那就是我们党和政府对传统文化、传统思想价值体系的认同与尊崇超越了历史上任何一个时代。在 2014 年 2 月 24 日的中央政治局第十三次集体学习中，习近平总书记提出要“增强文化自信和价值观自信”。[③] 之后的两年间，习近平总书记又对“文化自信”有过多次论述，如“增强文化自觉和文化自信，是坚定道路自信、理论自信、制度自信的题中应有之义”。[④]“中国有坚定的道路自信、理论自信、制度自信，其本质是建立在

① 习近平：《决胜全面建成小康社会 夺取新时代中国特色社会主义伟大胜利——在中国共产党第十九次全国代表大会上的报告》，http://www.xinhuanet.com/2017-10/27/c_1121867529.htm。

②③ 习近平：《在中共中央政治局第十三次集体学习时强调把培育和弘扬社会主义核心价值观作为凝魂聚气强基固本的基础工程》，http://www.gov.cn/ldhd/2014-02/25/content_2621669.htm。

④ 习近平：《在文艺工作座谈会上讲话》，http://culture.people.com.cn/n/2014/1015/c22219-25842812.html。

5000 多年文明传承基础上的文化自信。”[①]2015 年 5 月 4 日，习近平总书记与北京大学学子座谈，多次提到核心价值观和文化自信。2016 年 5 月和 6 月，习近平总书记又连续两次讲话强调“文化自信”，指出“我们要坚定中国特色社会主义道路自信、理论自信、制度自信，说到底是要坚持文化自信”；[②]要引导党员干部和广大人民群众“坚定中国特色社会主义道路自信、理论自信、制度自信、文化自信”。[③] 2016 年 7 月 1 日，在庆祝中国共产党成立 95 周年大会上，习近平总书记对文化自信特别加以阐释，指出“文化自信，是更基础、更广泛、更深厚的自信”，[④] 其语境更为庄严，观点更为鲜明，态度更为坚决，表明这既是文化理念又是指导思想。“文化自信”于是成为继“道路自信”“理论自信”“制度自信”之后，中国特色社会主义的“第四个自信”。他强调中国共产党人“坚持不忘初心、继续前进”，就要坚持“四个自信”，即“中国特色社会主义道路自信、理论自信、制度自信、文化自信”。[⑤]

党的十九大报告中，“坚定文化自信，推动社会主义文化繁荣兴盛”内容占据较大篇幅。习近平总书记在报告中强调，“文化兴国运兴，文化强民族强。没有高度的文化自信，没有文化的繁荣兴盛，就没有中华民族伟大复兴。要坚持中国特色社会主义文化发展道路，激发全民族文化创新创造活力，建设社会主义文化强国”。“全党要更加自觉地增强道路自信、理论自信、制度自信、文化自信”。[⑥]

二　“文化自信”的时代意义

“四个自信”是一个有机统一体，既相对独立，又相辅相成。道路自信、

---

① 习近平:《在第二届“读懂中国”国际会议期间会见外方代表的讲话》，http://world.people.com.cn/n/2015/1104/c1002-27775505.html。

② 习近平:《在哲学社会科学工作座谈会上的讲话》，http://www.xinhuanet.com//politics/2016-05/18/c_1118891128_3.htm。

③ 赵银平:《文化自信——习近平提出的时代课题》，http://www.xinhuanet.com/politics/2016-08/05/c_129206909.htm?from=groupmessage&isappinstalled=0。

④⑤ 习近平:《在庆祝中国共产党成立 95 周年大会上的讲话》，http://cpc.people.com.cn/n1/2016/0702/c64093-28517655.html。

⑥ 习近平:《决胜全面建成小康社会 夺取新时代中国特色社会主义伟大胜利——在中国共产党第十九次全国代表大会上的报告》，http://www.xinhuanet.com/2017-10/27/c_1121867529.htm。

理论自信、制度自信，是文化自信的具体表现，而文化自信是更基础、更广泛、更深厚的自信。作为一个国家、一个民族的灵魂、信仰，文化自信是支撑其他三个自信的基础，并且渗透于其他三个自信之中，如果缺乏文化自信，其他三个自信就很难支撑起来。只有坚定文化自信，才能真正做到道路自信、理论自信和制度自信，也只有坚定文化自信，才能推动社会主义文化的繁荣发展。正如习近平总书记指出的，“我们说现在我们有制度自信、道路自信、理论自信、文化自信，根本是文化自信”，[①]“坚定文化自信，是事关国运兴衰、事关文化安全、事关民族精神独立性的重大问题”。[②]如果缺失了文化自信，制度自信、道路自信、理论自信便会成为无源之水、无本之木。

中国进入新时代，文化自信是中华民族生生不息、走向复兴的强大动力，是中国特色社会主义破浪前行、繁荣发展的精神武器，是中华民族屹立世界、面向未来的精神脊梁。

为什么在“三个自信”之外，还需要“文化自信”？为什么以习近平同志为核心的党中央如此高度重视文化的作用？我们可以从习近平总书记的一系列重要讲话和著作中找到答案。

因为“文明特别是思想文化是一个国家、一个民族的灵魂。无论哪一个国家、哪一个民族，如果不珍惜自己的思想文化，丢掉了思想文化这个灵魂，这个国家、这个民族是立不起来的”；[③]因为中国优秀传统文化，“可以为治国理政提供有益启示，也可以为道德建设提供有益启发”，[④]“我国今天的国家治理体系，是在我国历史传承、文化传统、经济社会发展的基础上长期发展、渐进改进、内生性演化的结果”；[⑤]更因为“只有坚持从历史走向未

① 习近平：《在中共中央政治局第十三次集体学习时强调把培育和弘扬社会主义核心价值观作为凝魂聚气强基固本的基础工程》，http://www.gov.cn/ldhd/2014-02/25/content_2621669.htm。

② 习近平：《在中国文联十大、中国作协九大开幕式上的讲话》，http://www.xinhuanet.com//politics/2016-11/30/c_1120025319.htm。

③④ 习近平：《在纪念孔子诞辰 2565 周年国际学术研讨会上的讲话》，http://www.xinhuanet.com//politics/2014-09/24/c_1112612018_2.htm。

⑤ 习近平：《在省部级主要领导干部学习贯彻十八届三中全会精神全面深化改革专题研讨班上的讲话》，http://cpc.people.com.cn/n1/2016/0510/c64094-28337020.html。

来，从延续民族文化血脉中开拓前进，我们才能做好今天的事业”，[①]“没有文明的继承和发展，没有文化的弘扬和繁荣，就没有中国梦的实现”。[②]

我们的文化自信，既有博大精深的优秀传统文化的积淀与传承，还有历代以来反抗内外敌人的革命文化的继承与发扬，更有新时代中国特色社会主义的创新与发展。改革开放 40 多年来，我们国家创造了举世瞩目的成就。国家兴盛，文化必然繁荣，特别是党的十八大以来，我们党把建设社会主义文化强国放到更加突出的位置，中华文化正迎来一个繁荣发展的黄金期。[③] 正如习近平总书记所说：“站立在 960 万平方公里的广袤土地上，吸吮着中华民族漫长奋斗积累的文化养分，拥有 13 亿中国人民聚合的磅礴之力，我们走自己的路，具有无比广阔的舞台，具有无比深厚的历史底蕴，具有无比强大的前进定力。中国人民应该有这个信心，每一个中国人都应该有这个信心。”[④]“文化自信”的提出，并与原有三个自信并列，形成“四个自信”的理论，是以习近平同志为核心的党中央对中国特色社会主义理论体系的重大创新和发展，对于实现中华民族伟大复兴的中国梦、实现人民对美好生活的向往具有十分重大的意义。

首先，是实现中华民族伟大复兴的客观需求。一个国家、一个民族的复兴，是建立在经济、社会、文化各方面取得显著成就的基础上，如果只是经济方面取得成就，没有文化的支撑，这种复兴是难以长久的，古今中外，概莫能外。因此，党中央高瞻远瞩、审时度势，适时提出文化自信，让世界看到一个全面、全方位崛起的中国，而不仅仅是经济腾飞的中国。

其次，是增强国家文化软实力的必然要求。中华民族创造了灿烂辉煌的东方文明，长期走在世界的前列，只是在近代才逐渐落伍。为救亡图存，无数志士仁人开始求索抗争，在找到马克思主义真理和成立中国共产党之后，

---

① 习近平：《在纪念孔子诞辰 2565 周年国际学术研讨会上的讲话》，http://www.xinhuanet.com//politics/2014-09/24/c_1112612018_2.htm。

② 习近平：《在巴黎联合国教科文组织总部发表演讲》，http://theory.people.com.cn/n/2014/0606/c40531-25111284.html。

③ 赵银平：《文化自信——习近平提出的时代课题》，http://www.xinhuanet.com/politics/2016-08/05/c_129206909.htm?from=groupmessage&isappinstalled=0。

④ 习近平：《在纪念毛泽东同志诞辰 120 周年座谈会上的讲话》，http://www.xinhuanet.com//politics/2013-12/26/c_1118723453_3.htm。

中国革命面貌焕然一新。中华人民共和国的成立，使饱受内外压迫的中国人民从此站起来了，重新树立起文化自信。改革开放以来，中国取得了举世瞩目的成就，并成为国际舞台上举足轻重的力量。综合国力的增强，必然对文化建设提出更高的要求，文化强国、走向世界成为时代最强音。

最后，是应对意识形态挑战的客观需求。随着改革开放的深入发展，国际竞争呈现复杂化趋势，西方对华敌对势力千方百计从文化、信息等各个渠道向中国渗透，妄图用文化攻势打开反华新局面。因此，我们必须主动出击，全方位积极宣传中国文化，让中国文化走出去，争取国际话语权，抵御西方腐朽思想的侵蚀，确保国家文化安全和意识形态安全。

三 “文化自信”的践行

习近平总书记在党的十九大报告中提出，要推动中华优秀传统文化创造性转化、创新性发展，为我国文化建设、践行文化自信指明了方向。

（一）弘扬传统优秀文化

中华传统文化博大精深、源远流长，是中华民族走向世界的强大底蕴。树立中国特色社会主义文化自信，建设社会主义文化强国，必须在深入了解中华优秀传统文化，继承传统思想精华和文化智慧的基础上，坚持创造性转化、创新性发展，激发全民族文化创新创造的活力，不断铸就中华文化新的繁荣。把传承中华优秀传统文化与树立社会主义文化自信紧密结合起来。我们必须深刻认识和把握中华优秀传统文化的丰厚底蕴，实现中华民族的文化自信和文化认同。

同时，我们必须以马克思主义为指导，对中华优秀传统文化的内涵进行当代解读，以时代精神激活中华传统优秀文化，并加以补充、拓展、完善，增强其影响力和感召力，使古老的优秀传统文化与社会主义的先进文化相契合，与改革开放的时代相适应，在不断的创造性转化和创新性发展中焕发强大的文化生命力，把弘扬优秀传统文化和发展现实文化有机统一起来，在继承中发展，在发展中继承。

（二）让优秀文化走出去

习近平总书记指出，“提高国家文化软实力，要努力展示中华文化独特魅力”，“要以理服人，以文服人，以德服人，提高对外文化交流水平，完善人文交流机制，创新人文交流方式，综合运用大众传播、群体传播、人际传播等多种方式展示中华文化魅力”。[①]

中华民族要屹立于世界民族之林，不仅要有经济实力的支撑，也要有文化软实力的支撑。要坚持中国特色社会主义文化自信，必须讲好中国故事、传播好中国声音、阐释好中国特色，让优秀的中国文化“走出去”，“坚定文化自信，是事关国运兴衰、事关文化安全、事关民族精神独立性的大问题”。[②] 因此，必须“以人们喜闻乐见、具有广泛参与性的方式推广开来，把跨越时空、超越国度、富有永恒魅力、具有当代价值的文化精神弘扬起来，把继承传统优秀文化又弘扬时代精神、立足本国又面向世界的当代中国文化创新成果传播出去”。[③]

“提高国家文化软实力，关系‘两个一百年’奋斗目标和中华民族伟大复兴中国梦的实现。”[④] 可见，在新时代，坚定文化自信，提高文化软实力，大力推动中国文化走出去，不仅是我们必须重视的时代课题，也是每一位国情调研人员都必须去深入思考并认真解答的问题。

四　文化自信与地域特色文化发展

地域文化是中华优秀传统文化的符号，是文化自信的坚实基础。在新时代，从一个地方视域来看，坚定文化自信、推动文化建设，需要充分发挥地域文化的特色优势。

（一）地域特色文化是中华优秀传统文化的符号

地域文化是中华大地特定区域传承至今仍发挥作用的文化传统，是特定区域的生态、民俗、传统、习惯等文明的表现，如湖湘文化、吴越文化、巴蜀文化、中原文化、燕赵文化等，这些地域文化至今都有存在的价值和意义。地

① 习近平:《在中共中央政治局第十二次集体学习时发表重要讲话》，http://china.chinadaily.com.cn/2015-06/25/content_21099756.htm。

② 习近平:《在中国文联十大、中国作协九大开幕式上的讲话》，http://www.xinhuanet.com//politics/2016-11/30/c_1120025319.htm。

③④ 习近平:《在中共中央政治局第十二次集体学习时发表重要讲话》，http://china.chinadaily.com.cn/2015-06/25/content_21099756.htm。

域文化是文化自信的根基，可以说，只有热爱地域文化，文化自信才能落到实处。[①]深入挖掘地域文化的鲜活内涵和个性魅力，是推进中华优秀传统文化创造性转化、创新性发展的重要引擎，为夯实文化自信的根基提供强大动力。

福建永泰作为我国多元文化的一个典型代表，拥有独具闽中特色的庄寨文化，荣膺中国“建筑之乡”“温泉之乡”“武术之乡”“李果之乡”“优秀旅游县”等国字号文化品牌，地域文化优势显著、特色明显。“十三五”期间，永泰致力于“绿色引领、后发赶超”，大力进行生态文明和全域旅游建设，立足本土特色文化的挖掘传承与发扬，让传统文化不仅没有随时光的流逝而消亡，反而在新时代焕发勃勃生机。

（二）弘扬地域特色文化，增强文化自信的魅力

弘扬地域文化必须建立在新时代的坐标上，发挥其在坚定文化自信中的重要功能。

第一，地域文化绵延数千年，具有独特的价值体系，影响不同地域人们的思想方式、行为习惯等。在文化沟通交流中，要保持对地域文化的自信、耐力、定力。在文化自觉中构建各具特色的地域文化体系，在维持文化联系的同时凸显地域文化的特色，积极培育适应时代需要、富有创造力的主体文化。

第二，人民群众是创造文化、发展文化、评估文化的主体，要在地域文化建设中强化人民主体地位。通过各种文化载体、渠道凝聚人民，激发人民的文化创造力，使地域文化具有源源不断的生命力。

第三，文化是时代发展的产物。新时代中国特色社会主义是中国特色社会主义文化发展的新阶段，也是推进地域文化进步的重大历史契机。只有顺应时代潮流，去粗取精、去伪存真，取其精华、去其糟粕，以时代精神激活地域文化的生命力、挖掘地域文化的软实力，地域文化才能真正实现创造性转化和创新性发展，更好构筑中国精神、中国价值、中国力量，让中华文明绽放新的光彩。[②]

---

① 李文莲:《地域文化是文化自信的基石》，https://theory.gmw.cn/2018-04/20/content_28417182.htm。

② 王婷:《地域文化在坚定文化自信中的重要功能》,《红旗文稿》2019 年第 22 期。

第二节　永泰特色文化概况

永泰县位于福建省中部，福州市西南部，唐永泰二年（766 年）设县，以年号为县名。北宋崇宁元年（1102 年），因避讳改名永福。800 多年后的 1914 年，因与广西壮族自治区永福县重名，恢复旧名永泰。

永泰气候温和，山清水秀，被誉为福州的“后花园”，可谓“藏在深山人未识，撩开面纱惊八闽”。永泰历朝历代建有多处名寺古迹、摩崖石刻，著名的有名山室、方广岩寺、凤凰寺、姬岩、方壶岩、方广岩石刻、姬岩石刻、方壶岩石刻等。

作为拥有悠久历史的闽中古县，永泰的历史文化资源也十分丰富，形成了独具特色的传统习俗和地方文化。近年来，永泰县委、县政府在抓好古村落、古庄寨保护与利用工作的同时，深入挖掘古庄寨、古村落蕴含的独特丰富的山水文化、民俗文化、农耕文化，推出了以庄寨为载体的、以家文化为代表的特色文化。

一　庄寨 —— 家文化

永泰作为典型的山区社会，经济发展与平原或沿海地区有着截然不同的特征，宗族体系也在历史发展中扮演着无法取代的作用。在永泰古村落中，体量巨大、分布广泛的古庄寨是一大特色。永泰庄寨始建于唐朝，明清持续发展，晚清几乎遍及各村镇，不仅是南方民居防御建筑的典型代表，也是农耕社会家族聚落生存的记忆，更是传统乡绅文化弥足珍贵的载体。永泰庄寨大多由经济实力雄厚的家族所建，其建成也成为宗族整合的重要标志。

永泰庄寨的本质特点是内为庄、外为寨；文为庄、武为寨；父建庄、子建寨；自己叫庄、别人叫寨。大部分庄寨是整个家族、宗族凝心聚力历经数年甚至数十年建设的成果，寄托和承载着族人的文化溯源与身份认同。庄寨内的楹联匾额，无不镌刻着族规家训，教化、警醒着宗族后人，将良好的祖德家风代代相传。嵩口镇宁远庄礼仪门上挂有一副对联，上书“欲高门第须为善，要好儿孙在读书”，横批为“安宅在仁”，很好地诠释了月洲张氏家族崇善向仁的价值取向以及重视子孙教育的良好家风。他们还把“傲不可长、欲不可纵、志不可满、乐不可极”的格言刻在内庄的外墙上，用以警醒自己、戒训后代。

永泰庄寨中的空间结构体现了宗族对封建礼制的凸显强化，例如庄寨大多呈现中轴对称的空间格局，中轴线上的厅堂是重要的公共空间，尤其以位于庄寨中心的正厅最为重要，属于全体族人共有，是举办婚丧嫁娶仪式的场所。永泰庄寨所蕴含的“家文化”将中国的文明、政治、传统宗教、礼俗与文化生活融于一体，成为闽地乃至中国“家文化”的稀世范本。

这种家文化的传承有利于发挥基层社会治理的力量，也赋予了永泰庄寨长期保护的动能。庄寨至今依然是维系散居在全国各地永泰人的空间场所与精神纽带。通过家文化将各地的庄寨后人们凝聚到一起，在政府引导下组织成立庄寨理事会，基于共同的愿景，整合社会多元力量，是永泰创新基层治理模式、激活基层组织活力的重要经验。

二　力均 —— 御医中医药文化

力钧（1855~1925），字轩举，号医隐，又名捷三，永泰白云乡人，中国近代著名的学者、医学家、教育家、藏书家、慈善家和实业家，他首创了中西医结合、中西药兼用的医学思想理论，创办了全球第一家“中外医学研究会”。在中国医科院馆藏的 1325 部古籍中，有 800 多部来自他的著作和藏书。

2018 年 12 月 30 日，力钧文化研讨会在永泰县白云乡竹头寨举行，集中向世人展示了力钧的生平事迹、著作文献和他在中医药事业、教育等领域的贡献。研讨会上，中国科学院院士陈可冀指出“应该不遗余力地保护好、学习好、传承好、利用好‘力钧文化’，……从保护和传承中华优秀传统文化的高度进行设计，深入开展研究，着力于加强力钧文献的整理、挖掘和利用，致力于将力钧故里打造成宣传中医药传统文化的重要基地”。福建中医药大学副校长刘献祥认为“御医故里将成为一张闪亮的名片，力钧学术思想将会被广泛地认知并发扬光大，造福人类。”福建医科大学党委书记张天明认为“研究力钧不仅仅和振兴乡村、振兴御医故里相结合，更重要的要和振兴永泰的文化相结合。”①

作为御医故里，永泰的地理位置和气候条件也非常适宜种植中草药。永泰境内的药用植物有 1002 种，占福建省药用植物的 40.6%。② 青草药资源丰富，其中虎杖、石蒜、九节茶等都是重要的中医药资源，具有培育开发的前途和价值。

三 宗教 —— 多元文化

嵩口镇位于永泰县西南部，地处永泰、闽清、尤溪、德化、仙游五县交汇处，大樟溪流经嵩口镇，流向永泰县城，注入闽江，到达福州。因而嵩口镇曾是闽中水陆交通中心和人流物流集散地，繁华异常。镇内至今保留有完整的历史街区和成片的明清古民居建筑群。2008 年嵩口镇正式入选“中国历史文化名镇”，是福州市唯一的国家级历史文化名镇。

水路的畅通，带来繁荣商贸、人文荟萃以及多元的文化与信仰。镇上现存有多种文化建筑，如天主教堂、天后宫、德星楼等。古渡口处拱形门洞上刻有“群贤毕集”四个大字，正是这种交流融汇、包容开放的生动体现。古渡口树立的“义渡”碑和“永禁溺女”碑，也印证着当年的繁荣和人文关怀。

1. 天后宫

始建于清嘉庆十六年，因嵩口至塘前河水湍急，多有险滩，莆田、仙游的商帮为嵩口船、排航行安全和附近百姓求福消灾，建立了一般分布在沿海地区的天后宫，奉祀天后妈祖。由于天后宫为莆田商帮所建，元朝时称莆田为“兴安州”，故天后宫又称“兴安会馆”。

2. 德星楼

明嘉靖年间为纪念林显兄弟抗元壮举而建，楼中供奉的主神是林公大

① 微永泰:《永泰着力打造“力钧文化”品牌 推动乡村振兴发展》，https://www.sohu.com/a/231856606_349473。

② 施友佃:《浅谈永泰的中医药资源开发》，《福州党校学报》2005 年第 5 期。

使，二楼供奉林公。相传元朝初年，林氏兄弟誓死抗元保宋，被抓捕后于大樟溪上游被斩首。人们感念他们的忠贞，在“德星楼”现址处找到他们的身体火化，盖楼纪念，取楼名“得身楼”，谐音即“德星楼”。人们又沿大樟溪而下找到他们首级，盖“德首楼”。从此两处尊神供奉以求保境安民。此外，德星楼二楼还供奉土地公、财神爷、观世音、文昌帝，三楼则供奉文曲星、状元、榜眼、探花等。

3. 天主教堂

目前镇上仍旧有小部分天主教信徒，教堂每周都有教徒来做礼拜、唱圣歌。

四　尚文崇武——书院文化、藏书文化与武术文化

从历史上看，永泰具有尚文崇武之风。南宋年间，永泰出现了七位文武状元，成为永泰人文历史最重要的事迹之一。

永泰历史上有名的书院有九山书院、回溪书院、道南书院、景行书院等，白云乡曾有冻井房、玉兰堂、日及堂等学堂。学风甚浓，私人藏书盛行，先贤黄任、黄虞世、黄坦榕等人被列入八闽藏书大家；古村寨藏有几万册民间历史文书，包括族谱、契约、碑刻、阄书、丁粮册、科仪本、日用杂书等民间遗存，是历史学界中的文献学派研究乡间历史文化、家族组织、社会变迁时的重要研究对象，也是研究中国传统社会的基本途径和重要窗口。永泰是南拳的故乡，是全国首批“武术之乡”，其武术文化始于隋唐，鼎盛于南宋，普及于明清时期，挖掘、整理出来的、发源于永泰的独立拳种多达15种。南拳发展鼎盛时期，先后25年时间内就有3人中武状元，历史上还有几十人中武进士，上百人中武举人。武术也是永泰民间文化传统全民体育活动的重要组成部分。一代又一代的武术新人在国际、全国、省、市、自治区武术比赛中屡屡获奖。①

① 《武术之乡》，http://www.yongtai.gov.cn/xjwz/zjyt/xcry/201009/t20100927_1465788.htm。

五　历史名人

永泰人杰地灵、人才辈出，历史上涌现一批历史文化名人。“父子六进士，五子同朝”的张肩孟，“四疏劾秦桧”的黄龟年，七年联奎的三状元（萧国梁、郑侨与黄定），编修《永乐大典》的副总裁官、闽中才子王偁，清朝诗人黄任等都是永泰籍的历史文化名人。其中，以宋朝词人张元干最为著名。

张元干是北宋末年和南宋初年的一位承前启后的爱国词人，祖籍永泰县嵩口镇月洲村。他一生爱国，反对侵略，反对投降，坚决主张抗战救国。他继承了《离骚》以来爱国主义思想和赋比兴的创作传统，创造性地发展了苏轼的豪健之词，以词作为爱国斗争的武器，吹响了救亡图存的号角，为后代留下了足以播扬中华民族浩然正气的诗词，开拓了辛派壮健之词的道路，为中国古代词的发展树立了一个里程碑。在当地，相传张元干小时聪颖异常，在学习孔子“己所不欲，勿施于人”的名句后，提出了“己所欲，亦勿施于人”的观点。

历代名人对张元干的词篇都有很高的评价。毛泽东主席在读过的《词综》的影印本中，就对张元干的《贺新郎》作了圈点，并对一些词句划上线条，表示特别赞赏，对《石州慢》《点绛唇》等词中喜爱的诗句，也画上了小圈点或竖曲线。1933 年，周恩来同志在读过张元干《贺新郎 · 送胡邦衡待制谪新州》后说，“我们共产党人要好好地学习这首词，学习张元干锄奸靖国、抵抗侵略的精神，不怕牺牲，前赴后继，去争取胜利”。[①]

第三节　永泰特色文化发展的经验与挑战

一　永泰特色文化发展的经验与做法

永泰具有福州后花园的地域优势，不但山清水秀、自然环境得天独厚，

① 《爱国词人张元干》，http://www.yongtai.gov.cn/xjwz/zjyt/rwls/201708/t20170816_1601112.htm。

而且拥有丰富多彩的庄寨文化、非物质文化遗产、历史传统文化、地方民俗、地方特色产品等，永泰丰富的特色文化资源是其发展文化“走出去”的支撑要件。在政府政策的支持与推动下，永泰积极引资注入文化产业，推动产业融合，文化产业经营体制转变，社会各界积极参与，呼唤乡情，传承家文化，这些都为永泰特色文化的发展创造了新的活力。

（一）政府主导，扶持乡村文化振兴

中共中央办公厅、国务院办公厅印发《关于加强和改进乡村治理的指导意见》，提出培育乡村特色文化产业，加强农村文化引领，推进乡村治理体系和治理能力现代化，夯实乡村振兴基层基础。①

永泰扶持乡村文化振兴，以政府为主导，一是突出文化引领，突出古村落、古庄寨传承保护，以保护好、传承好乡村优秀传统文化为主题，组织开展乡村风貌保护、文脉延续、技艺传承、文物保护工作，努力出特色、育品牌、求实效。二是突出讲好故事，推动各地挖掘特色文化资源，进行研究、阐释和利用，充分利用传统与互联网媒体平台，宣传弘扬乡村历史文脉。三是突出文旅融合，充分利用特色文化资源和自然景观资源，加快文化产业融合创新，明确将旅游业作为县战略性支柱产业，加快全域旅游发展，建设特色小镇和古镇，丰富乡村旅游文化内容。四是做好旅游相关的配套基础设施建设，指导和推动永泰各地做好统筹，开展环境治理、生态保护，建设文化服务中心等，同时在改善乡村道路、城墙、水、电等基础设施和公共环境方面也做了大量的工作。五是不断完善乡村金融服务体系，统筹相关资金注入特色文化发展，鼓励按照市场化的方式设立并运作文化产业发展促进基金，实施国有文旅产业市场化改革。六是在搭建文化发展平台方面，建设文化创业园等创业就业孵化基地，促进乡村文化产业、农业与现代产业跨界配置，吸引一批懂技术、善经营、有资金的人来永泰创业。七是由政府牵头组织各种文化发展研讨会，研究永泰特色文化发展路径。

① 《中共中央办公厅　国务院办公厅印发〈关于加强和改进乡村治理的指导意见〉》，http://www.gov.cn/zhengce/2019-06/23/content_5402625.htm。

（二）挖掘传统文化价值，做好保护与传承

永泰有着丰富且悠久的历史传统文化，其庄寨文化是农耕社会家族聚落生存的记忆，更是传统乡绅文化弥足珍贵的载体，永泰拥有众多历史名胜古迹、多元的宗教文化、历史文化名人、传统武术、大量的民间历史文书、具有地方特色的中医文化、丰富的非物质文化遗产及传统手工艺、传统风俗，沉淀着浓厚的历史内涵，且具有鲜明的特点。《中共中央关于制定国民经济和社会发展第十四个五年规划和二〇三五年远景目标的建议》指出："传承弘扬中华优秀传统文化，加强文物古籍保护、研究、利用，强化重要文化和自然遗产、非物质文化遗产系统性保护，加强各民族优秀传统手工艺保护和传承。"①

对永泰传统文化价值的挖掘和传承，已切实落实在全面保护文化遗产资源、保护历史文化名城名镇名村、保护历史建筑等方面，推进非物质文化遗产传承，努力发挥传统特色文化的当代价值和作用。在古村落、古庄寨保护方面，2015 年起，永泰县委县政府成立"永泰县传统村落暨古寨堡保护与发展领导小组办公室"（2017 年 3 月更名为"永泰县古村落古庄寨保护与开发领导小组办公室"，简称村保办），划拨专项资金，每年安排 2000 万元财政资金作为配套资金，开展庄寨的抢救性保护，先后出台了《永泰古村落古庄寨保护和开发行动方案》《永泰县传统建筑修缮奖补资金管理办法》等，把庄寨保护和发展列入当地发展经济和文化旅游的重要方面，努力推动庄寨申请文物保护单位或世界文化遗产。

永泰通过保护和传承传统特色文化、挖掘传统文化价值，发展特色文化，凝聚了人心，稳定了民心，增强全民参与乡村振兴的向心力，激活了区域文化价值，为繁荣文化旅游产业、促进经济发展、提高人民生活水平和乡村发展注入了强大的经济动力和精神动力。

（三）鼓励社会参与、发扬家文化精神传承

家文化对构建文化认同、激发文化自信具有重要意义，家赋予人们生命

---

① 《第十三届全国人民代表大会第四次会议关于国民经济和社会发展第十四个五年规划和 2035 年远景目标纲要的决议》，《中华人民共和国全国人民代表大会常务委员会公报》2021 年 3 月版。

最初阶段的教化，敦促每个人提高修养、完善人格，并进而将个体的力量反哺于家族和社会。人们心底秉承的家文化所蕴含的价值观念、社会心理、活动行为和思想情感等是特色文化可持续发展水平的综合反映指标之一，一些建立在民间既有的地缘、血缘纽带基础上的自组织，为公众加入文化保护、传承与发展创造了更有民意基础、更有可持续性的社区动员条件。①

以保护和发展古村落、古庄寨为例，在永泰古庄寨的抢救性保护阶段，永泰动员社会力量，以庄寨族人为主体，先后组建了23个重点庄寨理事会，②由庄寨宗族自行动员筹集资金和人力物力，推行股份制合作，鼓励村民以户籍、土地、房屋、技术、资金入股，积极联系社会力量介入，如乡贤、专家、媒体和企业等，政府给予配套补贴和政策支持，让村民在有政策支持、专业指导的条件下成为村庄保护开发的主体。几年内，永泰引入资金1500多万元，20余座庄寨得到修护。③李耕在《社区参与遗产保护的延展与共度——以福建永泰庄寨为例》一文中详细梳理了爱荆庄的修复保护过程中，乡土社会作为一种文明的基本共识和文化逻辑，将这片土地上的人民凝聚起来。

发展农村特色文化，以家文化唤醒人们传承传统文化、区域文化，促使人们在快速城镇化的时代重新关注乡村的发展，找回潜藏的精神价值，永泰探索了一套新机制、搭建了新平台。创立庄寨理事会、建立乡村复兴基金会，搭建企业、个人和基金会捐资的平台，充分发挥乡村理事会的作用，推动乡村文化可持续发展。④

（四）科学规划整体布局，推动文化产业融合发展

文化产业要实现转型升级和创新突破必然要与其他产业深度融合。文旅部发布的《文化和旅游部关于推动数字文化产业高质量发展的意见》（以下简称《意见》）明确提出推进数字经济格局下的文化和旅游融合发展，以文

① 周建新、肖艳平：《非物质文化遗产传承的民间立场与现代化传承——以赣南客家太平堡龙船盛会为中心的考察》，《民俗研究》2015年第5期。

②③ 黄雪梅：《复兴古村落古庄寨，永泰在行动》，《福建日报》2020年11月3日第10版。

④ 李耕、张明珍：《社区参与遗产保护的延展与共度——以福建永泰庄寨为例》，《广西民族大学学报》2018年第1期。

塑旅、以旅彰文，强化文化对旅游的内容支撑、创意提升和价值挖掘作用，提升旅游的文化内涵。文化产业与其他产业深度融合，已形成“文化＋旅游”“文化＋科技”“文化＋金融”“文化＋体育”“文化＋康养”等多种业态，全方位激发全民族文化创造活力，产出文化新产品、新服务和新成果，为文化产业加快发展和经济提升提供新动能、创造新的增长点。①

在福建发展海西经济区的整体规划中，永泰县被纳入福州市半小时经济圈和厦漳泉一小时旅游圈之内，永泰县县委基于地理区位优势和文化特色，着力挖掘历史文化资源，分析历史文化内涵，提炼历史文化特色，确立历史文化旅游主题，结合地域特点整合资源突出主题，做出科学规划、整体布局，统筹地理空间边界、山水文化生态单元，交通格局及产业发展基础，兼顾跨区域协调发展，构建“重点引领、板块集聚、廊道串联”的文化旅游业空间格局，构建“一核一带五区”的全域旅游空间格局，② 即以大樟溪生态旅游经济带为核心，建设古镇生态文化旅游区、田园休闲康养旅游区、庄寨宗教文化旅游区、郊野休闲度假区，着力推动“旅游＋农业”“旅游＋文化”“旅游＋体育”“文化＋康养”等领域的互通融合发展，合理利用村庄特色文化资源，发展乡村旅游和特色产业，形成特色文化资源保护与村庄发展的良性互促机制。

（五）丰富特色文化创新发展

结合 2018 年《中共中央国务院关于实施乡村振兴战略的意见》③ 出台，永泰县提出了乡村振兴实施休闲农业和乡村旅游精品工程，建设一批设施完备、功能多样的休闲观光园区、森林人家、康养基地、乡村民宿、特色小镇。永泰县紧紧围绕“生态、休闲、健康、民俗”四大主题，融入生态山水、田园风光、温泉休闲、历史文化等等元素，加快发展特色文化品牌，以品牌拉动特色经济，实现创新发展。

① 范周:《推动“十四五”文化产业新发展》,《红旗文稿》2020 年第 21 期。

② 柯兆云:《永泰历史文化资源与旅游开发》,《福州党校学报》2014 年第 3 期。

③《中共中央国务院关于实施乡村振兴战略的意见》，http://www.gov.cn/zhengce/2018-02/04/content_5263807.htm。

1. 结合历史名镇打造特色文化小镇

永泰加强文化遗产的保护利用，依托永泰传统村落、庄寨、古建筑群等文化遗产资源，打造集旅游、居住于一体的新型特色文化小镇。其中嵩口镇依托历史文化遗存丰富的优势，整合传统文化资源和农业生产优势，利用闽台合作的地缘和政策优势，打造古镇和乡村旅游产业，通过创新驱动发展经济，吸引创客和游人，活化小镇和乡里，走出了一条特色发展的路子。

永泰嵩口古镇是中国历史文化名镇，有保护相对完好的明清古民居、街道码头，有月洲村积淀深厚的人文文化，有历史名人张元干、张圣君，还有丰富的民俗文化、墟贸文化、古村乡绅文化、宋元曲艺、贴近群众的"百戏"遗风、传统技艺、独特的饮食文化等。由于嵩口位于永泰尤溪、仙游、德化、闽清四县的结合部，形成了独特的厝落、渡口、墟市的人文景观，是明清时期闽中地区社会历史的一个缩影。针对嵩口镇独特的文化，2011 年永泰县政府启动嵩口古镇专项保护工程，2013 年引入台湾文创团队对其进行整体规划设计开发，打造特色文化小镇，农家乐、民宿等特色业态相继落地开花，形成了鲜明的休闲旅游业，扶持了传统工艺，引入竹篾工艺品、手工线面等传统工艺示范店，着重推动体验工坊的建立，引导游客参与和互动。依托高速出口节点，扶持建设物流配送中心，大力发展电子商务、中介代理等现代服务业，拓宽农产品销路。① 嵩口古镇的建设机制表现在文化铸魂，即将本土工匠和手工艺人就近嫁接到主要街道的景观改造项目中，将传统文化根基植入现代载体，实现"自然衣 + 历史魂 + 现代骨"的效果。②

永泰类似的传统文化保护和开发项目还有梧桐坂中街特色文化街区、洋尾寨红色教育基地、荣寿庄修缮提升等项目。经过这些项目，永泰古村落古庄寨及周边相关村落，完成古民居修缮重建工作，同时"传统文化"化身为"文化创意"，抓住文化的独特性、创意性，发展成为能产生经济价值的文化

① 石财:《村民参与式的美丽乡村建设模式探究——基于福州永泰"嵩口模式"的有效经验探讨》,《农村科技》2018 年第 3 期。

② 王珊珊:《福建省福州市永泰县嵩口镇特色小镇建设纪实——文化铸魂 产业支撑》,《小城镇建设》2016 年第 11 期。

创意产业。

2. 结合中医文化开发康养小镇

永泰县的生态资源突出，山清水秀，拥有国家生态县、重点生态功能区的称号，原始森林自然覆盖率高，负氧离子含量高，是名副其实的天然森林生态氧吧。永泰还有“中国温泉之乡”的称谓，镇内蕴藏着丰富的地热资源，温泉含有十多种对人体有益的微量矿物质。永泰的青草药资源丰富，传统青草药对清热解毒、祛风除湿、止咳化痰、活血化瘀、治跌打损伤、治毒虫咬伤等有疗效，民间利用和制作技艺传承历史悠久，逐渐形成具有民族特色和地域特色的中医药理论，开发潜力较大，应用前景广阔。

结合永泰地理条件，适宜的气候、森林、温泉和中草药等资源优势，永泰积极引入中医医疗、保健、康养等产业业态，建设生态环境较好的康养小镇。例如与北京博爱堂医院管理有限公司签订战略合作框架协议，以御医中医药文化、庄寨文化、中医药名人文化为出发点，建设一个拥有御医世家文化馆、力钧名医馆、中医药文创园、中医名家学院、中医药职业技术学校、中药饮片厂、三楚国学院的综合型中医药康养小镇。同时，项目实施的区域还将拓展到白云乡的竹头寨、丹云乡的和城寨、梧桐镇的庆丰庄等重点庄寨以及传统村落。围绕康养小镇，坂中街将被打造成中医药药膳及文创产品的特色文化街区；庆丰庄将被打造成名中医工作室及中医研学基地；椿园庄将被打造成高品质庄寨民宿酒店；茉莉花田将被打造成中药及农作物种植观光科普教育基地，最终集产、学、游、文、史于一体。①

3. 发展生态观光、田园休闲旅游

永泰坚持绿水青山就是金山银山的发展理念，系统保护自然遗产资源，不断完善各类自然保护地的科学设置和分类管理，探索自然保护与自然利用新模式。在发展生态观光旅游方面，永泰强化绿色发展的政策保障，建设大樟溪生态旅游经济带，贯穿塘前乡、葛岭镇、嵩口镇、岭路乡等 11 个乡镇，成为全县城镇绿色经济发展的脊梁，以辐射带动作用将全县旅游资源串联成

① 《永泰将建综合型中医药康养小镇》，http://www.yongtai.gov.cn/xjwz/zwgk/gzdt/bdyw/201910/t20191018_3062769.htm。

线，连接成片。

基于优良的自然资源，永泰发展田园休闲，推动发展乡村度假游、田园风光游、农事体验等新型旅游业态，培育了清凉幸福庄园、塘前千江月农场、大洋大康生态园、梧桐春伦茉莉花和金野农场等一批休闲农业示范基地；开发新农创项目，打造集民宿、养生、旅游为一体的文化创意园。以北山寨的民宿项目为例，永泰通过修缮庄寨，在传承和保护的基础上保留庄寨原貌，对内部功能进行改造提升，实现民宿功能，在庄寨周边打造田野休闲景观、特色生态农业、精品花园，最后延伸到庄寨外围，打造共享农庄、艺术村、露营地等。

永泰在开发民宿时，要求民宿要传承和保护好当地的地域文化，强调让游客体验本地特有的文化生活。基于此要求，永泰成功培育出一批以松口气客栈、月溪花渡客栈、竹头寨、北山寨等为代表的精品民宿，成功打造大樟溪沿线古村落度假村，形成了梧桐春光、坂埕、嵩口大喜、月洲、溪口、白云寨等精品文化旅游示范村。

4. 拓展研学旅游、运动旅游，打通特色文化区

永泰开发研学旅游，让其成为串联永泰古镇文化、庄寨文化、红色文化和生态景区的重要环节。依托民俗文化博物馆、古庄寨文物保护、历史文书田野调查和研读、历史文化古迹、红军洞红色文化教育基地、图书馆等开发传统文化、红色文化、历史文化、文物古建等系列主题研学线路，建设夏令营、冬令营、工作坊、艺术创作平台等实践基地。以嵩口社区的公益图书馆、月洲村月溪花渡图书馆等为代表，传承着永泰耕读文化传统，已经成为历史古镇、古村落的文化“引擎”，正以一种润物细无声的方式推动着永泰人文精神的生长，永泰努力将特色文化发展成旅游的引擎。

在运动旅游文化方面，永泰建设了大樟溪自行车骑行道、葛岭自驾车营地、汽车越野赛道，建设体育运动健康小镇、体育度假胜地；举办大青云山越野赛、半程国际马拉松赛、山地自行车赛等知名赛事活动，将全县各风景区、古镇文化、庄寨文化、温泉文化等，通过运动旅游串联打通，促进永泰县的全域文旅发展。

（六）加大宣传与合作，举行特色文化活动

永泰在推动特色文化发展方面，不断完善文化发展推广机制，有序建立、拓宽特色文化的传播渠道，推行多平台融合联动。一是建立一套由政府主导，各媒介优势互补、相互融合，以点带面、以片成块的特色文化传播机制，拍摄传统文化宣传片，推出宣传栏目，有计划地出版一批精美的图书、音像制品等，系统介绍永泰历史文化及旅游资源，提高永泰历史文化的知名度。

二是探索以数字平台开展宣传，实现更广范围、更深层次、更高水平融合，以沉浸式文化体验为抓手，推动文化旅游的宣传。在充分利用互联网平台，聚集网络流量效应方面，永泰已经开通了“永泰自然来”“阿奋带你看庄寨”等抖音官方账号，“永泰自然来”“走遍永泰”等微信公众号，创建“永泰码上行”旅游云平台，充分利用微博、微信公众号、抖音等各种新媒体，结合抖音乡创训练营活动，帮助文旅从业人员学习短视频创作技能，帮助文旅人积蓄能量，迎接疫后的文旅业复苏。

同时，永泰举行特色文化活动唤醒传统文化，引入企业家、乡贤、专家等，探索永泰文化发展之路，扩大文化品牌知名度。举办乡村振兴活动，如全省乡村文化振兴现场会、乡村旅游高峰论坛、海峡两岸乡村可持续发展研讨会、传统村落保护与发展专题论坛、福建永泰庄寨文化遗产保护研讨会等。与复旦大学、北京大学、哈佛大学、多伦多大学、厦门大学、中国文物学会、清华大学等合作，开展古庄寨保护、历史文书解读，探索永泰社会、经济、文化的历史，探索文化复兴、文化创新之路。

二　永泰特色文化发展的挑战

尽管永泰在特色文化发展方面做了大量的工作，但仍面临着诸多挑战。

（一）政府对特色文化发展的投入不足

政府投入特色文化发展的财力有限，一方面财政资金有限，一方面也尚未形成政府主导下以企业为主体，发挥市场作用的发展机制，因此不能更有效地吸引资金支持特色文化发展。

对本地区风俗民情的挖掘还不够，文化内容开发不够，景点吸引力不够。从整体上看，无论是数量、质量和规模，都有待于进一步提高和发展。主要是缺少高品位、规模大、科技含量高、有鲜明特色的大型文化项目，没有形成文化旅游品牌系列。目前永泰虽然积极引进了一批项目，但有些尚处于战略规划阶段或初步建设阶段，发展前景和投入情况还有待考察。因此，永泰县的产业结构仍然呈现以农业尤其是种植业为主体，第二、三产业比重很小的结构特征，特色文化发展不足，还不足以带动地区的发展。

基础设施方面，近几年永泰周边铁路、高速公路建设尽管有了很大发展，但是通往各文化景区的连接道路大部分还有待改造提高；有些配套设施不全或建设后维护不足，已成为制约永泰开发文化旅游资源，打造旅游品牌的瓶颈。①

体制机制方面，以特色文化发展为核心的文化旅游产业关联性强、涉及面广，主要涉及建设、国土、林业、文化、宗教、交通、计划、文化等几十个部门。因此，需要转变政府职能，建设职责明确、依法行政的政府治理体系，深化简政放权、放管结合、优化服务改革，全面实行政府责权清单制度。②

（二）特色文化发展存在政策支持的短板

永泰特色庄寨、古村落存在大量的闲置房屋，有些长期弃而不用，修复且以经营为目标的盘活利用率较低。政府部门缺乏农村闲置房屋盘活利用相关规划，目前永泰正在组织人力对古庄寨及闲置农村用房进行调研，对于这部分资源的利用潜能、周边资源、存在模式、文化产业布局等目前还缺少特别有效的统筹引导政策，盘活利用率有限，而利用方式过于单一的问题也同时存在，这些都需要政府统筹规划。

关于是否把闲置的特色庄寨转化成民宿，以及关于农村集体经营性建设用地和农村闲置住宅盘活利用之间关联问题的研究，不同学者给出了不同的结论与改善方案。有学者认为，集体经济发展确实可以在很大程度上盘活农

① 陈志刚:《加快小城镇建设 推动县域经济发展——以福建永泰县为例》,《福建教育学院学报》2012 年第 3 期。

② 曲景慧:《文化旅游产业改革发展的体制机制和政策环境研究》,《才智》2016 年第 14 期。

村闲置住宅，让其具有更大的优化空间，但是从当前民宿经济盘活利用的情况来看，《土地管理法》对于宅基地流转有明确规定，要求只限于集体经济组织内部流转，这对于社会资本的进入是个障碍，且目前尚未建立对应的地价评估标准，农村闲置房屋征收缺乏法律政策依据，补偿标准缺乏交易基础与科学依据。① 农村集体经营性建设用地入市制度还处于探索阶段。②

另外，社会资本参与民宿经营投资后，缺少应有的权利义务说明，增加了投资成本和风险，社会引资的外来人作为投资者、经营者，不具有社区管理参与权，而其所租用房屋的屋主，尽管可能长期在外地，却享有地方或集体议事、投票等权利。在这种情况下，当涉及文化保护、基础设施建设、服务标准、市场管控、市场推广等重要问题时，房东和租户权责安排显然出现错位，这些都成为特色文化开发的阻碍。

（三）保护与发展始终存在着矛盾

永泰在开发古村落、古庄寨、特色古镇时，面临着保护与开发的矛盾。要想保护古村落古庄寨，保护传统文化的风貌，改善原住民生活的方式，一种是将居民搬迁到新址，但这种方式会导致传统村落文脉被割裂，传承断代，新村缺乏历史延续性的问题发生率极高。另一种是在原址上拆除部分并新建住房，但稍不留神就会导致“大拆大建”的问题重演，传统村落的面貌可能会被完全破坏掉。③ 传统文化、古村落古村寨的发展和开发，要保留历史质感，以不打扰本地人的生活为前提，从民众的生活方式和习俗中，挖掘可传承和持续的部分，酝酿其原本的文化气质，渐微式保护性的修缮是一条可行之路。但难度和成本会大大提高，需要专业人员对永泰当地建筑风貌进行归纳，走访具有传统建筑工艺的老工匠，结合村中现有民居情况，对需保护、修缮、改善、保留、整治改造、拆除和新建的建筑做出详细分析，而后

① 郭莹莹:《乡村振兴背景下民宿经济盘活利用问题与对策——来自浙江临海市的实践》,《黑龙江生态工程职业学院学报》2020 年第 6 期。

② 王欣、王国权、李莹:《古镇与民宿发展的困境及新一阶段的方向》,《中国旅游报》2020 年 7 月 6 日第 3 版。

③ 张立、王丽娟、李仁熙:《中国乡村风貌的困境、成因和保护策略探讨——基于若干田野调查的思考》,《国际城市规划》2019 年第 5 期。

制定一系列建筑整治导则，预防可能出现的“保护性破坏”。保护与开发的矛盾给人们带来一定的困惑，需要思考和构建新时代下传统文化载体的功能重置和要素重配。[①]

（四）谨防可能出现的“文化搭台，经济唱戏”现象

包括永泰在内的中国各级政府都意识到区域文化复兴的价值所在，但在复兴过程中往往更加注重固态的修复。例如这几年，永泰投入大量的资金开展传统村落保护，美丽乡村建设，修缮庄寨、古镇、官道、城墙、码头、古民居、祠堂等建筑，但是对区域文化的复兴，更多是搞旅游开发，表现的形式较为单一，没有真正解决区域文化的传承与发展问题，也没有凸显区域文化和地方传统文化的特性，一些地方传统文化甚至有断层现象，如民间民俗活动日渐式微，一些传统的手工艺技术渐渐失传。因此，在发展地方文化上，要严防可能出现的“文化搭台，经济唱戏”的危害性，防止地方政府以保护文化遗产、发展特色文化的名义，一边争取中央财政支持，投入旅游产品，增加地方收入，一边又对传统文化作用理解片面，仅仅将文化作为发展经济的工具，而没有重视文化本身的价值，商品化过度。[②]

（五）特色文化品牌培育力度不足

我国文化事业和文化产业发展总体起步晚，产业规模小，整体占国民经济的比重小。文化产品供给不足，品牌不足，对文化创意的产业理论研究不足，在这种整体环境下，永泰的文化品牌打造也显得力度不足。农业旅游营销方式单一，宣传促销力度不够，品牌知名度和美誉度不高，文化产业创意不够、缺乏高素质人才，文化创意产业孵化平台建设力度不够，没有形成进出口贸易模式。永泰县应该依托丰富的文化自然资源，着力挖掘其潜藏的经济价值进行开发与利用，在福建探索海峡两岸融合发展新路的契机下，创新并拓宽永泰文化创意产业“走出去”路径，提升其文化竞争传播力，依托两岸和平发展、文化融合发展，形成文化创意产业的品牌。[③]

---

① 薛虎、王皓：《传统村落保护整治中所遇实际问题分析探索》，《中外建筑》2016 年第 11 期。

② 《保护历史文化名城名镇 培育文化自信文化认同》，《人民政协报》2018 年 5 月 29 日第 3 版。

③ 刘平均：《快实现中国产品向中国品牌转变》，《中国品牌》2017 年第 6 期。

第四节　发展永泰特色文化的建议

20 世纪 90 年代习近平同志在福州工作期间，曾先后 14 次到永泰检查指导工作，对永泰坚持创造性转化、创新性发展特色文化，传承和弘扬优秀传统文化作出重要指示。党的十八大以来，习近平总书记指出，坚定文化自信，是事关国运兴衰、事关文化安全、事关民族精神独立性的大问题。[①] 加强特色文化建设，是坚定文化自信的必然要求。因此，永泰文化发展必须要提高政治站位，站在坚定文化自信的高度，肯定与坚持永泰文化优良传统，增强自觉性、责任心和紧迫感，推动永泰特色文化的传承与发展，让中国优秀传统文化走向世界，让世界了解中国！

一　挖掘文化资源，厚植文化自信根基

据调查，永泰现存较好的庄寨共 152 座，拥有 1 个中国历史文化名镇、2 个中国历史文化名村、33 个中国传统村落、47 个省级传统村落，5 座永泰庄寨跻身全国重点文物保护单位，18 座列入省级文物保护单位，它们蕴含着永泰丰富的历史文化遗产，承载着永泰悠久的文脉传承。因此，有更多的非物质文化和文物需要被进一步梳理和保护，需要进一步充分挖掘和保护文化资源，加大文化遗产的申报力度，不断充实永泰特色文化内涵，打牢文化发展根基。

二　坚持规划先行，把特色文化纳入总体规划

据调查，2018 年福州出台旅游三年行动计划，包含挖掘福州庄寨文化、推动庄寨保护与开发等内容，要求 1 年内完成永泰庄寨等历史建筑的专项保护规划编制工作，开发特色庄寨旅游产品。同时，永泰将着力构建“一核一带五区”全域旅游空间格局，打造古镇生态文化、庄寨宗教文化、郊野

① 《2016 年 11 月 30 日在中国文联十大、中国作协九大开幕式上的讲话》，转引自习近平:《坚定文化自信，建设社会主义文化强国》,《求是》2019 年第 12 期。

休闲度假等五大旅游区。要对接国民经济和社会发展第十四个五年规划和二〇三五年远景目标，推动永泰特色文化向高品质和多样化升级，推进标准化、品牌化建设，推动与健康、养老、旅游等服务业的融合发展。针对不同群体需求，政府要在政策和资金上引导差异化发展，在地区分布上形成规模，提高集聚效应，做长做全产业链，提高风险抵抗能力，并考虑吃、住、行、游、购、娱等旅游要素，与休闲养生、生态养老等功能衔接，探索与会议产业、教育培训产业的结合，形成“旅游+”效益。

三　坚持创新发展，推动永泰特色文化的继承与发展

习近平总书记在党的十九大报告中提出，要推动中华优秀传统文化创造性转化、创新性发展，不断铸就中华文化新辉煌，为我国文化建设指明了方向。要坚持永泰特色文化独有的特色。这种特色是源自永泰人民在历史发展中的日积月累，与永泰的山水自然息息相关，这是永泰特色文化的生存之本，保护这种独有的特色，才能让永泰特色文化在中华民族文化之林中具有独特的魅力。要多措并举做好继承和保护，发挥村寨村落和节庆文化的载体作用，举办与传统文化相关的展演、论坛、比赛、讲座等活动，使特色文化为更多人所知，推动更多人加入保护的行列。要注重与社会主义核心价值观的融合。在继承的同时，应注重继承性创新，与新时代中国特色社会主义文化相适应，并在形式上利用互联网、移动终端、“抖音”等新媒体进行生动展现，实现文化自信引领下的文化创新。

四　注重品牌建设，不断增强永泰特色文化的生命力

习近平总书记指出，要以加强品牌建设为突破口，充分发挥品牌集聚要素、整合资源的重要作用，以品牌战略带动自主创新，以自主创新支撑品牌战略。品牌是一种无形资产，有品牌才有知名度，有知名度就有凝聚力与扩散力，才能成为发展的动力。一是要优选品牌。永泰特色文化的载体主要是庄寨和古村落，相比古村落来说，庄寨在名称上更具特色，走进了庄寨才能了解永泰家文化，庄寨更能让人产生直接的想象。因此，建议将“永泰庄

寨”作为注册和推广的唯一品牌。二是要塑造品牌。在加强庄寨与古村落保护的同时，注重把家文化等特色文化融入，充实品牌内涵，得到游客认同，维护品牌形象，确保品牌价值。三是要推广品牌。充分运用互联网已经成熟的平台，如京东、淘宝、拼多多、携程等，主动对接、广泛推介，并推出配套文创产品，建立新零售模式，把握新发展机遇，推动线上服务、线下体验和现代物流的深度融合，形成让游客可以知晓而来、让文创销售带动品牌知晓度的良性互动。

五　完善体制机制，加大特色文化发展保障力度

据调查，当前特色文化发展的保障力度还有待进一步加强，面临工作难度大、资金短缺、人才缺乏等困难。目前，永泰县成立村保办，负责总体协调永泰庄寨保护修缮工作，在村保办的指导下，38 个主要庄寨成立保护与发展理事会，是推动庄寨保护与发展的中坚力量。建议要建立古村落古庄寨保护与开发领导小组例会制度，定期研究分析，协调各方力量，明确分工职责，加大工作推动力度，压实成员单位责任。要加强村保办自身建设，根据需要完善职能，加强资金筹措，注重统筹协调好政府与社会团体在推动保护中的关系。要注重人才队伍建设，引进金融、文化、建筑等方面的专业人才，建立奖惩制度，增强人才吸引力。要注重经验总结，推动法规制度建设，出台政府配套规章制度，适时推动相关立法工作。要发挥村民主体作用。村民是主体，既是直接受益者，也是直接参与者，因其长期生活在村落中，最熟悉本村发展面临的痛点和难点，对充分发展、改善生活的愿望最强烈，对相关举措是否符合实际最有发言权。要充分征求、听取、采纳村民的意见建议，让村民“自己的事情自己办”，增强村民参与的行动自觉。

在 2019 年 6 月 8 日的文化和自然遗产日这一天，《人民日报》重刊习近平总书记 2002 年在福建工作期间所作的《〈福州古厝〉序》。在序言中，习近平总书记深刻阐述了福州古建筑的丰富文化内涵，做出了“保护好古建筑、保护好文物就是保存历史、保存城市文脉”的重要论断，阐明了经济发展和生态、人文环境保护同等重要的关系。一系列开创性的工作理念和实践

方法，为延续福建文化的“根”与“魂”奠定了坚实基础。十余年来，永泰人从总结本地文化遗产着手，以习近平总书记14次到永泰考察时的讲话为契机，默默践行《〈福州古厝〉序》有关精神，在古建、古村、古镇及古城的保护与活化方面付出了巨大努力，切切实实把“保护好古建筑，保护好传统街区，保护好文物，保护好名城”当作重大的历史责任，积累了创新基层治理模式、激活基层组织活力的重要经验。

相信在不远的将来，永泰的特色文化发展之路会越走越宽，越走越好，吸引更多有识之士加入，最终汇入中华民族伟大复兴的滚滚洪流。

永泰，正朝着习近平总书记指示的打造现代版“富春山居图”的奋斗目标，在坚定文化自信、弘扬区域特色文化的道路上阔步前进！

参考文献

［1］ 曹玲静、陈云伟：《国际研究型图书馆战略规划及对我国的启示》，《图书情报工作》2020 年第 18 期。

［2］ 陈红彦：《接过来 传下去》，http://www.rmzxb.com.cn/c/2021-01-11/2757791.shtml。

［3］ 陈书纪：《乡土依恋与闽东区域文化自信》，《成都理工大学学报（社会科学版）》2020 年第 3 期。

［4］ 陈云：《整理古籍是继承祖国文化遗产的一项重要工作》，选自《陈云文选（第三卷）》，人民出版社，1986 年 6 月。

［5］ 代根兴：《数字时代的图书馆信息资源建设》，北京图书馆出版社，2006 年 11 月。

［6］ 戴龙基：《文献资源发展政策研究》，北京大学出版社，2007 年 10 月。

［7］ 戴圣良：《数字福建："互联网 + 政务服务"背景下政府网站发展提升建议》，《三明学院学报》2020 年第 6 期。

［8］《第十三届全国人民代表大会第四次会议关于国民经济和社会发展第十四个五年规划和 2035 年远景目标纲要的决议》，http://www.npc.gov.cn/npc/kgfb/202103/e02feb61d7244e158edd86bf87477073.shtml。

［9］ 方伟国、黄强风：《福建永泰白云乡生态旅游发展规划探讨》，《长春师范大学学报》2020 年第 4 期。

［10］ 方小淇：《如何成功实施绩效管理》，《中国质量技术监督》2008 年第 9 期。

[11] 高晴晴:《企业网站建设中前端技术的应用》,《广东经济》2020 年第 2 期。
[12]《国务院办公厅关于进一步加强古籍保护工作的意见》, http://www.gov.cn/zwgk/2007-01/29/content_511825.htm。
[13] 何静:《馆藏资源评价研究述评》,《情报资料工作》2012 年第 1 期。
[14] 何莉萍:《信息化项目的绩效管理》,《高科技与产业化》2010 年第 12 期。
[15] 何毅亭:《习近平新时代中国特色社会主义思想是 21 世纪马克思主义》,《学习时报》2020 年 6 月 15 日。
[16] 黄弘扬:《基于 SWOT 分析的嵩口古镇旅游发展战略研究》,《广西质量监督导报》2020 年第 11 期。
[17] 黄华娟:《发展独具特色的福建文化旅游产业》,《发展研究》2006 年第 7 期。
[18] 黄静林:《大众传播视域下基层党校图书馆的转型与发展》,《普洱学院学报》2018 年第 3 期。
[19] 黄坤明:《推进社会主义文化强国建设》,《人民日报》2020 年 11 月 23 日。
[20] 黄如花、温芳芳:《国外主要国家图书馆信息资源建设的特点与启示》,《图书与情报》2018 年第 4 期。
[21] 黄亚楠:《中国社会科学院发布创新工程 2018 年度重大成果》,《中国社会科学报》2019 年 01 月 07 日。
[22] 姜波:《探析移动电子商务网站建设的前端开发技术应用》,《电脑编程技巧与维护》2020 年第 12 期。
[23] 柯秀华:《文化自觉视域下的历史文化名镇保护研究——以福建省永泰县嵩口古镇为例》,《闽江学院学报》2018 年第 3 期。
[24] 柯兆云:《福州历史文化名镇名村保护与旅游开发研究——以永泰嵩口古镇为例》,《福州党校学报》2016 年第 3 期。
[25] 柯兆云:《全域旅游视角下永泰传统村落文化的保护与发展》,《福州党

校学报》2018 年第 4 期。

[26] 李璐、田晓迪:《图书馆电子资源馆藏发展政策研究及启示》,《农业图书情报学刊》2018 年第 4 期。

[27] 李瑞:《让村民参与乡村治理让年轻人“家”》,《中国文物报》2018 年 6 月 8 日。

[28] 林婷:《传统村落在地文化保护策略研究——以永泰嵩口古镇为例》,《工业设计》2019 年第 1 期。

[29] 刘军跃、李远志:《运用 PDCA 循环实现绩效管理系统的有效沟通》,《商业研究》2006 年第 23 期。

[30] 刘雅培:《基于文创理念下乡村民宿的改造与设计研究——以福州永泰嵩口古镇开发民宿为例》,《吉林省教育学院学报》2019 年第 3 期。

[31] 雒树刚:《迈向中华民族伟大复兴的宏伟纲领》,《毛泽东研究》2021 年第 1 期。

[32] 马品磊、姜昱莹、王荣金、刘欣悦:《浅析永泰庄寨建筑空间中的礼乐文化》,《大众文艺》2020 年第 12 期。

[33]《宁夏回族自治区图书馆学会章程》,《宁夏图书馆通讯》1979 年第 00 期。

[34] 全国少数民族古籍整理研究室:《中共中央关于整理我国古籍的指示》,https://www.neac.gov.cn/seac/mzwh/201012/1076806.shtml。

[35] 全国哲学社会科学工作办公室:《2019 年国家社科基金年度项目和青年项目立项结果公布》, http://www.nopss.gov.cn/n1/2019/0712/c219469-31231470.html。

[36] 全国哲学社会科学工作办公室:《2020 年国家社科基金年度项目和青年项目立项结果公布》, http://www.nopss.gov.cn/n1/2020/0927/c219469-31876995.html。

[37] 全国哲学社会科学工作办公室:《研究阐释党的十九届四中全会精神国家社科基金重大项目立项名单公布》, http://www.nopss.gov.cn/n1/2020/0414/c219469-31673089.html。

[38] 戎岩、满聪、绪道恒等:《新时代户县农民画产业化发展对策探析》,《山西农经》2021 年第 7 期。

[39] 上海图书馆，上海科学技术情报研究所编:《海纳百川 知识导航：上海图书馆成立 60 周年纪念文集》，上海科学技术文献出版社，2012 年 7 月。

[40] 施玮、李志敏:《“乡村记忆”视阈下文化特色小镇开发与保护研究——以福建嵩口古镇为例》,《福建建筑》2017 年第 10 期。

[41] 石俊龙、王荣:《网站系统日常技术维护与安全管理浅谈》,《网络安全技术与应用》2019 年第 1 期。

[42] 舒晋瑜:《中国社科院发布 2014 年度创新工程重大科研成果》,《中华读书报》2014 年 12 月 31 日。

[43] 宋玉军:《宁夏地区民族古籍文献的保护与开发》,《民族艺林》2015 年第 4 期。

[44] 宋玉军:《现代公共文化服务体系下的宁夏地方文献工作》，选自《中国图书馆学会年会论文集(2016 年卷)》，国家图书馆出版社，2016 年 10 月。

[45] 孙坦、黄永文、张建勇等:《开放科学环境下国家科技文献发展战略研究与展望》,《图书情报工作》2020 年第 14 期。

[46] 陶爱兰:《发挥自身优势助力脱贫攻坚》,《国际出版周报》2020 年 9 月 28 日。

[47]《推进新时代中国特色社会主义思想落地生根》，https://static.jingjiribao.cn/static/jjrbrss/6/-7184114669059833257/102159.html。

[48] 汪东波、赵晓虹:《完善文献采选政策，建设国家总书库——《国家图书馆文献采选条例修订概述》,《国家图书馆学刊》2004 年第 1 期。

[49] 王春燕:《观大势谋全局求实效编制好全院“十四五”哲学社会科学发展规划》,《中国社会科学报》2020 年 8 月 21 日。

[50] 王菲:《守护国家记忆传承百年馆藏——开放共享的国家图书馆文献资源建设》,《图书馆学刊》2020 年第 3 期。

[51] 王青云:《新时代公共图书馆人才培养与发展工作探析》,《图书馆研究与工作》2021 年第 7 期。

[52] 王永红:《计算机网站维护技术的具体应用研究》,《计算机产品与流通》2019 年第 5 期。

[53] 翁英:《福州永泰嵩口、同安历史文化资源的保护与开发初探》,《黑龙江史志》2015 第 4 期。

[54] 吴建中:《转型与超越:无所不在的图书馆》,上海大学出版社,2012 年 6 月。

[55] 习近平:《决胜全面建成小康社会夺取新时代中国特色社会主义伟大胜利:在中国共产党第十九次全国代表大会上的报告》,人民出版社,2017 年 10 月。

[56] 习近平:《在哲学社会科学工作座谈会上的讲话》,《光明日报》,2016 年 5 月 19 日第 6 版。

[57] 谢伏瞻:《担负起加快构建中国特色哲学社会科学“三大体系”的崇高使命》,https://www.xuexi.cn/lgpage/detail/indcx.html?id=10612335178996517242。

[58] 谢婷:《致力传承发展中医药事业》,《福建日报》2019 年 1 月 14 日。

[59] 熊丽:《共建共享、互利共赢》,《新华书目报》2020 年 12 月 4 日。

[60] 徐健晖:《〈2019—2022 年伦敦大学学院图书馆服务战略〉解析与启示》,《大学图书馆学报》2020 年第 5 期。

[61] 央广网:《“传承之道”推动深圳线下古籍展热起来》,http://k.sina.com.cn/article_1683472727_6457c157020011i8k.html。

[62] 杨淑玲:《合理配置纸质文献与电子文献,建立法学专业特色馆藏——以中国人民大学法学院图书馆馆藏文献为例》,《中国证券期货》2013 年第 6 期。

[63] 杨燕华、林征、李慧等:《健康中国战略下永泰森林康养旅游发展模式》,《广东蚕业》2019 年第 10 期。

[64] 叶平:《回顾与期望》,《图书馆理论与实践》1988 年第 3 期。

[65] 叶欣童:《守护文化瑰宝让古庄寨“活”在当下——永泰县人大常委会

发挥代表作用助力历史文化遗产保护纪实》,《人民政坛》2020 年第 8 期。

[66] 尹光华:《宁夏回族自治区古籍保护事业近十年发展述略》,《图书馆理论与实践》2020 年第 6 期。

[67]《永泰县 2019 年国民经济和社会发展计划执行情况及 2020 年国民经济和社会发展计划草案的报告》,http://www.yongtai.gov.cn/xjwz/zwgk/ghjh/gmjjhshfzghgy/202002/t20200220_3202243.htm。

[68] 由廷刚:《网站群管理平台在高校网站建设中的应用研究》,《智能计算机与应用》2020 年第 4 期。

[69] 俞钦:《国际文化贸易新趋势下永泰文化创意产业发展路径探析》,《长春工程学院学报(社会科学版)》2019 年第 3 期。

[70] 苑菁菁:《赓续千年文脉 绽放文化光彩:新中国 70 年古籍整理出版成就综述》,《人民日报》2019 年 12 月 11 日。

[71] 张候云、陈铿:《关于信息化建设项目绩效管理指标的探讨》,《电脑与电信》2019 年第 6 期。

[72] 张建娇:《网站群在高校网站建设与管理中的运用探究》,《计算机产品与流通》2019 年第 10 期。

[73] 张小冰:《区域数字资源长期保存的合作机制研究》,南京农业大学硕士学位论文,2009 年。

[74]《智慧图书馆平台+运营服务模式的创新引领者》,《新华书目报》2020 年 12 月 25 日。

[75]《中共中央办公厅 国务院办公厅印发〈关于实施中华优秀传统文化传承发展工程的意见〉》,http://www.gov.cn/zhengce/2017-01/25/content_5163472.htm。

[76]《中国社会科学院发布创新工程 2019 年度重大科研成果》,《光明日报》2021 年 1 月 18 日。

[77]《中国社会科学院学部章程(2006 年 8 月 1 日学部主席团第二次全体会议审议通过)》,http://kyj.cssn.cn/zgshkxyxb/xbjj/201507/t20150707_2568809.

shtml。

［78］ 中国社会科学院院史研究室:《中国社会科学院编年简史（1977—2007）》，社会科学文献出版社，2010 年 10 月。

［79］ 周衡:《“思源阁”上海交通大学文库》,《上海高校图书情报工作研究》2016 年第 2 期。

［80］ 周家珍:《高校文库建设之路的探索——北京大学文库 15 年历程的回顾》,《大学图书馆学报》2004 年第 3 期。

［81］ 周丽英、李照斌:《台湾文化创意产业发展现状、经验及其对福建省的启示》,《科学经济社会》2015 年第 3 期。

［82］ 踪凡:《让古籍文献“活起来”》,《光明日报》2017 年 11 月 30 日。

图书在版编目(CIP)数据

建设中国特色哲学社会科学专业图书馆：中国社会科学院图书馆“十三五”建设实践 / 王岚等著. -- 北京: 社会科学文献出版社, 2021.12

ISBN 978-7-5201-9497-6

Ⅰ. ①建… Ⅱ. ①王… Ⅲ. ①专业图书馆-图书馆工作-研究报告-中国-2016-2020 Ⅳ. ①G258.5

中国版本图书馆CIP数据核字（2021）第254381号

建设中国特色哲学社会科学专业图书馆

——中国社会科学院图书馆“十三五”建设实践

著 者 / 王 岚 赵 慧 赵以安 等

出 版 人 / 王利民
责任编辑 / 江 山
责任印制 / 王京美

出 版 / 社会科学文献出版社 · 数字出版分社（010）59366434
地址：北京市北三环中路甲29号院华龙大厦 邮编：100029
网址：www.ssap.com.cn
发 行 / 市场营销中心（010）59367081 59367083
印 装 / 三河市东方印刷有限公司

规 格 / 开 本：787mm×1092mm 1/16
印 张：23.25 字 数：350千字
版 次 / 2021年12月第1版 2021年12月第1次印刷
书 号 / ISBN 978-7-5201-9497-6
定 价 / 128.00元